www.ingramcontent.com/pod-product-compliance
Lightning Source LLC
LaVergne TN
LVHW010155070526
838199LV00062B/4370
9789369082308

ترجمہ قرآن مجید

حصہ دوم: الانفال تا الحج

میر محمد اسحاق

مرتبہ: اعجاز عبید

© Taemeer Publications LLC

Quran Tarjuma Meer Ishaq – Part:2 *(Quran Urdu Translation)*
by: Meer Mohammed Ishaq
Edition: April '2025
Publisher :
Taemeer Publications LLC (Michigan, USA / Hyderabad, India)

ISBN 978-93-6908-230-8
9 789369 082308

مترجم یامرتب یاناشر کی پیشگی اجازت کے بغیر اس کتاب کا کوئی بھی حصہ کسی بھی شکل میں بشمول ویب سائٹ پر اَپ لوڈنگ کے لیے استعمال نہ کیا جائے۔ نیز اس کتاب پر کسی بھی قسم کے تنازع کو نمٹانے کا اختیار صرف حیدرآباد (تلنگانہ) کی عدلیہ کو ہو گا۔

کتاب	:	**قرآن ترجمہ میر اسحاق** (سورہ انفال تا الحج)
مترجم	:	**میر محمد اسحاق**
جمع و ترتیب	:	اعجاز عبید
صنف	:	ترجمہ قرآن
ناشر	:	تعمیر پبلی کیشنز (حیدرآباد، انڈیا)
سالِ اشاعت	:	۲۰۲۵ء
صفحات	:	۲۸۶

فہرست

۸۔ الانفال............................3

۹۔ التوبۃ............................18

۱۷۔ الاسراء............................172

۱۸۔ الکھف............................192

۱۹۔ مریم............................213

۲۰۔ طٰہٰ............................227

۲۱ ۔الأنبیاء............................246

۲۲۔ الحج............................265

1

۸۔ الانفال

بِسۡمِ اللّٰهِ الرَّحۡمٰنِ الرَّحِيۡمِ

اللہ کے نام سے جو رحمان ورحیم ہے

۱. پوچھتے ہیں آپ سے (اے پیغمبر!) غنیمتوں کے بارے میں، تو کہو کہ یہ غنیمتیں تو سب اللہ کی ہیں اور اس کے رسول کی (اللہ جو چاہے حکم دے، اور اس کے رسول اس کا حکم نافذ کریں گے) پس تم لوگ تو ہمیشہ ڈرتے (اور بچتے) رہا کرو اللہ کی ناراضگی اور اس کی پکڑ سے اور صحیح و درست رکھا کرو تم آپس کے تعلقات (و معاملات) کو اور اطاعت کرو تم لوگ اللہ اور اس کے رسول کی اگر تم واقعی ایماندار ہو،

۲. اسئے اس کے کچھ نہیں کہ (سچے) ایمانداروں کی (کیفیت اور) شان یہ ہوتی ہے کہ جب ان کے سامنے ذکر کیا جائے اللہ (وحدہٗ لاشریک) کا تو لرز اٹھتے ہیں ان کے دل، اور جب ان کو پڑھ کر سنائی جاتی ہیں اس کی آیتیں تو اور بڑھ جاتا ہے ان کا ایمان، اور وہ اپنے رب ہی پر (اصل) بھروسہ کرتے ہیں،

۳۔ جو (ٹھیک ٹھیک) قائم رکھتے ہیں اپنی نمازوں کو اور وہ خرچ کرتے ہیں اس میں سے جو کہ ہم نے ان کو دیا ہوتا ہے (ہماری رضا کے لئے)

۴۔ یہی لوگ ہیں سچے اور حقیقی ایمان والے، ان کے لئے بڑے درجے ہیں ان کے رب کے یہاں اور عظیم الشان بخشش بھی اور عزت کی روزی بھی (اور تقسیم غنیمت کا یہ معاملہ ویسے ہی مبنی بر حق ہے)

۵۔ جیسا کہ آپ کو نکالا آپ کے رب نے آپ کے گھر سے حق کے ساتھ، (بدر کے معرکہ حق و باطل کی طرف) جب کہ ایمان والوں کے ایک گروہ کو یہ امر سخت ناگوار گزر رہا تھا،

۶۔ وہ جھگڑ رہے تھے آپ سے اس حق کے بارے میں اس کے بعد کہ وہ پوری طرح واضح ہو گیا تھا ان کے سامنے (اور جھگڑ بھی اس طرح رہے تھے کہ) گویا کہ ان کو ہانکا جا رہا ہے موت کی طرف، جب کہ یہ خود دیکھ رہے ہوں (اس کو اپنے سامنے)

۷۔ اور (وہ بھی یاد کرو کہ) جب اللہ وعدہ فرما رہا تھا تم سے ان دونوں گروہوں میں سے ایک کے بارے میں، کہ وہ یقیناً تمہارے لئے ہے، اور تم یہ چاہتے تھے کہ مسلح گروہ (تجارتی قافلہ) تمہیں مل جائے، مگر اللہ یہ چاہتا تھا کہ حق کو حق کر کے دکھائے اپنے ارشادات (و فرامین) کے ذریعے، اور جڑ کاٹ کر رکھ دے ایسے کافروں کی،

۸۔ تاکہ وہ (عملاً اور عیاناً) حق کا حق ہونا ثابت (و واضح) فرما دے، اور باطل کا باطل ہونا، اگرچہ یہ ناگوار ہو مجرموں کو

۹. یاد کرو کہ جب تم لوگ فریاد کر رہے تھے اپنے رب سے، تو اس نے تمہاری فریاد کے جواب میں فرمایا کہ میں یقینی طور پر تمہاری مدد کے لئے اتارنے والا ہوں ایک ہزار فرشتے پے درپے اترنے والے،

۱۰. اور اس (امداد) کو بھی اللہ نے نہیں بنایا مگر محض ایک خوشخبری تم لوگوں کے لئے، اور تاکہ مطمئن ہو جائیں اس سے تمہارے دل، ورنہ مدد تو (حقیقت میں) اللہ ہی کی طرف سے ہوتی ہے، بیشک اللہ ہی بڑا زبردست، نہایت ہی حکمت والا ہے،

۱۱. یاد کرو کہ جب وہ طاری فرما رہا تھا تم پر (عین حالت جنگ میں) ایک اونگھ، تاکہ وہ نوازے تم کو اپنی طرف سے ایک خاص امن و سکون سے، اور وہ برسا رہا تھا تم پر آسماں سے پانی، تاکہ وہ پاک کر دے تم لوگوں کو اس کے ذریعے، اور دور فرما دے تم سے شیطان کی گندگی، اور مضبوط فرما دے تمہارے دلوں کو، اور جما دے اس کے ذریعے تمہارے قدموں کو،

۱۲. جب کہ اشارہ فرما رہا تھا تمہارا رب فرشتوں کو کہ میں تمہارے ساتھ ہوں، پس تم ثابت قدم رکھو ایمان والوں کو، میں ابھی رعب ڈالے دیتا ہوں کافروں کے دلوں میں، پس تم (کس کس کر) ضربیں لگاؤ ان کی گردنوں پر، اور کاٹ ڈالو ان کے پور پور (اور جوڑ جوڑ) کو،

۱۳. یہ سزا اس لئے کہ انھوں نے مقابلہ کیا اللہ اور اس کے رسول کا، اور جو کوئی مقابلہ کرے گا اللہ اور اس کے رسول کا تو وہ یقیناً تباہ ہو کر رہے گا کہ بیشک اللہ بڑا ہی سخت عذاب دینے والا ہے،

۱۴ . لو اب چکھو تم لوگ مزہ اپنی اس سزا کا اور جان لو کہ یقیناً کافروں کے لئے مقرر ہے دوزخ کا عذاب ،

۱۵ . اے وہ لوگو جو ایمان لائے ہو جب تمہارے مڈھ بھیڑ (اور مقابلہ) ہو جائے کافروں کے کسی لشکر سے تو خبردار تم ان کو پیٹھ نہیں دکھانا

۱۶ . اور یاد رکھو کہ جس نے پیٹھ دکھائی ان کو سوائے اس کے کہ وہ جنگ ہی کے لئے کوئی پینترا بدلتا ہو ، یا اپنی فوج کے سوا کسی دوسرے دستے سے ملنا چاہتا ہو تو وہ یقیناً لوٹا اللہ کے بھاری غضب کے ساتھ ، اس کا ٹھکانہ دوزخ ہے ، اور بڑا ہی برا ٹھکانہ ہے وہ

۱۷ . ، پس در حقیقت ان کو تم نے قتل نہیں کیا تھا ، بلکہ ان کو اللہ ہی نے قتل کیا تھا اور جو آپ نے پھینکی تھی وہ در حقیقت آپ نے نہیں پھینکی تھی بلکہ وہ اصل میں اللہ ہی نے پھینکی تھی اور تا کہ وہ تم کو نواز دے ایمان والوں کو اپنی طرف سے ایک بڑے ہی عمدہ اجر سے ، بیشک اللہ بڑا ہی سننے والا ، (سب کچھ) جانتا ہے

۱۸ . یہ معاملہ تو ہوا تمہارے ساتھ ، اور یقیناً اللہ کمزور کرنے والا ہے کافروں کی چالوں کو ،

۱۹ . اگر تم لوگ فیصلہ چاہتے تھے تو یقینی طور پر وہ تمہارے سامنے آ گیا ہے اور اگر تم باز آ جاؤ تو یہ بہتر ہے خود تمہارے لئے اور اگر تمہارے لچھن پھر بھی وہی رہے تو پھر ہم بھی وہی کریں گے اور تمہارے کچھ بھی کام نہ آ سکے گی تمہاری جماعت ، خواہ وہ کتنی ہی زیادہ کیوں نہ ہو اور اللہ ساتھ ہے ایمان والوں کے ،

۲۰. اے وہ لوگو جو ایمان لائے ہو حکم مانو تم اللہ کا اور اس کے رسول کا اور تم روگردانی مت کرو اس سے، درآنحالیکہ تم خود سنتے ہو (اس کے اوامر و ارشادات کو)

۲۱. اور کہیں تم ان لوگوں کی طرح نہ ہو جانا جو کہتے ہیں کہ ہم نے سن لیا مگر وہ سنتے نہیں،

۲۲. بیشک اللہ کے نزدیک بدترین جانور وہ بہرے ہیں گونگے لوگ ہیں، جو صحیح معنوں میں کام نہیں لیتے اپنی عقلوں سے،

۲۳. اگر اللہ ان میں کوئی بھلائی دیکھتا تو وہ انہیں ضرور سننے کی توفیق دے دیتا اور اگر انہیں اسی حالت میں سنا دیتا تو یقیناً یہ پھر جاتے منہ موڑ کر،

۲۴. اے وہ لوگو جو ایمان لائے ہو لبیک کہو تم، اللہ اور اس کے رسول کی پکار پر، جب کہ وہ بلائے تمہیں اس چیز کی طرف جس میں تمہاری زندگی ہے، اور یقین جانو کہ اللہ آڑ بن جاتا ہے آدمی اور اس کے دل کے درمیان، اور یہ کہ سب کو بہر حال اس کے حضور جانا ہے اکٹھے ہو کر،

۲۵. اور ڈرو تم لوگ اس بڑے فتنے سے جو تم میں سے صرف ظالموں ہی کو نہیں پہنچے گا، اور یقین جانو کہ اللہ کا عذاب بڑا ہی سخت ہے،

۲۶. اور یاد کرو تم جب کہ تم لوگ تھوڑے سے تھے، تم کو کمزور سمجھا جاتا تھا اس سرزمین میں، اور تمہیں ڈر لگا رہتا تھا اس بات سے کہ کہیں اچک نہ لیں تم کو دوسرے لوگ، تو ایسے میں اس نے جگہ دی تم کو رہنے کے لئے، تم کو قوت بخشی اپنی نصرت سے اور تمہاری روزی کا انتظام فرمایا طرح طرح کی پاکیزہ چیزوں سے، تاکہ تم لوگ شکر ادا کرو،

۲۷۔ اے وہ لوگو جو ایمان لائے ہو (خبردار! کبھی) تم خیانت نہیں کرنا اللہ اور اس کے رسول سے، اور نہ ہی تم خیانت کرنا آپس میں ایک دوسرے کی امانتوں میں، جب کہ تم جانتے ہو،

۲۸۔ اور یقین جانو کہ تمہارے مال اور تمہاری اولاد آزمائش کا سامان ہیں، اور یہ کہ اللہ کے پاس بہت بڑا اجر ہے،

۲۹۔ اے ایمان والو! اگر تم ڈرتے رہے اللہ سے تو وہ سرفراز فرما دے گا تم کو ایک فیصلہ کن چیز سے، اور وہ مٹا دے گا تم سے تمہاری برائیوں کو اور نواز دے گا تم کو اپنی بخشش سے، اور اللہ بڑا ہی فضل والا ہے،

۳۰۔ اور جب یہ کافر لوگ آپ کے خلاف سازش کر رہے تھے کہ آپ کو قید کر دیں یا قتل کر دیں یا ملک بدر کر دیں، یہ لوگ اپنی چالیں چل رہے تھے، اور اللہ اپنی چال چل رہا تھا، اور اللہ کی چال سب سے زیادہ کارگر ہوتی ہے،

۳۱۔ اور جب ان کو پڑھ کر سنائی جاتی ہیں ہماری آیتیں تو یہ پوری ڈھٹائی سے کہتے ہیں کہ ہاں صاحب، ہم نے سن لیا، اگر ہم چاہیں تو ہم بھی ایسا کلام بنا کر لے آئیں، یہ تو پہلے لوگوں کی کہانیوں کے سوا کچھ نہیں

۳۲۔ اور جب انہوں نے یہاں تک کہہ دیا کہ اے اللہ! اگر یہ دین واقعی حق ہے تیری طرف سے، تو تو ہم پر آسمان سے پتھر برسا دے یا لے آ ہم پر اور کوئی دردناک عذاب،

۳۳۔ مگر اللہ ایسا نہیں کہ ان کو عذاب دے، درآنحالیکہ آپ ان کے درمیان موجود ہوں، اور نہ ہی اللہ ان کو اس حال میں عذاب دینے والا ہے جب کہ استغفار کر رہے ہوں،

۳۴. اور اب اللہ ان کو عذاب کیوں نہ دے، جب کہ ان کا حال یہ ہے کہ یہ روکتے ہیں مسجد حرام سے، حالانکہ وہ اس کے جائز متولی بھی نہیں، اس کے جائز متولی تو صرف وہی لوگ ہو سکتے ہیں جو پرہیزگار ہوں، مگر ان میں سے اکثر جانتے نہیں،

۳۵. اور خود ان کی نماز بیت اللہ کے پاس سیٹیاں بجانے، اور تالیاں پیٹنے کے سوا کچھ بھی نہیں ہوتی، سو اب چکھو تم لوگ عذاب اپنے اس کفر کے بدلے میں جو تم کرتے رہے تھے،

۳۶. بیشک کافر لوگ اپنے مال خرچ کرتے ہیں تاکہ وہ روکیں اللہ کی راہ سے، سو وہ ان کو خرچ تو کریں گے مگر آخر کار وہ ان کے لئے سراسر حسرت ہوں گے، پھر یہ مغلوب ہوں گے، پھر ان کافروں کو دوزخ کی طرف اکٹھا کر کے لایا جائے گا،

۳۷. تاکہ اللہ جدا کر دے ناپاک کو پاک سے، اور ناپاک کو ایک دوسرے پر رکھ کر سب کو ایک ڈھیر بنا دے، پھر ان سب کو یکجا کر کے جھونک دے دوزخ میں، یہی لوگ ہیں خسارے والے،

۳۸. کہہ دو کافروں سے، کہ اگر یہ باز آ گئے تو معاف کر دیا جائے گا، ان کے لئے وہ کچھ جو کہ ہو چکا اس سے پہلے اور اگر ان کے لچھن پھر بھی وہی رہے جو پہلے تھے تو ہمارا قانون بھی وہی ہے جو گزر چکا اگلوں کے حق میں،

۳۹. اور لڑو تم ان سے، یہاں تک کہ فتنہ باقی نہ رہے اور دین سب کا سب اللہ ہی کے لئے ہو جائے، پھر اگر یہ لوگ باز آ جائیں تو بیشک اللہ دیکھ رہا ہے ان کاموں کو جو یہ لوگ کر رہے ہیں،

۴۰. اور یہ پھرے (اور ہٹے) ہی رہے تو یقین جان لو کہ اللہ تمہارا (سرپرست) و کارساز ہے ، کیا ہی خوب کارساز ہے ، اور کیا ہی خوب مددگار ہے وہ ۔

۴۱. اور یقین جان لو کہ جو بھی کچھ غنیمت تم حاصل کرو ، اس کا پانچواں حصہ اللہ کا ہے اور اس کے رسول کا ، اور آپ کے رشتہ داروں کا ، اور یتیموں ، مسکینوں اور مسافروں کا ، اگر تم لوگ ایمان (و یقین) رکھتے ہو اللہ پر ، اور اس چیز پر جس کو ہم نے اتارا اپنے بندے پر ، (حق و باطل کے درمیان) فیصلے کے اس دن میں ، جس دن کہ مڈبھیڑ ہوئی (حق و باطل کے) ان دو نوں لشکروں کے درمیان ، اور اللہ ہر چیز پر پوری قدرت رکھتا ہے ،

۴۲. (یاد کرو کہ) جب تم لوگ (مدینہ منورہ کی نسبت سے) ادھر والے کنارے پر تھے ، اور وہ لوگ (یعنی تمہارے دشمن) ادھر والے کنارے پر ، اور قافلہ تم سے نیچے تھا ، اور اگر تم اس بارے میں باہم عہد و پیمان کرتے ، تو یقیناً وقت مقرر کے سلسلے میں تم لوگ آپس میں اختلاف میں پڑ جاتے ، لیکن (اللہ تعالیٰ نے اس کی نوبت ہی نہ آنے دی) تاکہ اللہ پورا فرما دے ایسے کام کو جس نے (اس کے حکم و اذن سے بہر کیف) پورا ہو کر رہنا تھا ، تاکہ جس نے ہلاک ہونا ہے ، وہ ہلاک ہو روشن دلیل کی بناء پر ، اور جس نے زندہ رہنا ہے ، وہ زندہ رہے روشن دلیل کی بناء پر ، اور بیشک اللہ بڑا ہی سننے والا ، سب کچھ جانتا ہے ،

۴۳. (اور وہ بھی یاد کرنے کے لائق ہے کہ) جب اللہ تعالیٰ دکھا رہا تھا کہ آپ کو وہ لوگ آپ کے خواب میں (اے پیغمبر!) کم کر کے ، اور اگر کہیں وہ آپ کو انہیں زیادہ کر کے دکھا دیتا

ہے، تو یقیناً تم لوگ (اے نبی! کے ساتھیو) ہمت ہار جاتے اور باہمی جھگڑے میں پڑ جاتے، لیکن اللہ نے اس سے بچا لیا، بیشک وہ پوری طرح جانتا ہے، سینوں کے حال کو،

۴۴. اور (وہ بھی یاد کرنے کے لائق ہے کہ) جب اللہ کم کر کے دکھا رہا تھا ان لوگوں کو جو تمہاری نگاہوں میں (اے مسلمانو!) جب تمہارا آمنا سامنا ہوا، (معرکہ بدر میں) اور تم کو کم کر کے دکھا رہا تھا ان کی نگاہوں میں، تاکہ اللہ پورا فرما دے، ایک ایسے کام کو جس نے پورا ہو کر رہنا تھا، (اس کے حکم و اذن سے) اور اللہ ہی کی طرف لوٹائے جاتے ہیں سب کام،

۴۵. اے وہ لوگو! جو ایمان لائے ہو، جب تمہارا مقابلہ (دشمن کے) کسی گروہ سے ہو جائے، تو تم ثابت قدم رہا کرو، اور بکثرت یاد کیا کرو، اللہ کو، تاکہ تم سرفراز ہو سکو فلاح (اور حقیقی کامیابی) سے

۴۶. اور دل و جان سے کہا مانا کرو تم لوگ اللہ کا، اور اس کے رسول کا، اور آپس میں جھگڑا (اور اختلاف) نہ کیا کرو کہ اس سے تم کمزور ہو جاؤ گے، اور تمہاری ہوا اکھڑ جائے گی، اور صبر (و ضبط) سے ہی کام لیتے رہا کرو، بیشک اللہ صبر کرنے والوں کے ساتھ ہے،

۴۷. اور کہیں تم ان لوگوں کی طرح نہ ہو جانا، جو نکلے اپنے گھروں سے اتراتے ہوئے اور لوگوں کو دکھلانے کے لئے درآں حالیکہ وہ روکتے ہیں اللہ کی راہ سے، اور اللہ پوری طرح احاطہ کئے ہوئے ہے ان تمام کاموں کا جو یہ لوگ کر رہے ہیں،

۴۸. اور (ان کو وہ بھی بتا دو کہ) جب شیطان نے خوشنما کر کے دکھائے ان (کفار) کو ان کے کام، اور اس نے (ان کو تھپکی دیتے ہوئے، ان سے) کہا کہ آج تم پر کوئی غالب نہیں آ

سکتا، اور میں تمہارا پکا حمایتی ہوں، مگر جب آمنا سامنا ہوا (حق و باطل کے) ان دونوں لشکروں کا، تو یہ الٹے پاؤں پھر گیا، اور (ان سے صاف) کہہ دیا کہ میرا تم سے کوئی واسطہ نہیں، میں وہ کچھ دیکھ رہا ہوں جو تمہیں نظر نہیں آ رہا، میں ڈرتا ہوں اللہ سے اور اللہ بڑا ہی سخت عذاب دینے والا ہے،

۴۹. (اور وہ بھی یاد کرنے کے لائق ہے کہ) جب کہہ رہے تھے منافق اور لوگ جن کے دلوں میں روگ تھا (شک و ارتیاب کا) کہ دھوکے میں ڈال رکھا ہے ان (مسلمانوں) کو ان کے دین نے، حالانکہ جو (صحیح معنوں میں) بھروسہ رکھتا ہے اللہ پر، تو (اس کے لئے ناکامی ہے ہی نہیں، کہ) بیشک اللہ بڑا ہی زبردست، نہایت ہی حکمت والا ہے،

۵۰. اور اگر تم دیکھ لو (حال اس وقت کا) کہ جب فرشتے جان قبض کرتے ہیں کافروں کی، اور وہ ضربیں لگا رہے ہوتے ہیں ان کے چہروں اور ان کی پیٹھوں پر، اور (ان سے کہہ رہے ہوتے ہیں کہ لو اب) چکھو تم مزہ جلنے کے عذاب کا، (اگر تم یہ دیکھ سکو تو تمہیں بڑا ہی ایک ہولناک منظر نظر آئے)

۵۱. یہ سب بدلہ ہے اس کا جو تم لوگوں نے آگے بھیجا خود اپنے ہاتھوں سے، ورنہ اللہ ایسا نہیں کہ (ذرہ برابر کوئی) ظلم کرے اپنے بندوں پر،

۵۲. (حق کی عداوت و تکذیب میں ان کا حال بھی ویسا ہی ہے) جیسا کہ فرعون والوں اور ان لوگوں کا تھا جو کہ گزر چکے ہیں ان سے بھی پہلے، کہ انہوں نے جھٹلایا اللہ کی آیتوں کو، آخر کار

اللہ نے پکڑا ان کو ان کے گناہوں کی پاداش میں، بیشک اللہ بڑا ہی قوت والا، سخت عذاب دینے والا ہے،

۵۳. یہ اس لئے کہ اللہ ایسا نہیں کہ بدل دے کسی ایسی نعمت کو جو اس نے عطا فرمائی ہو کسی قوم کو، یہاں تک کہ وہ لوگ (اپنی بد نصیبی سے) خود بدل نہ دیں ان حالات کو، جن کا تعلق خود ان کی اپنی ذاتوں سے ہے، بیشک اللہ سنتا (ہر کسی کی اور) جانتا ہے (سب کچھ)،

۵۴. (سو ان کی حالت بھی ویسی ہی ہوئی) جیسا کہ حالت تھی فرعون والوں کی، اور ان لوگوں کی جو کہ گزر چکے ہیں ان سے بھی پہلے، کہ انہوں نے جھٹلایا اپنے رب کی آیتوں کو، تو آخر کار ہلاک کر دیا ہم نے ان سب کو ان کے گناہوں کی پاداش میں، اور غرقاب کر دیا ہم نے فرعون والوں کو، کہ وہ سب ظالم تھے،

۵۵. بیشک زمین پر چلنے والی ساری مخلوق میں سب سے برے اللہ کے نزدیک وہ لوگ ہیں، جو ایسے اڑے ہوئے ہیں اپنے کفر (و باطل) پر کہ وہ (کسی قیمت پر بھی) ایمان لانے کے لائق نہیں،

۵٦. (خاص کر وہ) جن سے آپ نے عہد لیا پھر وہ (ناہنجار) توڑ دیتے ہیں اپنے عہد کو ہر مرتبہ، اور وہ ڈرتے نہیں، عہد شکنی اور اس کے انجام سے)

۵۷. پس اگر تم نے قابو پا لیا ان پر جنگ میں تو (ان کی ایسی خبر لو کہ) تتر بتر اور (حواس باختہ) کر دو ان کے ذریعے ان کو جو ان کے پیچھے ہیں، تاکہ وہ سبق لے سکیں،

۵۸. راگر تمہیں اندیشہ ہو کسی قوم سے خیانت (اور عہد شکنی) کا، تو تم پھینک دو ان کی طرف ان کے عہد کو، اس طور پر کہ ایک برابر ہو جاؤ تم لوگ اور وہ، بیشک اللہ پسند نہیں فرماتا خیانت کرنے والوں کو،

۵۹. اور کبھی یہ خیال نہ کریں کافر لوگ کہ وہ نکل گئے (ہماری گرفت و پکڑ سے) یقیناً وہ (کسی طور پر ہمیں) عاجز نہیں کر سکتے،

۶۰. اور تیار کرو تم لوگ (اے مسلمانو!) ان (دشمنان حق) کے مقابلے کے لئے جو بھی قوت تم سے بن پڑے، اور تیار بندھے رہنے والے گھوڑے، تاکہ تم اپنی دھاک بٹھا سکو، اس (سامان حرب و ضرب) کے ذریعے (ان ابناء کفر و باطل) پر جو کہ دشمن ہیں اللہ کے، اور دشمن ہیں تمہارے، اور ان کے علاوہ ان دوسروں پر بھی جو کو تم نہیں جانتے، مگر اللہ جانتا ہے ان سب کو، اور یاد (رکھو کہ) جو بھی کچھ تم لوگ خرچ کرو گے اللہ کی راہ میں وہ پورا پورا لوٹا یا جائے گا تمہاری طرف، اور تمہارے کوئی حق تلفی نہیں ہوگی،

۶۱. اور اگر جھک جائیں یہ لوگ صلح (صفائی) کی طرف تو تم بھی جھک جاؤ اس کی طرف اور بھروسہ بہر حال اللہ ہی پر رکھنا، بیشک وہی ہے سنتا (ہر کسی کو، اور) جانتا (سب کچھ)

۶۲. اور اگر یہ لوگ دھوکہ دینا چاہیں آپ کو تو (اس کی پرواہ نہیں کرنا کہ) بیشک کافی ہے آپ کو اللہ (ان سب کے مقابلے میں) وہ وہی ہے، جس نے آپ کو قوت بخشی اپنی مدد سے، اور مسلمانوں کے ذریعے،

۶۳. اور اسی نے باہمی الفت ڈال دی ان کے دلوں میں، (اپنی خاص رحمت و عنایت سے، ورنہ) آپ اگر وہ سب کچھ خرچ کر دیتے جو کہ روئے زمین پر (موجود ہے) تو بھی آپ ان کے دلوں کو آپس میں نہیں جوڑ سکتے تھے، لیکن اللہ ہی نے باہم جوڑ دیا، ان (کے پھٹے ہوئے دلوں) کو، بیشک وہ بڑا ہی زبردست، نہایت ہی حکمت والا ہے،

۶۴. اے پیغمبر! کافی ہے آپ کو بھی، اور ان تمام اہل ایمان کو بھی جو آپ کی پیروی کرتے ہیں،

۶۵. اے پیغمبر! شوق دلاؤ ایمان والوں کو لڑائی کا (اور پرواہ نہ کرو کافروں کی کثرت تعداد کی کہ) اگر تم میں سے بیس ثابت قدم رہنے والے ہوں گے تو وہ غالب آ جائیں گے دو سو پر، اور اگر تم میں سے ایک سو ہوں گے، تو وہ غالب آ جائیں گے ایک ہزار کافروں پر، یہ اس لئے کہ یہ لوگ سمجھتے نہیں (حق اور حقیقت کو)

۶۶. اب تخفیف فرما دی اللہ نے تم سے، اور اس نے دیکھ لیا کہ تمہارے اندر کمزوری ہے، پس اگر تم میں سے ایک سو ہوں گے صبر والے، تو وہ غالب آ جائیں گے دو سو پر، اور تم میں سے ایک ہزار ہوں گے (اسی شان کے) تو وہ غالب آ جائیں گے دو ہزار پر، اللہ کے اذن (و حکم) سے، اور اللہ بہر حال ساتھ ہے صبر کرنے والوں کے،

۶۷. کسی نبی کی یہ شان نہیں کہ ان کے پاس قیدی رہیں، یہاں تک کہ وہ زور کچل دے زمین میں (کفر اور اس کے علم برداروں کا) تم لوگ چاہتے ہو دنیا کے (عارضی اور فانی) فائدے،

جب کہ اللہ چاہتا ہے (تمہارے لئے) آخرت (اور اس کی حقیقی اور ابدی کامیابی) اور اللہ بڑا ہی زبردست، نہایت ہی حکمت والا ہے،

۶۸. اگر اللہ کی طرف سے ایک نوشتہ طے نہ ہو چکا ہوتا تو یقیناً پہنچ کر رہتا تم لوگوں کو ایک بڑا عذاب،

۶۹. اس (مال) کی بناء پر جو تم نے (اس ضمن میں) لیا ہے، پس اب کھاؤ (پیو) تم لوگ اس مال غنیمت میں سے جو تم نے حاصل کیا ہے حلال پاکیزہ، اور ڈرتے رہو تم اللہ سے، بیشک اللہ ہی بڑا بخشنے والا نہایت ہی مہربان ہے،

۷۰. اے پیغمبر! کہو ان قیدیوں سے جو کہ تم لوگوں کے قبضے میں ہیں، کہ اگر اللہ نے تمہارے دلوں میں بھلائی دیکھی تو وہ تمہیں اس سے کہیں بہتر عطا فرمائے گا جو تم سے لیا گیا، اور تمہاری بخشش بھی فرمائے گا، اور اللہ بڑا ہی بخشنے والا، نہایت ہی مہربان ہے،

۷۱. اور اگر انہوں نے آپ کو دھوکہ دینا چاہا تو (یہ کوئی نئی بات نہیں کہ) یہ لوگ تو اس سے پہلے بھی اللہ سے دھوکہ بازی کر چکے ہیں، مگر اللہ نے ان کو (آپ کے ہاتھوں) گرفتار کرا دیا، اور اللہ بڑا ہی علم والا، نہایت ہی حکمت والا ہے،

۷۲. بیشک جو لوگ ایمان لائے اور انہوں نے ہجرت کی، اللہ کی راہ میں جہاد کیا، اپنے مالوں کے ساتھ، اور اپنی جانوں کے ساتھ، اور جنہوں نے (ان مہاجروں کو) جگہ دی، اور ان کی مدد کی، وہی دوست (وارث) ہیں ایک دوسرے کے، اور جو ایمان تو لائے پر انہوں نے ہجرت نہیں کی، تو تمہیں ان کی ولایت (اور میراث) سے کوئی سروکار نہیں، یہاں تک کہ وہ

ہجرت کریں، اور اگر وہ دین کے معاملے میں تم سے مدد مانگیں تو تم پر ان کی مدد کرنا لازم ہے، مگر ان لوگوں کے مقابلے میں نہیں، جن کے درمیان اور تمہارے درمیان کوئی معاہدہ ہو، اور اللہ خوب دیکھتا ہے ان کاموں کو جو تم لوگ کر رہے ہو،

۷۳. اور جو لوگ اڑے ہوئے ہیں اپنے کفر و باطل پر، وہ آپس میں ایک دوسرے کے دوست (اور وارث) ہیں، اگر تم لوگ ایسا نہیں کرو گے (اے مسلمانو!) تو زمین میں بڑا فتنہ اور فساد برپا ہوگا،

۷۴. اور جو لوگ ایمان لائے اور انہوں نے ہجرت بھی کی، اور جہاد بھی کیا، اللہ کی راہ میں، اور جنہوں نے ان کو ٹھکانہ دیا اور ان کی مدد بھی کی تو ایسے ہی لوگ مومن ہیں سچے (پکے) ان کے لئے ایک عظیم الشان بخشش بھی ہے، اور عزت کی روزی بھی

۷۵. اور جو لوگ ایمان لائے اس کے بعد، اور انہوں نے ہجرت بھی کی اور جہاد بھی کیا، تمہارے ساتھ شامل ہو کر تو ایسے لوگ بھی تم ہی میں سے ہیں، اور رشتہ دار ایک دوسرے کے زیادہ حقدار ہیں اللہ کے حکم کے مطابق، بیشک اللہ ہر چیز کو پوری طرح جانتا ہے۔

***

۹۔ التوبة

۱. دست برداری کا اعلان ہے، اللہ اور اس کے رسول کی طرف سے، ان مشرکوں کو، جن سے تم نے معاہدہ کرر کھا تھا،

۲. چل پھر لو تم لوگ (اے مشرکو!) اس سرزمین میں چار مہینے اور یقین جان لو کہ تم لوگ عاجز نہیں کر سکتے اللہ کو، اور یہ کہ اللہ تعالیٰ بہر حال رسوا کرنے والا ہے کافروں کو،

۳. اور صاف اعلان ہے اللہ اور اس کے رسول کی طرف سے سب لوگوں کے لئے حج اکبر کے دن، کہ بیشک اللہ بری الذمہ ہے مشرکوں سے، اور اس کا رسول بھی، پس اگر تم لوگوں نے توبہ کر لی تو یہ بہتر ہو گا خود تمہارے لئے، اور اگر تم (پہلے کی طرح اب بھی) پھرے ہی رہے، تو یقین جان لو کہ تم ایسے نہیں ہو کہ عاجز کر دو اللہ کو، اور خوشخبری سنا دو کافروں کو ایک بڑے ہی دردناک عذاب کی،

۴. مگر جن مشرکوں سے تم نے عہد کیا، پھر انہوں نے نہ تو تمہارے ساتھ اپنے عہد کو نبھانے میں کوئی کمی کی، اور نہ ہی انہوں نے تمہارے خلاف کسی کی کوئی مدد کی، تو ان سے تم پورا کرو ان کا عہد ان کی مدت تک، بیشک اللہ پسند فرماتا ہے پرہیزگاروں کو،

۵. پھر جب گزر جائیں حرمت والے مہینے تو تم قتل کرو ان مشرکوں کو جہاں بھی انہیں پاؤ انہیں پکڑو، ان کا گھیراؤ کرو، اور ان (کی خبر لینے) کے لئے بیٹھ جاؤ ہر گھات میں، پھر بھی اگر

یہ لوگ توبہ کرلیں اور (اسلام لاکر) نماز قائم کریں، اور زکوٰۃ ادا کریں، تو تم خالی کر دو ان کا راستہ، بیشک اللہ بڑا ہی بخشنے والا، نہایت ہی مہربان ہے،

٦. اور اگر ان مشرکوں میں سے کوئی شخص آپ سے پناہ مانگے تو آپ اسے پناہ دے دیں، یہاں تک کہ وہ لے اللہ کا کلام پھر اس کو پہنچا دو اس کی امن کی جگہ، یہ (رعایت) اس لئے ہے کہ یہ ایسے لوگ ہیں جو جانتے نہیں (حق اور حقیقت کو)

٧. کیسے ہو سکتا ہے مشرکوں کے لئے کوئی عہد اللہ اور اس کے رسول کے یہاں؟ بجز ان لوگوں کے جن سے تم نے معاہدہ کیا تھا مسجد حرام کے پاس، سو جب تک وہ سیدھے رہیں تمہارے ساتھ تو تم بھی سیدھے رہو ان کے ساتھ، بیشک اللہ پسند فرماتا ہے پرہیز گاروں کو،

٨. کیسے (اعتبار کیا جا سکتا ہے ان پر) جب کہ ان کا حال یہ ہے کہ اگر وہ تم پر غلبہ پائیں تو تمہارے بارے میں نہ کسی رشتہ داری کا لحاظ کریں نہ کسی عہد کا، وہ تم کو راضی کرتے ہیں اپنے مونہوں سے، مگر انکار کرتے ہیں ان کے دل، اور ان کی اکثریت بدکاروں کی ہے،

٩. انہوں نے اپنا لیا اللہ کی آیتوں کے بدلے میں (دنیائے دوں کے) تھوڑے سے (اور گھٹیا) مول کو، (اس طرح) وہ رکاوٹ بن گئے اللہ کی راہ میں، یقیناً بڑے ہی برے ہیں وہ کام جو یہ لوگ کر رہے ہیں،

١٠. یہ لحاظ نہیں کرتے کسی مومن کے بارے میں نہ کسی قرابت (رشتہ داری) کا، اور نہ کسی عہد (و پیمان) کا، اور یہی لوگ ہیں زیادتی کرنے والے، (اور حد سے بڑھنے والے)

۱۱۔ سو اگر یہ لوگ توبہ کرلیں (اپنے کفر و باطل سے) اور نماز قائم کریں اور زکوٰۃ ادا کریں تو یہ تمہارے دینی بھائی ہیں، اور ہم کھول کر بیان کرتے ہیں اپنے احکام ان لوگوں کے لئے جو علم رکھتے ہیں،

۱۲۔ اور اگر توڑ دیں یہ لوگ اپنی قسموں کو اپنے عہد کے بعد، اور طعنہ زنی کریں تمہارے دین میں، تو تم لڑو کفر کے ان پیشواؤں سے، کوئی اعتبار نہیں ان کی قسموں کا، (اور ان سے لڑو تاکہ یہ باز آجائیں (اپنے کفر و باطل سے)

۱۳۔ کیا نہیں لڑو گے تم ایسے لوگوں سے؟ جنہوں نے توڑ دیا اپنی قسموں کو، اور انہوں نے ٹھان لی (اپنے گھر سے) نکال باہر کرنے کی اللہ کے رسول کو، اور انہوں نے ہی پہل کی تم سے زیادتی کرنے میں، کیا تم اس سے ڈرتے ہو؟ سو اللہ زیادہ حقدار ہے اس کا کہ تم اس سے ڈرو، اگر تم ایماندار ہو،

۱۴۔ لڑو تم ان سے، اللہ ان کو عذاب دے گا خود تمہارے ہاتھوں، وہ ان کو رسوا کرے گا اور ان کے مقابلے میں تمہاری مدد فرمائے گا، اور شفا بخشے گا ایمانداروں کے سینوں کو

۱۵۔ اور دور فرما دے گا ان کے دلوں کی جلن کو، اور وہ توبہ نصیب فرمائے گا جس کو چاہے گا، اور اللہ بڑا ہی جاننے والا، نہایت ہی حکمت والا ہے،

۱۶۔ کیا تم لوگوں نے یہ سمجھ رکھا ہے کہ تم کو یونہی چھوڑ دیا جائے گا؟ حالانکہ ابھی اللہ نے تم میں سے ان لوگوں کو دیکھا نہیں جنہوں نے جہاد کیا اور انہوں نے اللہ، اس کے رسول، اور

مومنوں کے سوا، اور کسی کو جگری دوست نہیں بنایا اور اللہ پوری طرح باخبر ہے ان سب کاموں سے جو تم لوگ کرتے ہو،

۱۷۔ مشرکوں کا یہ کام نہیں کہ وہ آباد کریں اللہ کی مسجدوں کو، (اور ان کے متولی و مجاور بنیں) در آں حالیکہ وہ خود گواہی دے رہے ہیں اپنے اوپر کفر کی یہ وہ لوگ ہیں جن کے اکارت چلے گئے سارے عمل، اور ان کو ہمیشہ رہنا ہے دوزخ میں،

۱۸۔ اللہ کی مسجدوں کو تو وہی لوگ آباد کر سکتے ہیں، جو ایمان رکھتے ہوں اللہ پر، اور قیامت کے دن پر، جو قائم رکھتے ہوں نماز کو اور ادا کرتے ہوں زکوٰۃ، اور وہ کسی سے نہ ڈرتے ہوں سوائے اللہ کے، سو ایسے لوگوں کے بارے میں امید ہے کہ وہ ہدایت یافتہ لوگوں میں سے ہوں گے،

۱۹۔ کیا تم لوگوں نے (اے مشرکو!) حاجیوں کے پانی پلانے کو، اور مسجد حرام کی آبادکاری (یعنی اس کے مجاور و خادم بننے) کو، اس شخص کے برابر ٹھہرا رکھا ہے جو ایمان رکھتا ہو، اللہ پر اور قیامت کے دن پر، اور وہ جہاد کرتا ہو اللہ کی راہ میں؟ یہ برابر نہیں ہو سکتے اللہ کے یہاں، اور اللہ ہدایت (کی دولت) سے نہیں نوازتا ظالم لوگوں کو،

۲۰۔ جو لوگ ایمان لائے، انہوں نے ہجرت کی، اور جہاد کیا اللہ کی راہ میں، اپنے مالوں سے بھی، اور اپنی جانوں سے بھی، اللہ کے یہاں ان کا درجہ بہت بڑا ہے، اور یہی لوگ ہیں کامیاب ہونے والے،

۲۱. ان کو خوشخبری سناتا ہے ان کا رب ایک عظیم الشان رحمت کی اپنی طرف سے، اور ایک بڑی رضامندی، اور ایسی عظیم الشان جنتوں کی، جن میں ان کے لئے دائمی نعمتیں ہوں گی،

۲۲. جن میں ہمیشہ ہمیش رہنا نصیب ہوگا ان کو، بیشک اللہ کے یہاں بہت بڑا اجر ہے،

۲۳. اے وہ لوگو جو ایمان لائے ہو! تم مت بناؤ اپنے باپوں اور اپنے بھائیوں کو اپنا دوست، اگر وہ ترجیح دیں کفر کو ایمان پر، اور جو کوئی (اس کے باوجود) تم میں سے ان سے دوستی رکھے گا، تو ایسے لوگ ظالم ہوں گے،

۲۴. (ان سے) کہو کہ اگر تمہارے باپ اور تمہارے بیٹے اور تمہارے بھائی اور تمہاری بیویاں، اور تمہارا کنبہ، اور تمہارے وہ مال جو تم نے کما رکھے ہیں اور تمہاری وہ تجارت جس کے ماند پڑ جانے کا تمہیں اندیشہ لگا رہتا ہے، اور تمہارے وہ گھر جو تمہیں پسند ہیں (اگر یہ سب کچھ) تمہیں زیادہ پیارا ہو اللہ اور اس کے رسول سے، اور اس کی راہ میں جہاد کرنے سے، تو تم انتظار کرو، یہاں تک کہ اللہ لے آئے اپنا حکم اور اللہ نور ہدایت سے نہیں نوازتا بدکار لوگوں کو،

۲۵. بلاشبہ اللہ مدد فرما چکا ہے تمہاری (اے مومنو!) بہت سے موقعوں میں، اور حنین کے دن بھی، جب کہ تم غرے میں آ گئے تھے اپنی کثرت کی بناء پر، پھر تمہاری وہ کثرت تمہارے کچھ بھی کام نہ آ سکی، اور تنگ ہو گئی تم پر زمین اپنی فراخی کے باوجود، پھر تم لوگ بھاگ نکلے پیٹھ دے کر،

۲۶. پھر اللہ نے (اپنے کرم سے) اتار دی اپنی سکینت اپنے رسول اور دوسرے اہل ایمان پر، اور اس نے اتار دیئے ایسے لشکر جو تمہیں نظر نہیں آرہے تھے، اور اس نے سزا دی کافروں کو، اور یہی ہے بدلہ کافروں کا،

۲۷. پھر اللہ توبہ کی توفیق نصیب فرماتا ہے جس کو چاہتا ہے، اور اللہ بڑا ہی بخشنے والا، نہایت ہی مہربان ہے،

۲۸. ایمان والو! مشرک لوگ تو نرے پلید ہیں، پس وہ مسجد حرام کے قریب بھی نہ پھٹکنے پائیں اپنے اس سال کے بعد، اور اگر تمہیں اندیشہ ہو مفلسی (وتنگدستی) کا، تو اللہ (سے امید رکھو کہ وہ) عنقریب تمہیں غنی بنا دے گا اپنے فضل سے اگر اس نے چاہا، بیشک اللہ بڑا ہی علم والا، نہایت ہی حکمت والا ہے،

۲۹. تم لڑو ان لوگوں سے جو ایمان نہیں رکھتے اللہ پر، اور نہ قیامت کے دن پر، اور نہ وہ حرام جانتے ہیں ان چیزوں کو جن کو حرام فرمایا ہے اللہ نے اور اس کے رسول نے، اور نہ وہ قبول کرتے ہیں دین حق کو ان لوگوں میں سے جن کو کتاب دی گئی، یہاں تک کہ وہ جزیہ دیں اپنے ہاتھ سے، اور وہ رہیں ماتحت بن کر،

۳۰. اور (ان لوگوں کی شرکیات کا عالم یہ ہے کہ) یہود نے کہا کہ عزیر اللہ کے بیٹے ہیں، اور نصاریٰ نے کہا کہ مسیح اللہ کے بیٹے ہیں، یہ بے حقیقت باتیں ہیں ان کے مونہوں کی، یہ نقل کرتے ہیں ان کافروں کی جو ان سے پہلے گزر چکے ہیں، خدا ان کا ناس کرے، یہ کدھر الٹے کیئے جا رہے ہیں؟

۳۱. انہوں اپنے عالموں اور اپنے پیروں کو اپنا رب بنا دیا اللہ کے سوا اور مسیح ابن مریم کو بھی، حالانکہ ان کو حکم نہیں ہوا تھا مگر اس بات کا کہ یہ لوگ بندگی کریں ایک ہی معبود کی (جو کہ برحق ہے) کوئی بھی معبود نہیں سوائے اس (وحدہٗ لاشریک) کے، پاک ہے وہ اس شرک سے جو یہ لوگ کرتے ہیں،

۳۲. یہ چاہتے ہیں کہ بجھا دیں اللہ کے نور کو اپنے مونہوں (کی پھونکوں) سے مگر اللہ انکار کرتا ہے (ہر صورت کا) بجز اس کے کہ وہ پورا کر کے رہے اپنے نور کو، اگرچہ یہ امر برا لگے کافروں کو،

۳۳. وہ (اللہ) وہی ہے جس نے بھیجا اپنے رسول کو ہدایت اور دین حق کے ساتھ، تاکہ وہ اس کو غالب کرے تمام دینوں پر، اگرچہ یہ امر برا لگے مشرکوں کو۔

۳۴. ایمان والو، یقیناً بہت سے عالم اور پیر ایسے ہیں جو کھاتے ہیں لوگوں کا مال باطل (اور ناحق) طریقوں سے، اور روکتے ہیں اللہ کی راہ سے، اور جو لوگ جوڑ جوڑ کر رکھتے ہیں سونے اور چاندی کو، اور وہ ان کو خرچ نہیں کرتے اللہ کی راہ میں، تو خوشخبری سنا دو ان کو ایک دردناک عذاب کی۔

۳۵. جس دن تپایا جائے گا ان کو دوزخ کی آگ میں، پھر ان کے ذریعے داغا جائے گا ان لوگوں کی پیشانیوں، پیٹھوں، اور پہلوؤں کو (اور ان سے کہا جائے گا کہ) یہ ہے وہ کچھ جو تم لوگ جوڑ جوڑ کر رکھا کرتے تھے اپنی جانوں کے لئے، سو اب چکھو مزہ تم لوگ اپنی اس دولت کا جو تم جوڑ جوڑ کر رکھا کرتے تھے۔

۳۶۔ بلاشبہ مہینوں کی تعداد اللہ کے نزدیک بارہ مہینے ہے اللہ کی کتاب میں، (اس دن سے) جس دن کہ پیدا فرمایا اللہ نے آسمانوں اور زمینوں کو، ان میں سے چار مہینے (عزت و حرمت) والے ہیں، یہی ہے سیدھا دین، پس تم لوگ مت ظلم کرو، ان مہینوں کے بارے میں اپنی جانوں پر، اور لڑو تم مشرکوں سے مل کر، اور یقین جانو کہ اللہ پرہیزگاروں کے ساتھ ہے۔

۳۷۔ یہ مہینوں کا ہٹا دینا کفر میں (ترقی اور) زیادتی کے سوا کچھ نہیں، اس کے ذریعے گمراہ کیا جاتا ہے عام کافروں کو، یہ اس کو حلال کر لیتے ہیں ایک سال، اور حرام کر لیتے ہیں دوسرے سال، تاکہ اس طرح یہ گنتی پوری کر لیں ان مہینوں کی جن کو اللہ نے حرام قرار دیا، سو اس طرح یہ لوگ حلال ٹھہراتے ہیں اس چیز کو جس کو اللہ نے حرام قرار دیا، خوشنما بنا دیا گیا ان کے برے اعمال کو، اور اللہ ہدایت (کی دولت) سے نہیں نوازتا کافر لوگوں کو،

۳۸۔ ایمان والو! تم کو کیا ہو گیا ہے کہ جب تم سے کہا جاتا ہے کہ نکلو تم اللہ کی راہ میں، جہاد و قتال کے لئے تو تم گرے جاتے ہو زمین پر، کیا تم لوگ راضی ہو گئے آخرت کے مقابلے میں اسی (چند روزہ) دنیاوی زندگی پر؟ سو (واضح رہے کہ) دنیاوی زندگی کا یہ متاع فانی تو آخرت کے مقابلے میں نہ ہونے کے برابر ہے،

۳۹۔ اگر تم لوگ نہیں نکلو گے، تو اللہ تمہیں مبتلا کر دے گا ایک دردناک عذاب میں، اور وہ لے آئے گا تمہاری جگہ کسی اور قوم کو تمہارے سوا، اور تم اس کا کچھ بھی نہ بگاڑ سکو گے، اور اللہ ہر چیز پر پوری قدرت رکھتا ہے،

۴۰۔ اگر تم لوگوں نے پیغمبر کی مدد نہ کی تو اللہ (خود ہی ان کی مدد کو کافی ہے سووہ) اس وقت بھی ان کی مدد کر چکا ہے جب کہ ان کو نکال دیا تھا کافروں نے (ان کے گھر بار سے) جب کہ وہ دو میں کے دوسرے تھے، جب کہ وہ دونوں غار میں تھے، جب کہ وہ فرما رہے تھے اپنے ساتھی سے، کہ غم نہ کرو، یقیناً اللہ ہمارے ساتھ ہے، پھر اللہ نے اتار دی ان پر اپنی سکینت اور ان کی مدد فرمائی ایسے لشکروں کے ذریعے جو تم کو نظر نہیں آرہے تھے، اور اس نے کر دیا کافروں کے بول کو نیچا، اور اللہ کا بول تو ہے ہی اونچا، اور اللہ سب پر غالب، بڑا ہی حکمت والا ہے،

۴۱۔ نکلو تم خواہ ہلکے ہو یا بوجھل اور جہاد کرو اللہ کی راہ میں اپنے مالوں سے بھی اور اپنی جانوں سے بھی، یہ خود تمہارے ہی لئے بہتر ہے، اگر تم جانتے ہو

۴۲۔ اگر کوئی مال ہوتا نزدیک کا، اور سفر ہوتا ہلکا، تو یہ لوگ ضرور آپ کے ساتھ ہو لیتے لیکن ان کو بہت دور لگا یہ کٹھن راستہ، اور اب یہ اللہ کی قسمیں کھا کھا کر کہیں گے کہ اگر ہمارے بس میں ہوتا، تو ہم ضرور نکلتے آپ لوگوں کے ساتھ، یہ لوگ خود ہلاکت میں ڈالتے ہیں اپنے آپ کو اور اللہ خوب جانتا ہے کہ یہ پرلے درجے کے جھوٹے ہیں،

۴۳۔ اللہ نے معاف فرما دیا آپ کو (اے پیغمبر!) آپ نے ان کو کیوں اجازت دے دی یہاں تک کہ کھل کر آپ کے سامنے آ جاتے وہ لوگ جو سچے ہیں اور آپ جان لیتے جھوٹوں کو،

۴۴. وہ لوگ تو آپ سے اجازت مانگتے ہی نہیں جو (صدق دل سے) ایمان رکھتے ہیں، اللہ پر اور قیامت کے دن پر، اس سے کہ وہ جہاد کریں اپنے مالوں اور اپنی جانوں سے، اور اللہ خوب جانتا ہے پرہیزگاروں کو،

۴۵. آپ سے اجازت تو بس وہی لوگ مانگتے ہیں جو ایمان نہیں رکھتے اللہ پر، اور قیامت کے دن پر اور شک (کی دلدل) میں پڑے ہیں ان کے دل، پس اپنے شک میں ہی پڑے بھٹک رہے ہیں،

۴۶. اور اگر واقعی ان کا نکلنے کا ارادہ ہوتا تو یہ اس کے لئے کچھ نہ کچھ سامان تو ضرور تیار کرتے لیکن اللہ کو اٹھنا پسند نہ تھا تو اس نے بٹھا دیا ان (کے دلوں) کو، اور کہہ دیا گیا (ان سے تکوینی طور پر) کہ بیٹھے رہو تم بیٹھنے والے (محروم) لوگوں کے ساتھ،

۴۷. اگر وہ تمہارے اندر شامل ہو کر نکلتے بھی تو تمہارے اندر خرابی کے سوا اور کسی چیز کا اضافہ نہ کرتے، اور وہ ضرور دوڑ دھوپ کرتے تمہارے درمیان فتنہ پردازی کی، اور اب تمہارے درمیان ان کے لئے سننے والے موجود ہیں، اور اللہ خوب جانتا ہے ایسے ظالموں کو،

۴۸. ہوں نے یقیناً اس سے پہلے بھی فتنہ پردازی کرنا چاہی تھی، اور یہ الٹ پھیر کر چکے ہیں طرح طرح کارروائیوں کا آپ (کی ضرر رسانی) کے لئے، یہاں تک کہ آگیا حق، اور غالب ہو کر رہا اللہ کا حکم، اور یہ (جلتے اور) کڑھتے ہی رہے،

۴۹. ان میں سے کچھ ایسے بھی ہیں جو کہتے ہیں کہ مجھے اجازت دے دیجئے اور مجھے فتنے میں نہ ڈالئے، آگاہ رہو کہ فتنے میں تو یہ لوگ واقعی پڑ گئے ہیں، اور یقیناً جہنم نے پوری طرح گھیرے میں لے رکھا ہے کافروں کو،

۵۰. اگر آپ کو کوئی اچھی حالت پیش آئے تو ان کو یہ امر برا لگتا ہے اور اگر کوئی مصیبت پڑ جائے تو یہ کہتے ہیں کہ ہم نے تو اپنا کام پہلے ہی ٹھیک کر لیا تھا، اور یہ لوٹتے ہیں خوشیاں کرتے ہوئے،

۵۱. (ان احمقوں سے) کہو کہ ہمیں ہرگز نہیں پہنچتا مگر وہ کچھ جو کہ اللہ نے ہمارے لئے لکھ رکھا ہے، وہی ہمارا کارساز ہے، اور اسی پر بھروسہ کرنا چاہیئے، سب ایمانداروں کو،

۵۲. (ان سے) کہو کہ تم لوگ ہمارے بارے میں انتظار نہیں کرتے مگر دو بھلائیوں میں سے ایک کا، جب کہ ہم تمہارے بارے میں اس بات کے منتظر ہیں کہ اللہ تم پر واقع کر دے کوئی عذاب (براہ راست) اپنی طرف سے، یا ہمارے ہاتھوں سے دلوائے، سو تم بھی انتظار کرو ہم بھی تمہارے ساتھ انتظار میں ہیں،

۵۳. (ان سے) کہو کہ خواہ تم لوگ خوشی سے خرچ کرو، یا ناگواری سے، بہر حال تم سے کسی بھی قیمت پر قبول نہیں کیا جائے گا کہ تم لوگ پکے کردار کے لوگ ہو

۵۴. اور ان کے دیئے ہوئے مال قبول نہ ہونے کی وجہ سے اس کے سوا اور کچھ نہیں کہ انہوں نے کفر کیا اللہ (جل شانہ) کے ساتھ، اور اس کے رسول (برحق) کے ساتھ، اور (اس

باطنی کفر کی ظاہری علامات یہ ہیں کہ) یہ لوگ نماز پڑھتے ہیں تو کسمساتے ہوئے، اور یہ خرچ کرتے ہیں تو ناگواری کے بوجھ تلے دبے ہوئے،

۵۵. پس تعجب میں نہ ڈالنے پائیں آپ کو ان لوگوں کے مال، اور نہ ہی ان کی اولادیں، سوائے اس کے نہیں کہ اللہ چاہتا ہے کہ ان کو عذاب دے انہی چیزوں کے ذریعے دنیا کی زندگی میں، اور ان کا دم نکلے تو کفر ہی کی حالت میں نکلے،

۵۶. اور یہ لوگ خدا کی قسمیں کھا کھا کر تمہیں یقین دلاتے ہیں کہ یہ تم ہی لوگوں میں سے ہیں، حالانکہ یہ تم میں سے نہیں ہیں، بلکہ اصل بات یہ ہے کہ یہ لوگ ڈرتے ہیں،

۵۷. (اور یہ مجبور ہیں ورنہ) اگر ان کو مل جائے کوئی پناہ گاہ، یا کوئی غار، یا کوئی گھس بیٹھنے کی جگہ ہی، تو یہ اس کی طرف سرپٹ دوڑ پڑیں،

۵۸. اور ان میں سے کچھ ایسے بھی ہیں جو آپ پر (اے پیغمبر!) عیب لگاتے ہیں صدقات کے بارے میں، اگر ان کو ان میں سے (ان کی مرضی کے مطابق) کچھ مال جائے تو یہ خوش ہو جاتے ہیں اور اگر نہ ملے تو یہ لوگ یکایک بگڑ جاتے ہیں،

۵۹. اور اگر یہ راضی ہو جاتے اس پر جو ان کو عطا فرمایا تھا اللہ نے اور اس کے رسول نے، اور کہتے کہ کافی ہے ہم کو اللہ، عنقریب ہی اللہ ہمیں (اور بہت کچھ) دے گا اپنے فضل سے اور اس کا رسول بھی، بیشک ہم اللہ ہی کی طرف رغبت رکھنے والے ہیں (تو یہ خود انہی کے لئے بہتر ہوتا)

۶۰. سوائے اس کے نہیں کہ یہ صدقات حق ہیں فقیروں، مسکینوں، اوران کے کارکنوں کا، جوان کے جمع کرنے پر مقرر رہیں، اوران کے لئے کہ جن کی دلجوئی کرنی ہوتی ہے، اور گردنوں کے چھڑانے، اور قرضداروں کی مدد میں، اللہ کی راہ میں، اور مسافر نوازی میں، اللہ کی طرف سے مقرر کردہ فریضہ کے طور پر، (اس کوادا کرو) اوراللہ بڑا ہی علم والا نہایت ہی حکمت والا ہے،

۶۱. اوران میں سے کچھ ایسے بھی ہیں جوایذاء پہنچاتے ہیں اللہ کے پیغمبر کواور کہتے ہیں کہ یہ صاحب توبس نرے کان ہیں، (ان سے) کہوکہ وہ کان ہیں خیر کے تمہارے لئے، ایمان رکھتے ہیں اللہ پر، اوراعتماد کرتے ہیں ایمانداروں پراوروہ سراسر رحمت ہیں ان لوگوں کے لئے جوایمان (کی دولت) رکھتے ہیں تم میں سے، اور جو لوگ ایذاء پہنچاتے ہیں اللہ کے رسول کو، ان کے لئے ایک بڑا ہی دردناک عذاب ہے،

۶۲. یہ لوگ تمہارے لئے اللہ کی قسمیں کھاتے ہیں تاکہ تمہیں راضی کریں، حالانکہ اللہ اوراس کارسول اس کے کہیں زیادہ حق دارہیں کہ یہ انہیں راضی کریں اگر یہ ایماندارہیں،

۶۳. کیا ان لوگوں کو یہ طے شدہ حقیقت معلوم نہیں کہ جو بھی کوئی مخالفت کرے گا، اللہ اور اس کے رسول کی، تواس کے لئے دوزخ کی وہ آگ تیار ہے جس میں اسے ہمیشہ رہنا ہوگا، یہی ہے بڑی رسوائی،

۶۴. منافق لوگ ڈرتے ہیں اس سے کہ کہیں اتار دی جائے مسلمانوں پر کوئی ایسی سورت جو کہ بتا دے ان (مسلمانوں) کو ان (منافقوں) کے دلوں کے بھید (ان سے) کہو کہ اچھا مذاق اڑا لو تم لوگ بیشک اللہ کھول کر رکھ دے گا اس چیز کو جس سے تم ڈرتے ہو،

۶۵. اور اگر آپ ان سے پوچھیں تو یہ فوراً کہہ دیں گے کہ "ہم تو یوں ہی گپ شپ اور دل لگی کر رہے تھے" کہو کیا تمہیں اللہ، اس کی آیتوں، اور اس کے رسول ہی سے دل لگی کرنا تھی؟

۶۶. بہانے مت بناؤ، بیشک تم لوگ (اے منافقو!) کفر کا ارتکاب کر چکے ہو اپنے ایمان کے بعد اگر ہم تم میں سے ایک گروہ کو معاف بھی کر دیں تو ہم ضرور عذاب دے کر رہیں گے دوسرے گروہ کو، کہ وہ قطعی مجرم ہیں،

۶۷. منافق مرد اور منافق عورتیں سب ایک ہی تھیلے کے چٹے بٹے ہیں، یہ لوگ برائی کا حکم دیتے اور بھلائی سے روکتے ہیں، اور یہ بند رکھتے ہیں اپنے ہاتھوں کو (ہر کار خیر سے) یہ بھول گئے اللہ کو، جس کے نتیجے میں اللہ نے ان کو بھلا دیا بلاشبہ یہ منافق پکے بدکار ہیں

۶۸. اللہ نے وعدہ کیا ہے منافق مردوں، منافق عورتوں، اور دوسرے کھلے کافروں سے، دوزخ کی (اس ہولناک) آگ کا، جس میں ان کو ہمیشہ رہنا ہو گا، وہی کافی ہے ان کو، ان پر پھٹکار پڑ گئی اللہ کی، اور ان کے لئے عذاب ہے ہمیشہ قائم رہنے والا،

۶۹. انہی لوگوں کی طرح جو گزر چکے ہیں تم سے پہلے جو طاقت میں بھی تم سے کہیں زیادہ سخت تھے، اور مال و اولاد میں بھی وہ تم سے کہیں بڑھ کر تھے، سو انہوں نے اپنے حصے کے

مزے لوٹ لئے (اسی دنیا میں) اور تم نے بھی اپنے حصے کے مزے لوٹ لئے، جیسا کہ ان لوگوں نے لوٹے تھے اپنے حصے کے مزے جو کہ گزر چکے ہیں تم سے پہلے، اور تم بھی اس طرح گھس گئے کج بحثیوں میں جس طرح کہ وہ گھس گئے تھے، اکارت چلے گئے ان لوگوں کے سب کام دنیا میں بھی اور آخرت میں بھی، اور یہی لوگ ہیں خسارے والے،

۷۰. تو کیا ان کے پاس نہیں پہنچے حالات ان لوگوں کے جو گزر چکے ہیں ان سے پہلے، جیسے قوم نوح، عاد، ثمود اور قوم ابراہیم اور مدین والے، اور وہ لوگ جن کی بستیاں الٹ دی گئی تھیں، اس سب کے پاس آئے تھے ان کے رسول کھلی نشانیوں کے ساتھ، (مگر انہوں نے مان کر نہ دیا اور بالآخر پہنچ کر رہے وہ اپنے انجام کو) سو اللہ ایسا نہیں کہ ان پر کوئی ظلم کرتا، مگر وہ لوگ اپنی جانوں پر خود ہی ظلم کر رہے تھے،

۷۱. اور (منافقین کے برعکس) مومن اور مومن عورتیں ایک دوسرے کے دوست (اور مددگار) ہیں، وہ حکم دیتے ہیں نیکی کا اور روکتے ہیں برائی سے، اور پابندی کرتے ہیں نمازکی، اور ادا کرتے ہیں زکوٰۃ اور حکم مانتے ہیں اللہ اور اس کے رسول کا، سو ایسوں پر اللہ تعالیٰ ضرور رحمت فرمائے گا، بیشک اللہ بڑا ہی زبردست، نہایت ہی حکمت والا ہے،

۷۲. اللہ نے وعدہ فرما رکھا ہے، ایماندار مردوں اور ایماندار عورتوں سے، ایسی عظیم الشان جنتوں کا، جن کے نیچے سے بہہ رہی ہوں گی طرح طرح کی نہریں، جہاں ان کو ہمیشہ رہنا نصیب ہوگا، اور (اس نے ان سے وعدہ فرما رکھا ہے) ایسے پاکیزہ مکانوں کا جو سدا بہار

جنتوں میں ہوں گے، اور اللہ کی رضا (کی نعمت جوان کو نصیب ہوگی وہ) ان سب سے کہیں بڑھ کر ہوگی، یہی ہے سب سے بڑی کامیابی،

۷۳. اے پیغمبر! جہاد کرو، کافروں، اور منافقوں سے اور سختی برتو ان سب کے ساتھ، اور ان سب کا ٹھکانہ دوزخ ہے، اور بڑا ہی برا ٹھکانہ ہے وہ،

۷۴. یہ اللہ کی قسمیں کھاتے ہیں کہ انہوں نے (ایسے) نہیں کہا، حالانکہ انہوں نے یقیناً کفر کی بات کہی، اور انہوں نے کفر کیا اپنے اسلام کے بعد، اور انہوں نے ٹھان لی تھی ایک ایسی بات کی جس کو یہ نہ پا سکے اور انہوں نے بدلہ نہیں لیا مگر اس بات کا کہ ان کو غنی کر دیا اللہ اور اس کے رسول نے اپنے فضل سے، پھر بھی اگر یہ لوگ توبہ کرلیں (سچے دل سے) تو یہ ان کے لئے بہتر ہے، اور اگر یہ منہ موڑے ہی رہیں گے، تو اللہ انہیں دردناک عذاب میں مبتلا کرے گا، دنیا میں بھی اور آخرت میں بھی، اور ان کے لئے (پوری روئے) زمین میں نہ کوئی یار ہوگا، نہ مددگار،

۷۵. اور ان میں سے بعض وہ بھی ہیں جنہوں نے عہد کیا اللہ سے کہ اگر اس نے نواز دیا ہم کو اپنے فضل سے، تو ہم خوب خیرات کریں گے، اور بڑے نیک بن جائیں گے،

۷۶. گر جب اللہ نے نواز دیا ان کو اپنے فضل سے تو یہ اس میں بخل کرنے لگے، اور یہ پھر گئے منہ موڑ کر،

۷۷۔ سو اس کے نتیجے میں اللہ نے نفاق بٹھا دیا ان کے دلوں میں، اس (ہولناک) دن تک جس دن کہ یہ پیش ہوں گے اس کے حضور اس بناء پر کہ انہوں نے خلاف ورزی کی اللہ سے کئے گئے اپنے وعدے کی، اور اس بناء پر کہ یہ لوگ جھوٹ بولتے تھے،

۷۸۔ کیا ان لوگوں کو یہ معلوم نہیں کہ اللہ پوری طرح جانتا ہے ان کے پوشیدہ رازوں اور چھپی سرگوشیوں تک کو؟ اور یہ کہ اللہ ہی جاننے والا ہے غیبوں کو

۷۹۔ (اور ان میں سے کچھ ایسے بھی ہیں) جو زبان طعن دراز کرتے ہیں ان سچے ایمانداروں پر جو خوشی خوشی خرچ کرتے ہیں اپنے مالوں کو اللہ کی راہ میں، اور یہ مذاق اڑاتے ہیں (ان) غریبوں کا جن کے پاس (خرچ کرنے کو) کچھ نہیں ہوتا، سوائے اپنی مشقت (کی کمائی) کے، سو یہ توان کا مذاق اڑاتے ہیں، مگر اللہ خود ان کا مذاق اڑا رہا ہے اور ان کے لئے ایک بڑا ہی دردناک عذاب ہے،

۸۰۔ آپ (اے پیغمبر!) ان کے لئے بخشش کی دعا کریں یا نہ کریں، ان کے لئے (ایک برابر ہے کہ) آپ اگران کے لئے ستر مرتبہ بھی بخشش کی دعا کریں گے تو بھی اللہ نے ان کو ہرگز نہیں بخشنا، یہ اس لئے کہ انہوں نے (جان بوجھ کر) کفر کیا اللہ اور اس کے رسول کے ساتھ، اور اللہ ہدایت (کی دولت) سے نہیں نوازتا ایسے بدکاروں کو،

۸۱۔ خوش ہو رہے ہیں وہ (بدنصیب) جن کو پیچھے چھوڑ دیا گیا (ان کے اپنے خبث باطن کی بناء پر، وہ خوش ہو رہے ہیں) اپنے بیٹھ رہنے پر، اللہ کے رسول کے (تشریف لے جانے کے) بعد، اور ان کو گوارا نہ ہوئی یہ بات کہ یہ جہاد کریں اللہ کی راہ میں، اپنے مالوں اور اپنی

جانوں کے ساتھ، مزید یہ کہ انہوں نے (دوسروں سے بھی) کہا کہ تم لوگ مت نکلو ایسی (سخت) گرمی میں، (ان سے) کہو کہ دوزخ کی آگ اس سے کہیں زیادہ گرم ہے، کاش کہ یہ لوگ سمجھ لیتے (حق اور حقیقت کو)

۸۲. سو ہنس لیں یہ لوگ تھوڑا سا، اور ان کو رونا پڑے گا بہت زیادہ اپنی اس کمائی کے بدلے کے طور پر جو یہ لوگ کرتے رہے تھے (اپنی زندگیوں میں)

۸۳. سو اگر اللہ آپ کو واپس لے جائے (اے پیغمبر!) ان میں سے کسی گروہ کے پاس، پھر اگر یہ کسی موقع پر آپ سے اجازت مانگیں (جہاد میں) نکلنے کی، تو ان سے کہئے گا کہ تم اب کبھی بھی میرے ساتھ نہیں نکل سکو گے، اور نہ ہی تم کبھی میرے ساتھ ہو کر کسی دشمن سے لڑ سکو گے، (کیوں کہ) تم لوگوں نے بیٹھے رہنے کو پسند کیا تھا پہلی مرتبہ، سو اب تم (ہمیشہ کے لئے) بیٹھے رہو پیچھے رہنے والوں کے ساتھ،

۸۴. اور ان میں سے کسی پر کبھی نماز بھی نہیں پڑھنا جو مر جائے، اور نہ ہی کھڑے ہونا اس کی قبر پر، کیونکہ انہوں نے کفر کیا اللہ اور اس کے رسول کے ساتھ، اور یہ مرے تو اس حال میں کہ فاسق تھے،

۸۵. اور تعجب (اور دھوکے) میں نہ ڈالنے پائیں تم کو ان لوگوں کے مال اور نہ ہی ان کی اولادیں، سوائے اس کے نہیں کہ اللہ چاہتا ہے کہ ان کو عذاب میں مبتلا کرے، انہی چیزوں کے ذریعے دنیا میں، اور ان کا دم بھی نکلے تو کفر ہی کی حالت میں،

۸۶. اور جب نازل کی جاتی ہے کوئی سورت (اس مضمون کی) کہ تم لوگ ایمان لاؤ اللہ پر، اور جہاد کرو (اس کی راہ) میں اس کے رسول کے ساتھ ہو کر، تو آپ سے اجازت مانگنے لگتے ہیں ان میں سے مقدور والے لوگ، (جہاد میں نہ جانے کی) اور کہتے ہیں کہ چھوڑ دیجئے ہمیں کہ ہم رہ جائیں بیٹھنے والوں کے ساتھ،

۸۷. یہ راضی ہو گئے اس بات پر کہ ساتھ رہیں گھروں میں بیٹھنے والیوں کے، اور مہر لگا دی گئی ان کے دلوں پر، جس سے یہ سمجھ ہی نہیں پا رہے (اپنے حقیقی نقصان کو)

۸۸. لیکن اللہ کے رسول اور وہ لوگ جو (صدق دل سے) ایمان لائے آپ کے ساتھ، انہوں نے جہاد کیا اپنے مالوں اور اپنی جانوں سے، اور یہی لوگ ہیں جن کے لئے سب بھلائیاں ہیں، اور یہی لوگ ہیں فلاح پانے والے

۸۹. تیار فرما رکھی ہیں اللہ نے ان کے لئے ایسی عظیم الشان جنتیں جن کے نیچے سے بہہ رہی ہوں گی طرح طرح کی (عظیم الشان اور عدیم المثال) نہریں، جہاں ان کو ہمیشہ رہنا نصیب ہوگا، یہی ہے بڑی کامیابی،

۹۰. اور آئے بہانہ باز دیہاتی تاکہ ان کو اجازت دے دی جائے (گھروں میں بیٹھ رہنے کی) اور (اسی طرح) بیٹھے رہے وہ لوگ بھی جنہوں نے جھوٹ بولا تھا اللہ اور اس کے رسول سے، عنقریب ہی پہنچ کر رہے گا ایک دردناک عذاب ان لوگوں کو جو ان میں سے اڑ رہے تھے اپنے کفر (و باطل) پر،

۹۱. کوئی تنگی (اور گناہ) نہیں کمزوروں، اور بیماروں پر، اور نہ ان لوگوں پر، جو کچھ نہیں پاتے خرچ کرنے کو، جب کہ یہ لوگ مخلص ہوں (اپنی وفاداری میں) اللہ اور اس کے رسول کے لئے، کوئی الزام نہیں ایسے نیکوکاروں پر اور اللہ بڑا ہی بخشنے والا، نہایت ہی مہربان ہے،

۹۲. اور نہ ہی ان لوگوں پر (کوئی الزام ہے) جو آپ کے پاس آئے (اے پیغمبر!) تاکہ آپ انہیں کوئی سواری دے دیں، مگر آپ نے انہیں جواب دیا کہ میرے پاس کوئی ایسی چیز نہیں جس پر میں تمہیں سوار کر سکوں، تو یہ لوگ واپس لوٹ گئے اس حال میں کہ ان کی آنکھوں سے آنسو بہہ رہے تھے، اس غم میں کہ وہ کچھ نہیں پاتے خرچ کرنے کو (اللہ کی راہ میں)

۹۳. الزام تو ان لوگوں پر ہے جو اجازت مانگتے ہیں آپ سے، در آں حالیکہ وہ مالدار ہیں، وہ راضی ہو گئے اس بات پر کہ وہ رہیں پیچھے رہنے والیوں کے ساتھ، اور اللہ نے مہر لگا دی ان کے دلوں پر، (ان کے خبث باطن کی بناء پر) سو یہ جانتے نہیں (اپنے حقیقی نفع و نقصان کو)۔

۹۴. یہ لوگ بہانے پیش کریں گے تمہارے سامنے جب تم واپس لوٹ کر پہنچو گے ان کے پاس، تو (اس وقت ان سے صاف) کہہ دیجئے گا، کہ بہانے مت پیش کرو ہم کسی بھی طور تمہارا اعتبار نہیں کریں گے، اللہ نے ہمیں بتا دیے تمہارے حالات، اور اللہ دیکھ لے گا تمہارے عملوں کو، اور اس کا رسول بھی، پھر تم لوگوں کو بہر حال لوٹ کر جانا ہے اس ذات

(اقدس واعلیٰ) کی طرف، جوایک برابر جانتی ہے نہاں وعیاں کو، پھر وہ تم کو خبر کردے گا ان تمام کاموں کی جو تم لوگ کرتے رہے تھے (اپنی زندگیوں میں،)

۹۵. یہ لوگ اللہ کی قسم کھائیں گے تمہارے سامنے، جب کہ تم لوٹ کر واپس پہنچو گے ان کے پاس، تاکہ تم ان کو چھوڑ دو ان کے حال پر، سو تم چھوڑ دینا ان کو ان کے حال پر کہ یہ تو نرے پلید ہیں، اور ان سب کا ٹھکانہ جہنم ہے، ان کے ان اعمال کے بدلے میں جو یہ کماتے رہے تھے،

۹۶. یہ تمہارے سامنے قسمیں کھائیں گے تاکہ تم ان سے راضی ہو جاؤ، سو اگر تم لوگ ان سے راضی ہو بھی جاؤ تو (کیا ہوا کہ) اللہ تو یقیناً راضی نہیں ہوتا ایسے بدکار لوگوں سے،

۹۷. دیہاتی کفر و نفاق میں زیادہ سخت ہوتے ہیں، اور ان کے بارے میں اس بات کے امکانات زیادہ ہوتے ہیں کہ وہ نہ جانیں حدود ان احکام کی، جن کو نازل فرمایا ہے اللہ نے اپنے رسول پر اور اللہ تو سب کچھ جانتا بڑی حکمت والا ہے،

۹۸. اور ان دیہاتیوں میں سے کچھ ایسے بھی ہیں، جو (اللہ کی راہ میں) خرچ کرنے کو تاوان سمجھتے ہیں، اور وہ تمہارے بارے میں انتظار کرتے ہیں زمانے کی گردشوں کا، حالانکہ خود انہی پر مسلط ہے بری گردش اور اللہ ہی سنتا جانتا ہے،

۹۹. اور کچھ دیہاتی ایسے بھی ہیں جو ایمان رکھتے ہیں اللہ پر اور قیامت کے دن پر، اور جو کچھ وہ خرچ کرتے ہیں اس کو وہ اللہ کے یہاں قرب کا اور رسول کی دعاؤں کا ذریعہ سمجھتے ہیں، آگاہ

رہو کہ بیشک ان کا خرچ کرنا ان کے لئے قرب کا ذریعہ ہے، اللہ ضرور داخل فرمائے گا ان کو اپنی رحمت میں، بیشک اللہ بڑا ہی بخشنے والا، نہایت ہی مہربان ہے،

۱۰۰۔ اور سب سے پہلے سبقت لے جانے والے مہاجر و انصار اور وہ جنہوں نے ان کی پیروی کی اچھائی (اور اخلاص) کے ساتھ، اللہ راضی ہو گیا ان سب سے، اور یہ راضی ہو گئے اللہ سے، اور اس نے تیار فرما رکھی ہیں ان کے لئے ایسی عظیم الشان جنتیں، جن کے نیچے نہریں بہہ رہی ہوں گی طرح طرح کی عظیم الشان نہریں، جہاں ان کو ہمیشہ رہنا نصیب ہو گا، یہی ہے سب سے بڑی کامیابی،

۱۰۱۔ اور تمہارے آس پاس کے دیہاتوں میں بھی بہت سے منافق ہیں، اور خود اہل مدینہ میں بھی، وہ نفاق میں ایسے طاق ہو گئے ہیں، کہ آپ بھی (اے پیغمبر) انہیں نہیں جانتے، ہم ہی جانتے ہیں ان سب کو، ہم ان کو دوہرا عذاب دیں گے، پھر ان کو لوٹایا جائے گا ایک بڑے (ہی ہولناک) عذاب کی طرف

۱۰۲۔ اور کچھ دوسرے لوگ (اہل مدینہ میں سے) ایسے ہیں جنہوں نے اعتراف کر لیا اپنے قصوروں کا، انہوں نے ملے جلے عمل کئے تھے، کچھ بھلے کچھ برے، امید ہے اللہ مہربانی فرمائے گا ان پر (ان کی توبہ قبول فرما کر) بیشک اللہ بڑا ہی بخشنے والا، نہایت ہی مہربان ہے

۱۰۳۔ آپ ان کے مالوں سے صدقہ لے کر پاک کریں ان کو، اور با برکت بنا دیں ان کو اس کے ذریعے، اور دعائے رحمت کریں ان کے حق میں، بیشک آپ کی دعائے رحمت ان

کے لئے سکون (و اطمینان) کا باعث ہے، اور اللہ سنتا ہے (ہر کسی کی) جانتا ہے (سب کچھ)۔

۱۰۴۔ کیا ان لوگوں کو معلوم نہیں کہ وہ اللہ ہی ہے جو توبہ قبول فرماتا ہے اپنے بندوں سے، اور وہ شرف قبولیت سے نوازتا ہے ان کے صدقات کو، اور یہ کہ بیشک اللہ بڑا ہی توبہ قبول کرنے والا، نہایت ہی مہربان ہے۔

۱۰۵۔ اور کہو (ان سے اے پیغمبر!) کہ تم لوگ کام کئے جاؤ، اللہ خود ہی دیکھ لے گا تمہارے کام کو اور اس کا رسول بھی، اور اہل ایمان بھی، اور تم سب کو بہر حال لوٹنا ہے اس کی طرف، جو کہ (ایک برابر) جانتا ہے نہاں و عیاں کو، پھر وہ خبر کر دے گا تم کو ان تمام کاموں کی جو تم کرتے رہے تھے (اپنی زندگیوں میں)

۱۰۶۔ اور کچھ اور ہیں جن کا معاملہ خدا کے حکم پر ٹھہرا ہوا ہے، خواہ وہ انہیں سزا دے اور خواہ معاف فرما دے، اور اللہ تو سب کچھ جانتا بڑا ہی حکمت والا ہے،

۱۰۷۔ اور کچھ ایسے بھی ہیں جنہوں نے ایک (نام نہاد) مسجد بنائی، نقصان پہنچانے کے لئے (دعوت حق کو) اور کفر (کو فروغ دینے) کے لئے، اور پھوٹ ڈالنے کے لئے مسلمانوں کے درمیان، اور کمین گاہ مہیا کرنے کے لئے ایسے لوگوں کو جو اس سے پہلے لڑ چکے ہیں اللہ اور اس کے رسول سے اور یہ لوگ تو بہر حال قسمیں کھا کھا کر کہیں گے کہ ہم نے بھلائی کے سوا کچھ ارادہ نہیں کیا، لیکن اللہ گواہی دیتا ہے کہ یہ لوگ پرلے درجے کے جھوٹے ہیں،

۱۰۸. آپ اس (نام نہاد مسجد) میں کبھی کھڑے بھی نہ ہوں، البتہ وہ مسجد جس کی بنیاد پہلے ہی دن سے تقوی پر رکھی گئی ہے، وہ اس کی زیادہ حقدار ہے کہ آپ اس میں کھڑے ہوں، اس میں ایسے لوگ ہیں جو پاک رہنا پسند کرتے ہیں، اور اللہ پسند کرتا ہے پاکیزگی اختیار کرنے والوں کو،

۱۰۹. تو کیا جس نے اپنی عمارت کی بنیاد، خدا کے خوف اور اس کی رضا مندی پر رکھی ہو، وہ بہتر ہے یا وہ شخص کہ جس نے اپنی عمارت کی بنیاد کسی ایسی کھائی کے گرتے کنارے پر رکھی ہو، جو اسے لے کر سیدھی جا گرے دوزخ کی آگ میں؟ اور اللہ ہدایت (کی دولت) سے سرفراز نہیں فرماتا ایسے ظالم لوگوں کو،

۱۱۰. ان کی یہ عمارت جو انہوں نے (اس قدر چاہ سے) بنائی تھی ہمیشہ کے لئے (کانٹا بن کر) کھٹکتی رہے گی ان کے دلوں میں، الّا یہ کہ ٹکڑے ٹکڑے ہو جائیں ان کے دل، اور اللہ سب کچھ جانتا بڑا ہی حکمت والا ہے،

۱۱۱. بیشک اللہ تعالیٰ نے خرید لیا ہے ایمان والوں سے ان کی جانوں کو بھی، اور ان کے مالوں کو بھی، اس کے بدلے کہ ان کے لئے جنت ہے، وہ لڑتے ہیں اللہ کی راہ میں، پھر وہ مارتے بھی ہیں اور مرتے بھی ہیں، (اور جنت کا یہ وعدہ) اللہ کے ذمے ایک پختہ وعدہ ہے توراۃ وانجیل میں بھی اور قرآن میں بھی، اور اللہ سے بڑھ کر اپنے وعدہ کو پورا کرنے والا اور کون ہو سکتا ہے؟ پس تم لوگ خوش ہو جاؤ (اے ایمان والو!) اپنے اس سودے پر، جو تم نے اس (وحدہٗ لاشریک) سے کیا ہے، اور یہی ہے سب سے بڑی کامیابی،

۱۱۲۔ وہ توبہ کرتے رہنے والے، عبادت گزار، حمد کرنے (اور شکر بجا لانے) والے، روزہ رکھنے والے، رکوع اور سجدہ کرنے والے، نیکی کی تلقین کرنے والے، اور برائی سے روکنے والے، اور حفاظت کرنے والے، اللہ کی (مقرر کردہ) حدود کی، اور خوشخبری سنا دو ایمان والوں کو،

۱۱۳۔ پیغمبر کو اور دوسرے اہل ایمان کو یہ روا نہیں کہ وہ بخشش کی دعاء کریں مشرکوں کے لئے اگرچہ وہ ان کے قریبی رشتہ دار ہی کیوں نہ ہوں، اس بات کے واضح ہو جانے کے بعد کہ وہ لوگ دوزخی ہیں،

۱۱۴۔ اور ابراہیم کا اپنے باپ کے لئے معافی مانگنا تو محض ایک وعدے کی بناء پر تھا، جو کہ وہ اس سے کر چکے تھے مگر جب ان کے سامنے یہ بات واضح ہو گئی کہ وہ اللہ کا دشمن ہے تو آپ نے اس سے تعلق توڑ دیا، حقیقت یہ ہے کہ ابراہیم بڑے ہی نرم دل، اور بردبار تھے،

۱۱۵۔ اور اللہ ایسا نہیں کہ گمراہی میں ڈال دے کسی قوم کو، ان کو ہدایت سے نوازنے کے بعد، یہاں تک کہ وہ بیان فرما دے ان کے لئے وہ کچھ جس سے انہیں بچنا ہے، بلاشبہ اللہ کو ہر چیز کا پورا علم ہے،

۱۱۶۔ بیشک اللہ ہی کی بادشاہی ہے آسمانوں میں بھی، اور زمین میں بھی، وہی زندگی بخشتا ہے، اور اسی کا کام ہے موت دینا، اور اس کے سوا تمہارا نہ کوئی یار ہے نہ مددگار،

۱۱۷۔ بیشک اللہ کی رحمتیں متوجہ ہو گئیں پیغمبر پر، اور ان مہاجرین و انصار پر، جنہوں نے ان (پیغمبر) کا ساتھ دیا، تنگی کی اس گھڑی میں، ان کے بعد کہ ان میں سے کچھ لوگوں کے دل

42

پھرنے لگے تھے، مگر اللہ نے ان پر رحمت فرما دی، (جس سے وہ سنبھل گئے) بیشک وہ ان پر بڑا ہی شفیق، نہایت ہی مہربان ہے،

۱۱۸. اور ان تین شخصوں پر بھی (رحم فرمالیا) جن کا معاملہ التواء میں رکھ دیا گیا تھا، یہاں تک کہ جب تنگ ہوگئی ان پر زمین اپنی وسعت کے باوجود، اور ان پر بوجھ بننے لگیں خود ان کی اپنی جانیں، اور ان کو یقین ہوگیا کہ کہیں کوئی پناہ نہیں مل سکتی بجز اس کے (دامان رحمت کے) پھر اس نے توجہ فرمائی ان (کے حال) پر، اپنی (رحمت و عنایت سے) تاکہ یہ رجوع کریں اس کی طرف، بیشک اللہ بڑا ہی توبہ قبول فرمانے والا انتہائی مہربان ہے

۱۱۹. ایمان والو! ڈرو تم اللہ سے اور ساتھ دو سچوں کا، (مدینہ والوں کا)

۱۲۰. اور ان کے آس پاس کے دیہاتوں کو یہ روا نہ تھا کہ وہ پیچھے رہتے اللہ کے رسول سے، اور نہ یہ کہ وہ عزیز رکھتے اپنی جانوں کو ان کی جان سے، یہ اس لئے بھی کہ راہ حق میں انہیں جو بھی تکلیف بھوک پیاس یا جسمانی تھکاوٹ کی پہنچتی ہے، یا جو بھی کوئی ایسا راستہ یہ لوگ چلتے ہیں، جس سے کفار آتش غیظ میں جلتے ہیں، یا کسی بھی دشمن سے یہ کوئی انتقام لیتے ہیں، تو ان میں سے ایک ایک بات پر ان کے لئے نیک عمل لکھا جاتا ہے، بیشک اللہ ضائع نہیں کرتا اجر نیکو کاروں کا،

۱۲۱. اور (اسی طرح) یہ لوگ جو بھی کچھ خرچ کرتے ہیں، خواہ وہ تھوڑا ہو یا بہت، اور جو بھی کوئی وادی یہ طے کرتے ہیں، (اللہ کی راہ میں) وہ سب ان کے لئے لکھ دیا جاتا ہے، تاکہ اللہ انہیں بہتر بدلہ دے ان کے ان کاموں کا جو یہ کرتے ہیں،

۱۲۲. اور مومنوں کو یہ بھی نہیں چاہیے کہ وہ سب نکل پڑیں، پس انہوں نے ایسے کیوں نہ کیا کہ ان کی ہر بڑی جماعت چلی جاتی، تاکہ وہ دین میں سمجھ پیدا کریں، اور وہ اپنی قوم کو خبردار کریں جب کہ وہ ان کے پاس لوٹ کر آئیں، تاکہ وہ بچ سکیں،

۱۲۳. ایمان والو! لڑو تم ان کافروں سے جو تمہارے آس پاس ہیں، اور چاہیے کہ وہ تمہارے اندر ایک سختی (اور صلابت) پائیں، اور یقین جانو کہ اللہ ساتھ ہے پرہیزگاروں کے،

۱۲۴. اور جب اتاری جاتی ہے کوئی سورت، تو ان میں سے بعض (از راہ تمسخر دوسروں سے) کہتے ہیں کہ (کہئے صاحب!) اس سے تم میں سے کس کے ایمان میں ترقی ہوئی؟ سو ایمان والوں کے ایمان میں تو واقعی ہر صورت سے ترقی ہوتی ہے، اور وہ اس سے خوش ہوتے ہیں،

۱۲۵. رہ گئے وہ لوگ جن کے دلوں میں روگ ہے (نفاق کا) تو ان سے پلیدی میں اور پلیدی ہی کا اضافہ ہوتا ہے، اور وہ دم بھی توڑتے ہیں تو کفر ہی پر توڑتے ہیں

۱۲۶. کیا یہ لوگ یہ نہیں دیکھتے کہ ان کو آزمائش میں ڈالا جاتا ہے ہر سال ایک یا دو مرتبہ، پھر بھی نہ تو یہ توبہ کرتے ہیں اور نہ ہی یہ کوئی سبق لیتے ہیں

۱۲۷. اور جب کوئی سورت اترتی ہے تو یہ ایک دوسرے کو دیکھنے لگ جاتے ہیں، کہ کہیں کوئی تم کو دیکھ تو نہیں رہا، پھر یہ چپکے سے نکل بھاگتے ہیں، اللہ نے پھیر دیا ان کے دلوں کو، اس بناء پر کہ یہ لوگ سمجھتے نہیں (حق اور حقیقت کو)

۱۲۸. بیشک آ چکے تمہارے پاس (اے لوگو!) ایک عظیم الشان رسول خود تم ہی میں سے، جن پر بڑا گراں ہے تمہارا مشقت (و تکلیف) میں پڑنا، جو بڑے حریص ہیں تمہاری فلاح (و بہبود) کے، انتہائی شفیق، اور بڑے مہربان ہیں ایمان والوں پر،

۱۲۹. پھر بھی اگر یہ لوگ پھرے ہی رہیں (راہ حق و ہدایت سے) تو کہہ دیجیے کہ کافی ہے مجھے اللہ، کوئی معبود نہیں سوائے اس کے، میں نے اسی پر بھروسہ کر رکھا ہے۔ اور وہی ہے مالک عرش عظیم کا۔

***

۱۰۔ یونس

بِسۡمِ اللّٰہِ الرَّحۡمٰنِ الرَّحِیۡمِ

اللہ کے نام سے جو رحمان و رحیم ہے

۱. الرٰ، یہ آیتیں ہیں حکمت سے لبریز اس کتاب کی

۲. کیا لوگوں کو اس بات پر تعجب ہے کہ ہم نے انہی میں سے ایک شخص پر یہ وحی کر دی کہ تم خبردار کرو لوگوں کو (ان کے انجام بد سے) اور خوشخبری سنا دو ان (خوش نصیبوں) کو جو

مشرف ہو جائیں (دولتِ) ایمان سے، کہ ان کے لئے بڑا اونچا مرتبہ ہے، ان کے رب کے یہاں (تو کیا اسی بات پر) ان کافروں نے کہا کہ یہ شخص تو قطعی طور پر ایک کھلا جادوگر ہے،

۳۔ بیشک رب تم سب کا (اے لوگو) وہی اللہ ہے۔ جس نے پیدا فرمایا آسمانوں اور زمین کو چھ دنوں کے اندر، پھر وہ جلوہ فرما ہوا عرش پر، (جیسا کہ اس کی شان کے لائق ہے) وہی تدبیر فرماتا ہے ہر کام کی، (اس کے یہاں) کسی کو بھی سفارش کا یارا نہیں، مگر اس کے اذن کے بعد، یہی اللہ رب ہے تم سب کا، پس تم اسی کی بندگی کرو، تو کیا تم لوگ سبق نہیں لیتے؟

۴۔ اسی کی طرف لوٹ کر جانا ہے تم سب کو، اللہ کا اٹل وعدہ ہے، بلاشبہ وہی ہے جو پہلی مرتبہ پیدا کرتا ہے، پھر وہی دوبارہ پیدا کرے گا تاکہ وہ بدلہ دے ان کو جو ایمان لائے، اور انہوں نے (اس کے مطابق) کام بھی نیک کئے انصاف کے ساتھ، اور (اس کے مقابلے میں) جو لوگ اڑے رہے اپنے کفر (و باطل) پر، ان کے پینے کے لئے کھولتا ہوا پانی ہوگا، اور ایک بڑا ہی دردناک عذاب، اس کفر کی پاداش میں جو کہ وہ کرتے رہے تھے،

۵۔ وہ (اللہ) وہی ہے۔ جس نے پیدا کیا سورج کو جگمگاتا، اور چاند کو چمکتا ہوا اور اس نے اس کی منزلیں مقرر کر دیں، تاکہ تم لوگ معلوم کر سکو سالوں کی گنتی، اور حساب، اللہ (تعالیٰ) نے یہ سب کچھ نہیں پیدا فرمایا مگر حق کے ساتھ، وہ کھول کر بیان کرتا ہے اپنی نشانیوں کو ان لوگوں کے لئے جو علم رکھتے ہیں (حق اور حقیقت کا)

۶۔ بیشک رات اور دن کے ادلنے بدلنے میں، اور ان سب چیزوں میں جن کو پیدا فرمایا ہے اللہ نے آسمانوں اور زمین (کی اس عظیم الشان کائنات) میں، بڑی بھاری نشانیاں ہیں ان لوگوں کے لئے جو ڈرتے ہیں،

۷۔ بیشک جو لوگ امید نہیں رکھتے ہمارے یہاں پیشی (و حاضری) کی، اور وہ راضی ہو گئے دنیاوی زندگی سے، اور مطمئن ہو گئے اس (کی عارضی لذتوں) سے، اور جو غافل (و بے خبر) ہیں ہماری آیتوں سے

۸۔ ان سب کا ٹھکانا دوزخ ہے ان کی اپنی اس کمائی کے بدلے میں جو یہ لوگ کرتے رہے تھے

۹۔ (اس کے بر عکس) جو لوگ ایمان لائے اور (اس کے مطابق) انہوں نے نیک کام بھی کئے، بیشک ان کا رب ان کو نوازے گا ہدایت (کے نور) سے، ان کے ایمان (و یقین) کی بناء پر بہہ رہی ہوں گی ان کے نیچے سے طرح طرح کی نہریں، نعمتوں بھری جنتوں میں

۱۰۔ وہاں ان کی صدا ہوگی کہ پاک ہے تو اے اللہ، اور وہاں ان کی آپس کی دعا ہوگی سلامتی ہو، اور ان کی ہر بات کا خاتمہ اس پر ہوگا کہ سب تعریفیں اللہ ہی کے لئے ہیں جو پروردگار ہے سب جہانوں کا،

۱۱۔ اور اگر کہیں اللہ (پاک) لوگوں کو برائی پہنچانے میں بھی اسی طرح جلدی سے کام لیتا، جیسا کہ یہ لوگ اپنی بھلائی چاہنے میں جلدی مچاتے ہیں، تو یقیناً ان کی مہلت عمل کبھی کی ختم کر دی

گئی ہوتی، پر ہم چھوٹ دیے جا رہے ہیں ان لوگوں کو جو امید نہیں رکھتے ہمارے یہاں پیشی (اور حاضری) کی، کہ وہ اپنی سرکشی میں (پڑے) بھٹکتے رہیں،

۱۲. اور انسان (کی تنگ ظرفی اور ناشکری) کا عالم یہ ہے کہ جب چھو جاتی ہے اس کو کوئی تکلیف، تو یہ (رہ رہ کر) ہم کو پکارتا ہے، لیٹے، بیٹھے اور کھڑے، (ہر حال میں) لیکن جب ہم دور کر دیتے ہیں، اس سے تکلیف کو، تو یہ (اپنے غرور میں) ایسے چل دیتا ہے کہ گویا اس نے کبھی ہم کو پکارا ہی نہیں تھا، کسی ایسی تکلیف کے لئے جو اس کو پہنچی تھی، اسی طرح خوشنما بنا دیے جاتے ہیں حد سے بڑھنے والوں کے لئے ان کے وہ کرتوت جو وہ کر رہے ہوتے ہیں

۱۳. اور کتنی ہی قوموں کو ہم ہلاک کر چکے ہیں تم سے پہلے، جب کہ وہ لوگ اڑے رہے تھے اپنے ظلم پر، حالانکہ ان کے پاس آ چکے تھے ان کے رسول کھلے دلائل لے کر، مگر وہ (اپنے بغض و عناد کی وجہ سے) ایسے نہ تھے کہ ایمان لے آتے، اسی طرح ہم بدلہ دیتے ہیں مجرم لوگوں کو،

۱۴. پھر ہم نے تم کو (ان کا) جانشین بنایا اس زمین میں ان (کی ہلاکت) کے بعد، تاکہ ہم دیکھیں کہ تم لوگ کیسا عمل کرتے ہو،

۱۵. اور جب ان کو پڑھ کر سنائی جاتی ہیں ہماری (کھلی اور) صاف صاف آیتیں، تو وہ لوگ جو امید نہیں رکھتے ہمارے حضور پیشی (اور ملاقات) کی، (بگڑ اور بپھر کر) کہتے ہیں کہ لے آؤ کوئی اور قرآن ان کے سوا، یا کچھ رد و بدل کر دو اس میں، کہو مجھے کیا حق پہنچتا ہے کہ میں اس کو بدل

دوں اپنی طرف سے، میرا کام تو بس پیروی کرنا ہے اس وحی کی جو میری طرف بھیجی جاتی ہے، میں تو سخت ڈرتا ہوں اگر میں نافرمانی کروں اپنے رب کی، ایک بڑے ہی ہولناک دن کے عذاب سے

۱۶. کہو کہ اگر اللہ چاہتا تو نہ میں یہ قرآن تمہیں پڑھ کر سناتا اور نہ ہی اللہ تمہیں اس کی خبر تک کرتا آخر میں تو اس سے پہلے بھی ایک عمر تمہارے درمیان گزار چکا ہوں، تو کیا تم لوگ اتنا بھی نہیں سوچتے؟

۱۷. سو اس سے بڑھ کر ظالم اور کون ہو سکتا ہے، جو جھوٹ باندھے اللہ پر؟ یا جھٹلائے اس کی آیتوں کو؟ بیشک مجرم فلاح نہیں پا سکتے (کسی بھی قیمت پر)

۱۸. اور (اس سب کے باوجود) یہ لوگ پوجا کرتے ہیں اللہ کے سوا ایسی چیزوں کی جو نہ ان کو کوئی نقصان پہنچا سکتی ہیں، اور نہ کوئی نفع دے سکتی ہیں، اور کہتے ہیں کہ یہ ہمارے سفارشی ہیں اللہ کے یہاں، (ان سے) کہو کہ کیا تم لوگ اللہ کو ایسی خبر دیتے ہو، جس کو وہ نہیں جانتا نہ آسمانوں میں اور نہ زمین میں؟ پاک ہے وہ ذات اور بالا و برتر، اس شرک سے جو یہ لوگ کرتے ہیں،

۱۹. اور لوگ سب کے سب (شروع میں) ایک ہی طریقے پر تھے (یعنی عقیدہ توحید پر) پھر وہ (مختلف اغراض و مقاصد کی بناء پر) اختلاف میں پڑ گئے، اور اگر ایک بات طے نہ ہو چکی ہوتی تمہارے رب کی طرف سے تو یقیناً ان کے درمیان فیصلہ کر دیا گیا ہوتا ان تمام باتوں کا جن میں یہ اختلاف کر رہے ہیں

۲۰. اور کہتے ہیں کہ کیوں نہ اتاری گئی ان پر کوئی نشانی ان کے رب کی جانب سے، تو کہو کہ غیب تو اللہ ہی کے اختیار میں ہے، پس تم لوگ انتظار کرو میں بھی تمہارے ساتھ منتظر ہوں

۲۱. اور لوگوں (کی ناس پاسی و سرکشی) کا یہ عالم ہے کہ جب ہم ان کو چکھا دیں کوئی رحمت، کسی ایسی تکلیف (و مصیبت) کے بعد، جو ان کو پہنچ چکی ہوتی ہے تو یہ چھوٹتے ہی چالبازیاں کرنے لگتے ہیں ہماری آیتوں کے بارے میں، کہو کہ اللہ کی چال اس سے کہیں زیادہ تیز (اور کارگر) ہے، بیشک ہمارے فرشتے دیکھ رہے ہیں وہ سب مکاریاں جو تم لوگ کرتے ہو،

۲۲. وہ (اللہ) وہی تو ہے جو تم کو چلاتا (پھراتا) ہے خشکی میں بھی، اور تری میں بھی، یہاں تک کہ جب تک تم لوگ بیٹھے ہوتے ہو کشتیوں میں، اور وہ کشتیاں اپنی سواریوں (یعنی تم) کو لے کر باد موافق کے ذریعے رواں دواں ہوتی ہیں، اور یہ لوگ ان (کی رفتار) سے شاداں و فرحاں ہوتے ہیں، تو یکایک آدبوچتا ہے ان کو ایک جھونکا زوردار ہوا کا، اور لگنے لگتے ہیں ان کو موجوں کے تھپیڑے ہر طرف سے، اور ان کو یقین ہو جاتا ہے کہ یہ پوری طرح گھر گئے ہیں، تو اس وقت یہ پکارنے لگتے ہیں اللہ کو، خالص کر کے اس کے لئے اپنے دین کو کہ (مالک!) اگر تو نے ہم کو نجات دے دی اس بلا سے، تو ہم یقیناً شکر گزار بن جائیں گے تیرے

۲۳. مگر جب اس نے نجات دے دی ان کو، تو یہ چھوٹتے ہی سرکشی کرنے لگتے ہیں زمین میں ناحق طور پر، اے لوگو! سوائے اس کے نہیں کہ تمہاری اس سرکشی کا وبال خود تم ہی پر ہے، دنیا کی زندگی کا یہ چند روزہ نفع تو تم اٹھا لو، مگر آخر کار پھر تم سب کو لوٹ کر بہر حال

ہمارے ہی پاس آنا ہے، تب ہم تم کو بتا دیں گے وہ سب کچھ جو تم کرتے رہے تھے (اپنی زندگیوں میں)

۲۴. دنیاوی زندگی کی مثال تو بس ایسے ہے جیسے ہم نے آسمان سے پانی اتارا، پھر اس کے ذریعے خوب گھنی (اور گنجان) ہو کر نکلی وہ پیداوار، جس سے انسان ہی کھاتے ہیں اور جانور بھی، (اور وہ پیداوار بڑھتی اور پھیلتی رہی) یہاں تک کہ جب پہنچ گئی وہ زمین اپنی بہار (اور جوبن) کو، اور خوب بن سنور گئیں ان کھیتیاں، اور یقین کر لیا اس کے مالکوں نے کہ اب وہ قادر ہو گئے اس (سے فائدہ اٹھانے) پر، تو یکایک آ پہنچا اس پر ہمارا حکم، رات یا دن کے کسی حصے میں تو ہم نے ان کا ایک طرف صفایا کر کے رکھ دیا کہ گویا کل وہاں کچھ تھا ہی نہیں، اسی طرح کھول کر بیان کرتے ہیں ہم اپنی نشانیاں ان لوگوں کے لئے جو غور و فکر سے کام لیتے ہیں،

۲۵. اور اللہ بلاتا ہے (لوگوں کو اپنے کرم بے پایاں سے) سلامتی کے گھر کی طرف، اور وہ ہدایت (کے طور) سے نوازتا ہے جس کو چاہتا ہے سیدھے راستے کی طرف،

۲۶. جن لوگوں نے بھلائی کی، ان کے لئے بھلائی بھی ہے اور مزید (کرم و احسان) بھی، ان کے چہروں پر نہ کسی سیاہی کا کوئی اثر ہوگا، اور نہ ہی کسی ذلت کا کوئی سوال، یہی لوگ ہیں جنت والے جو ہمیشہ (ہمیش) اسی میں رہیں گے

۲۷. اور (اس کے بر عکس) جن لوگوں نے برائیاں کمائیں ان کو برائی کا بدلہ اسی کے برابر ملے گا، اور چھا رہی ہوگی ان پر ایک (ہولناک) ذلت، ان کے لئے کوئی اللہ سے بچانے والا نہیں

ہو گا (ان کی حالت یہ ہوگی کہ) گویا ڈھانک دیا گیا ان کے چہروں کو اندھیری رات کے ٹکڑوں سے، یہ ہیں یار دوزخ کے، جنہوں نے ہمیشہ رہنا ہو گا اس (ہولناک آگ) میں

۲۸. اور (یاد کروائیں ہولناک دن کو اے لوگو! کہ) جس دن ہم ان سب کو ایک ساتھ اکٹھا کر لائیں گے (اپنی عدالت میں) پھر ان لوگوں سے کہ جنہوں نے شریک کیا ہو گا ہم کہیں گے کہ اپنی جگہ پر ٹھہر جاؤ تم بھی، اور تمہارے ٹھہرائے ہوئے شریک بھی، پھر ہم جدائی ڈال دیں گے ان کے درمیان، اور ان کے وہ شرکاء (اس انتہائی مشکل وقت میں) ان سے کہیں گے کہ تم لوگ تو ہماری پوجا کرتے ہی نہیں تھے،

۲۹. سو کافی ہے اللہ گواہی دینے کو ہمارے اور تمہارے درمیان، ہم قطعی طور پر غافل (و بے خبر) تھے تمہاری اس عبادت (و بندگی) سے،

۳۰. اس موقع پر جانچ لے گا ہر کوئی اپنے زندگی بھر کے کیے کرائے (کی قدر و قیمت) کو، لوٹا دیا گیا ہو گا ان سب کو اللہ کی طرف، جو کہ مالک حقیقی ہے ان سب کا، اور کھو چکا ہو گا ان سے وہ سب کچھ جو کہ یہ لوگ گھڑا کرتے تھے،

۳۱. (ان سے) کہو کہ کون ہے وہ جو تمہیں روزی دیتا ہے آسمان سے اور زمین سے؟ یا کون ہے وہ جو مالک ہے تمہارے کانوں اور تمہاری آنکھوں کا؟ اور کون ہے وہ جو زندہ کو نکالتا ہے مردہ سے اور مردہ کو نکالتا ہے زندہ سے؟ اور کون ہے وہ جو تدبیر فرماتا ہے ہر معاملہ کی؟ تو اس سب کے جواب میں یہ لوگ کہیں گے کہ اللہ ہی (کرتا ہی یہ سب کام) تو کہو کہ کیا پھر بھی تم لوگ بچتے (اور ڈرتے) نہیں ہو؟ (اس کی نافرمانی سے)

۳۲. سو یہی اللہ ہے رب (اور مالک) حقیقی تم سب کا (اے لوگو) تو پھر کیا باقی رہ جاتا ہے اس حق کے بعد سوائے گمراہی کے؟ پھر کہاں پھیرا (اور بھٹکایا) جاتا ہے تم لوگوں کو؟ (راہ حق و صواب سے؟)

۳۳. اسی طرح پکی ہوگئی آپ کے رب کی (قضا و قدر کی) یہ بات، کہ ان لوگوں نے ایمان نہیں لانا،

۳۴. (ان سے) پوچھو کہ کیا ہے کوئی تمہارے ان (خود ساختہ اور من گھڑت) شریکوں میں سے کوئی ایسا جو پہلی مرتبہ پیدا کرتا ہو؟ پھر وہ دوبارہ پیدا کرے؟ کہو وہ اللہ ہی ہے جو پہلی مرتبہ پیدا کرتا ہے، پھر وہی دوبارہ پیدا فرمائے گا پھر کہاں (اور کیسے) اوندھے ہوئے جا رہے ہو تم لوگ؟

۳۵. کہو، کیا ہے کوئی ایسا تمہارے ان (خود ساختہ) شریکوں میں سے، جو راہنمائی کر سکے حق (وصواب) کی طرف؟ کہو کہ اللہ ہی ہے جو راہنمائی فرماتا ہے حق (وصواب) کی طرف، تو کیا جو راہنمائی کرتے ہیں (وصواب) کی طرف، وہ زیادہ حقدار ہے اس بات کا کہ اس (کے حکم و ارشاد) کی پیروی کی جائے یا وہ جو خود ہی راہ نہ پا سکے الّا یہ کہ اسے راہ بتائی جائے آخر تمہیں کیا ہوگیا (اے منکرو!) تم کیسے فیصلے کرتے ہو؟

۳۶. اور ان کی اکثریت کا حال یہ ہے کہ وہ پیروی نہیں کرتے مگر ظن (وگمان) کی، حالانکہ یہ قطعی بات ہے کہ ظن (گمان) حق کی طرف سے کچھ بھی کام نہیں آسکتے. بیشک اللہ پوری طرح جانتا ان سب کاموں کو جو یہ لوگ کر رہے ہیں،

۳۷۔ اور یہ قرآن کوئی ایسی کتاب نہیں جسے اللہ کی وحی کے بغیر یونہی گھڑ لیا جائے بلکہ یہ تصدیق ہے ان کتابوں کی جو اس سے پہلے آ چکی ہیں، اور یہ تفصیل ہے ان احکام کی جو تم پر لکھ دیئے گئے ہیں، (تمہارے رب کی طرف سے) جس میں کسی شک کی کوئی گنجائش نہیں، (اور یہ) پروردگار عالم کی طرف سے ہے،

۳۸۔ کیا یہ لوگ کہتے ہیں کہ پیغمبر نے اسے خود ہی تصنیف کر لیا ہے (تو ان سے) کہو کہ اچھا تو پھر تم لوگ اس جیسی کوئی ایک سورت ہی بنا کر لے آؤ، اور بلا لو (اس غرض کے لئے) جس کو بھی تم بلا سکتے ہو اللہ کے سوا اگر تم سچے ہو (اپنے اس الزام میں)

۳۹۔ بلکہ اصل بات یہ ہے کہ انہوں نے جھٹلایا اس چیز کو جس کے علم کا یہ احاطہ نہ کر سکے، اور جس کی حقیقت (اور آخری انجام) ابھی تک پہنچی نہیں ان لوگوں کے پاس اسی طرح جھٹلایا ان لوگوں نے (حق اور حقیقت کو) جو گزر چکے ہیں ان سے پہلے، سو دیکھ لو کیسا ہوا انجام ایسے ظالموں کا،

۴۰۔ اور ان میں سے کچھ تو اس پر ایمان لے آئیں گے اور کچھ نہیں لائیں گے، اور تمہارا رب خوب جانتا ہے فساد مچانے والوں کو،

۴۱۔ اور اگر یہ لوگ (ان دلائل کے بعد بھی) آپ کو جھٹلاتے ہی جائیں تو آپ ان سے (آخری بات کے طور پر) کہہ دیں کہ میرے لئے میرا عمل ہے اور تمہارے لئے تمہارا عمل نہ تم میرے کسی عمل کے جواب دہ ہو اور نہ ہی میں تمہارے کسی عمل کا،

۴۲۔ اور ان میں سے کچھ ایسے بھی ہیں جو سنتے ہیں آپ کی طرف کان لگا کر، (مگر اپنی بد نیتی کی بناء پر وہ بہرے ہیں) تو کیا آپ بہروں کو سنا سکتے ہیں اگرچہ وہ کچھ سمجھتے بھی نہ ہوں؟

۴۳۔ اور ان میں سے کچھ ایسے بھی ہیں جو دیکھتے ہیں آپ کی طرف (ٹکٹکی باندھ کر، اے پیغمبر! مگر اپنے خبث باطن کی بناء پر اوندھے ہیں) تو کیا آپ ایسے اندھوں کو راہ دکھا سکتے ہیں، اگرچہ وہ (نور) بصیرت سے بھی محروم ہوں؟

۴۴۔ بیشک اللہ لوگوں پر کوئی ظلم نہیں کرتا لیکن لوگ ہیں کہ خود ہی اپنی جانوں پر ظلم کرتے ہیں،

۴۵۔ اور (آج تو یہ لوگ جلدی مچاتے ہیں پر) جس دن اللہ ان کو اکٹھا کر لائے گا (تو اس دن ان کو یوں محسوس ہو گا کہ) گویا کہ وہ نہیں ٹھہرے تھے (دنیا میں) مگر ایک گھڑی دن کی اور بس، یہ پہچانتے ہوں گے آپس میں ایک دوسرے کو، (تب واضح ہو جائے گا کہ) بڑے ہی خسارے میں رہے وہ لوگ جنہوں نے جھٹلایا اللہ کی ملاقات کو اور وہ راہ راست پر نہ تھے،

۴۶۔ اور اگر ہم دکھا دیں آپ کو (اے پیغمبر!) کچھ حصہ اس عذاب کا جس سے ہم ان لوگوں کو ڈرا رہے ہیں، یا اس سے پہلے ہی ہم اٹھا لیں آپ ﷺ کو تو (اس سے کچھ فرق نہیں پڑتا کہ) ان سب نے تو بہر حال لوٹ کر ہمارے ہی پاس آنا ہے، پھر اللہ گواہ ہے ان تمام کاموں پر جو یہ لوگ کر رہے ہیں

۴۷. اور ہر امت کے لئے ایک پیغام رساں رہا ہے، پھر جب ان کا وہ رسول آگیا (اور اس نے ان کو اس کا پیغام پہنچا دیا اور انہوں نے نہ مانا) تو ان کے درمیان فیصلہ چکا دیا گیا، پورے انصاف کے ساتھ، اور ایسوں پر کوئی ظلم نہیں کیا جاتا،

۴۸. اور کہتے ہیں کہ کب پوری ہوگی تمہاری یہ دھمکی اگر تم سچے ہو؟

۴۹. کہو (مجھے کیا خبر) میں تو خود اپنے لئے بھی اختیار نہیں رکھتا نہ کسی نقصان کا، اور نہ کسی نفع کا، مگر جو اللہ چاہے، امت کے لئے ایک وقت بہر حال مقرر ہے، (پھر) جب آ پہنچتا ہے ان کا وقت مقرر، تو وہ نہ لمحہ بھر کے لئے پیچھے ہٹ سکتے ہیں نہ آگے بڑھ سکتے ہیں،

۵۰. (ان سے) کہو کہ تم لوگ اتنا تو سوچو کہ اگر (اچانک) ٹوٹ پڑے تم پر اس کا عذاب رات یا دن کے کسی بھی حصے میں، تو (تم لوگ کیا کرو گے؟) آخر اس میں وہ کون سی چیز ہے جس کی جلدی مچا رہے ہیں یہ مجرم؟

۵۱. تو کیا جب وہ آ پڑے گا تو اسی وقت تم اس کا یقین کرو گے (اس وقت تم سے کہا جائے گا کہ) اب ایمان لاتے ہو، حالانکہ اس سے پہلے تم لوگ اس کی جلدی مچایا کرتے تھے؟

۵۲. پھر کہا جائے گا ان لوگوں سے جنہوں نے ظلم کیا ہوگا کہ اب چکھو تم عذاب ہمیشہ کا، تمہیں تو صرف انہی اعمال کا بدلہ دیا جا رہا ہے، جو تم خود کما رہے تھے

۵۳. اور پوچھتے ہیں آپ سے کہ کیا واقعی یہ حق ہے؟ تو کہو، ہاں قسم ہے میرے رب کی، یہ قطعی طور پر حق ہے، اور تم عاجز کر دینے والے نہیں ہو،

۵۴۔ اور اگر اس شخص کے لئے جس نے ظلم کیا ہوگا (اس روز) روئے زمین کی دولت بھی ہو جائے تو وہ یقیناً اس سب کو اپنے بدلے میں دے ڈالے، اور یہ لوگ رہ رہ کر چھپا رہے ہوں گے اپنی ندامت (وپشیمانی) کو، جب یہ دیکھیں گے اس (ہولناک) عذاب کو، اور فیصلہ چکا دیا جائے گا ان کے درمیان (پورے عدل و) انصاف کے ساتھ، اور ان پر کوئی ظلم نہیں ہوگا،

۵۵۔ آگاہ رہو (اے لوگو!) کہ قطعی طور پر اللہ ہی کے لئے ہے وہ سب کچھ جو کہ آسمانوں اور زمین میں ہے، یاد رکھو کہ اللہ کا وعدہ قطعی طور پر سچا ہے لیکن اکثر لوگ جانتے نہیں،

۵۶۔ وہی زندگی بخشتا ہے، اور اسی کی (صفت و) شان ہے موت دینا، اور اسی کی طرف لوٹایا جائے گا تم سب کو،

۵۷۔ اے لوگو! بلاشبہ پہنچ چکی تمہارے پاس ایک عظیم الشان نصیحت تمہارے رب کی جانب سے، اور شفاء دلوں کی بیماریوں کی، اور سراسر ہدایت اور عین رحمت، ایمان والوں کے لئے،

۵۸۔ (ان سے) کہو کہ اللہ کے اس فضل اور اس کی رحمت پر خوش ہونا چاہیے ان لوگوں کو، کہ یہ اس سے کہیں بہتر ہے، جس کو یہ جمع کرنے میں لگے ہوئے ہیں،

۵۹۔ (ان سے) پوچھو کہ بھلا یہ تو بتاؤ کہ اللہ کے اتارے ہوئے رزق میں سے تم لوگ جو از خود کچھ کو حلال ٹھہراتے ہو، اور کچھ کو حرام، تو کیا تم لوگوں کو اللہ نے اس کی اجازت دی ہے یا تم یونہی اللہ پر جھوٹا افتراء باندھتے ہو؟

٦٠. اور کیا خیال ہے ان لوگوں کا قیامت کے بارے میں، جو اللہ پر جھوٹ موٹ افتراء باندھتے ہیں؟ بیشک اللہ بڑا ہی مہربان ہے لوگوں پر، لیکن لوگ ہیں کہ ان کی اکثریت شکرادا نہیں کرتی،

٦١. اور آپ جس حال میں بھی ہوں، یا کچھ قرآن پڑھ رہے ہوں، اور تم سب لوگ جو بھی کوئی کام کرتے ہو، جب تم اس میں مصروف ہوتے ہو، اس سب کے دوران ہم تمہیں دیکھ رہے ہوتے ہیں، اور تمہارے رب سے ذرہ برابر کوئی چیز پوشیدہ نہیں، نہ زمین (کی تہوں) میں، اور نہ آسمان (کی بلندیوں) میں، اور نہ ہی اس سے کوئی چھوٹی چیز اور نہ بڑی، مگر (یہ سب کچھ ثبت ہے) ایک کھلی کتاب میں

٦٢. آگاہ رہو کہ اللہ کے دوستوں پر نہ کوئی خوف ہوتا ہے، اور نہ ہی وہ غمگین ہوتے ہیں،

٦٣. وہ جو ایمان لائے اور وہ پرہیزگاری کو اپنائے رکھتے ہیں،

٦٤. ان کے لئے خوشخبری ہے دنیاوی زندگی میں بھی، اور آخرت میں بھی، کوئی تبدیلی نہیں ہو سکتی، اللہ کی باتوں (اور اس کے وعدوں) میں، یہی ہے بڑی کامیابی،

٦٥. اور غم میں نہ ڈالنے پائیں آپ کو (اے پیغمبر) ان لوگوں کی (یہ کفریہ) باتیں، بیشک عزت (اور غلبہ) سب اللہ ہی کے لئے ہے، وہی ہے سنتا (ہر کسی کی) جانتا (سب کچھ)

٦٦. آگاہ رہو کہ اللہ ہی کے لئے ہیں وہ سب جو کہ آسمانوں میں ہیں، اور وہ سب بھی جو کہ زمین میں ہیں، اور کا ہے کی پیروی کر رہے ہیں وہ لوگ، جو پکارتے ہیں اللہ کے سوا

(دوسرے خود ساختہ) شریکوں کو، یہ لوگ پیروی نہیں کرتے مگر ظن (وگمان) کی، اور یہ محض اٹکل پچو سے کام لیتے ہیں،

٦٧. وہ (اللہ) وہی ہے جس نے تمہارے لئے رات بنائی تاکہ تم اس میں آرام و سکون حاصل کرو، اور دن بنایا روشنی بخشنے والا (تاکہ تم اس میں کام کر سکو)، بیشک اس میں بڑی بھاری نشانیاں ہیں ان لوگوں کے لئے جو سنتے ہیں،

٦٨. کہتے ہیں کہ اللہ نے اولاد بنالی، پاک ہے اس کی ذات، وہ غنی (وبے نیاز) ہے، اسی کا ہے وہ سب کچھ جو کہ آسمانوں میں ہے، اور وہ سب کچھ بھی جو کہ زمین میں ہے، کیا تم لوگوں کے پاس کوئی سند ہے اس بات کی؟ یا تم لوگ اللہ پر ایسی بات کہتے ہو جس (کی حقیقت اور سنگینی) کو تم جانتے نہیں؟

٦٩. کہو کہ بیشک جو لوگ اللہ پر جھوٹے افتراء باندھتے ہیں وہ کبھی فلاح نہیں پا سکیں گے

٧٠. دنیا میں کچھ مزے کر لیں، پھر ان سب کو بہر حال ہمارے ہی پاس آنا ہے لوٹ کر اس وقت ہم انھیں چکھائیں گے مزہ سخت عذاب کا اس کفر کے بدلے میں جس کا ارتکاب یہ لوگ کرتے رہے تھے

٧١. اور ذرا انھیں نوح کا (عبرتوں بھرا) حال بھی سنا دو، کہ جب انہوں نے (بڑے درد بھرے انداز میں) اپنی قوم سے کہا کہ اے میری قوم! اگر تمہیں میرا یہاں رہنا، اور اللہ کی آیتوں کے ذریعے نصیحت کرنا بہت ناگوار ہو رہا ہے، وہ (ہوا کرے کہ) میں نے تو بہر حال اللہ ہی پر بھروسہ کر رکھا ہے، پس تم سب مل کر میرے خلاف اپنی تدبیر پختہ کر لو، اور اپنے

شریکوں کو بھی اپنے ساتھ شامل کر لو، پھر تمہاری چالبازی تم پر پوشیدہ بھی نہ رہے، پھر چلا لو تم لوگ میرے خلاف اپنا داؤ، اور مجھے کوئی مہلت بھی نہ دینا،

۷۲. پھر (یہ بھی دیکھو کہ) اگر تم نے منہ موڑے ہی رکھا تو (اس میں میرا کیا نقصان؟ کہ) میں نے تو تم سے کوئی اجر نہیں مانگا، میرا اجر تو بس اللہ ہی پر ہے، اور مجھے حکم دیا گیا ہے کہ میں بہر حال فرمانبرداروں سے رہوں،

۷۳. پھر بھی وہ لوگ آپ کو جھٹلاتے ہی رہے، آخر کار (عذاب آنے پر) ہم نے بچا لیا نوح کو بھی اور ان سب کو بھی جو آپ کے ساتھ تھے اس کشتی میں، اور ان کو ہم نے جانشین بنا دیا، اور ہم نے غرق کر دیا ان سب کو جو جھٹلاتے رہے تھے ہماری آیتوں کو، پس دیکھ لو کہ کیسا ہوا انجام ان لوگوں کا جن کو خبردار کر دیا گیا تھا؟

۷۴. پھر نوح کے بعد ہم نے اور رسولوں کو بھی بھیجا ان کی قوموں کی طرف کھلے دلائل کے ساتھ، مگر جس چیز کو انہوں نے پہلے جھٹلا دیا تھا اسے انہوں نے مان کر نہ دیا اسی طرح ہم مہر لگا دیتے ہیں حد سے بڑھنے والوں کے دلوں پر،

۷۵. پھر ان کے بعد ہم نے بھیجا موسیٰ اور ہارون کو فرعون اور اس کے سرداروں کی طرف، اپنی نشانیوں کے ساتھ مگر انہوں نے اپنی بڑائی کے گھمنڈ سے کام لیا (پیغامِ حق کے مقابلے میں) اور وہ تھے ہی مجرم لوگ

۷۶. پھر جب پہنچ گیا ان کے پاس حق ہمارے یہاں سے، تو انہوں نے (پوری ڈھٹائی سے) کہا کہ یہ تو یقینی طور پر ایک جادو ہے کھلم کھلا،

۷۷. موسیٰ نے (ان سے) کہا کہ کیا تم لوگ حق کے لئے ایسا کہتے ہو، جب کہ وہ پہنچ چکا تمہارے پاس؟ کیا جادو ایسا ہی ہوتا ہے؟ اور جادوگر تو (اپنی جادوگری کے زور پر دعوائے نبوت کرکے) کبھی کامیاب نہیں ہوسکتے،

۷۸. انہوں نے کہا کہ کیا تم ہمارے پاس اس لئے آئے ہو کہ پھیر دو ہمیں ان طور طریقوں سے جن پر پایا ہم نے اپنے باپ دادا کو؟ اور تم ہی دونوں کی بڑائی (اور سرداری) قائم ہو جائے اس سرزمین میں، اور (سن لو کہ) ہم کبھی تمہاری بات ماننے والے نہیں ہیں

۷۹. اور فرعون نے حکم کردیا کہ لے آؤ تم میرے پاس ہر بڑے ماہر جادوگر کو،

۸۰. پھر جب وہ سب جادوگر آپہنچے تو (مقابلے کے وقت) موسیٰ نے ان سے کہا کہ ڈال دو جو کچھ کہ تمہیں ڈالنا ہے،

۸۱. پس جب وہ ڈال چکے (جو کچھ کہ انھیں ڈالنا تھا) تو موسیٰ نے کہا کہ جو کچھ تم لائے ہو وہ جادو ہے، یقیناً اللہ اسے ابھی درہم برہم کئے دیتا ہے، بلاشبہ اللہ سدھرنے (اور سنورنے) نہیں دیتا فسادی لوگوں کے کام کو

۸۲. اور اللہ حق کو حق کرکے دکھاتا ہے اپنے فرامین (وارشادات) کے ذریعے، اگرچہ یہ برا لگے مجرموں کو

۸۳. پھر بھی موسیٰ پر کوئی ایمان نہ لایا بجز آپ کی قوم کے کچھ نوجوانوں کے فرعون اور خود اپنی قوم کے بڑے سرداروں (اور کھڑپینچوں) کے ڈر سے کہ کہیں وہ انھیں کسی مصیبت میں نہ

ڈال دیں، اور واقعی فرعون اس ملک میں تھا بھی بڑا زور دار اور وہ یقینی (اور قطعی) طور پر حد سے نکل جانے والوں میں سے تھا،

۸۴. اور موسیٰ نے اپنی قوم سے کہا کہ اگر تم لوگ (سچے دل سے) ایمان رکھتے ہو اللہ پر، تو اسی پر بھروسہ کرو اگر تم واقعی فرمانبردار ہو

۸۵. اس پر انہوں نے کہا کہ ہم نے اللہ ہی پر بھروسہ کر رکھا ہے، اے ہمارے رب ہمیں فتنہ (اور ذریعہ آزمائش) نہ بنانا ظالم لوگوں کے لئے،

۸۶. اور ہمیں نجات دے دے اپنی رحمت (وعنایت) سے ان کافر لوگوں (کے ظلم و ستم) سے

۸۷. اور ہم نے وحی بھیجی موسیٰ اور اس کے بھائی کی طرف، کہ اپنی قسم کے لئے مصر میں کچھ گھر بنا لو، اور اپنے گھروں کو مسجد قرار دے دو، اور نماز کی پابندی کرو، اور خوشخبری سنا دو ایمان والوں کو،

۸۸. اور موسیٰ نے (بڑے ہی دو بھرے انداز میں اپنے رب کے حضور) عرض کیا کہ اے ہمارے رب تو نے جو فرعون اور اس کے سرداروں کو دنیاوی زندگی میں سامان زیب و زینت اور طرح طرح کے مال و دولت سے نوازا ہے، (تو کیا یہ سب کچھ ان کو اسی لئے دیا ہے کہ) کہ تاکہ یہ لوگ بہکائیں (بھٹکائیں لوگوں کو) تیری راہ سے؟ اے ہمارے رب، غارت کر دے ان کے مال (دولت) کو، اور ایسا سخت کر دے ان کے دلوں کو کہ یہ ایمان نہ لانے پائیں، یہاں تک کہ یہ دیکھ لیں اس دردناک عذاب کو (جس کے یہ مستحق ہو چکے ہیں)

۸۹. جواب ملا کہ قبول کرلی گئی دعاء تم دونوں کی پس تم دونوں ثابت قدم رہنا اور پیروی نہیں کرنا ان لوگوں کے راستے کی جو علم نہیں رکھتے (حق اور حقیقت کا)

۹۰. اور پار کر دیا ہم نے بنی اسرائیل کو سمندر سے، پھر پیچھا کیا ان کا، فرعون اور اس کے لشکر نے ظلم اور زیادتی کی بناء پر، یہاں تک کہ جب آپ کڑا اس کو غرقابی نے تو وہ پکارا اٹھا کہ میں ایمان لے آیا اس حقیقت پر کہ کوئی معبود نہیں سوائے اس کے، جس پر ایمان لائے ہیں بنی اسرائیل، اور میں بھی فرمانبرداروں میں سے ہوں،

۹۱. (جواب ملا کہ) تو اب ایمان لاتا ہے حالانکہ اس سے پہلے تو نافرمانی ہی پر کمر بستہ رہا، اور فساد برپا کرنے والوں ہی میں شامل رہا

۹۲. پس اب تو ہم تیری لاش ہی کو بچائیں گے، تاکہ تو نشان عبرت بن جائے اپنے پیچھے آنے والوں کے لئے، اور حقیقت یہ ہے کہ بہت سے لوگ ہماری آیتوں سے بالکل غافل ہیں،

۹۳. اور بلاشبہ ہم نے بنی اسرائیل کو بہت عمدہ ٹھکانا دیا اور انھیں طرح طرح کی پاکیزہ چیزیں عطا کیں، پھر انہوں نے اختلاف نہیں کیا یہاں تک کہ ان کے پاس پہنچ گیا علم (حق اور حقیقت کا) یقیناً تمہارا رب (قطعی اور عملی طور پر) فیصلہ فرما دے گا ان کے درمیان ان تمام باتوں کا جن میں یہ لوگ اختلاف کرتے رہے تھے،

۹۴. سو اگر آپ کو کوئی شک (و شبہ) ہو اس (وحی و کتاب) کے بارے میں جس کو ہم نے اتارا ہے آپ کی طرف، تو آپ پوچھ لیں ان لوگوں سے جو کتاب پڑھتے ہیں آپ سے پہلے

بلا شبہ آچکا آپ کے پاس حق آپ کے رب کی طرف سے، پس آپ کبھی شک کرنے والوں میں سے نہ ہونا،

۹۵. اور نہ ہی ان لوگوں میں سے ہونا جنھوں نے جھٹلایا اللہ کی آیتوں کو، کہ اس کے نتیجے میں آپ ہو جائیں خسارہ اٹھانے والوں میں سے،

۹۶. بیشک جن لوگوں پر پکی ہو گئی بات آپ کے رب کی، وہ کبھی ایمان نہیں لائیں گے

۹۷. اگرچہ ان کے پاس آجائے ہر نشانی یہاں تک کہ وہ دیکھ لیں اس بڑے دردناک عذاب کو

۹۸. سو کیوں نہ ہوئی کوئی ایسی بستی جو ایمان لاتی پھر اس کو اس کا ایمان فائدہ دیتا، سوائے قوم یونس کے، کہ جب وہ ایمان لے آئے تو ہم نے ٹال دیا ان سے رسوائی کا عذاب دنیا کی زندگی میں، اور ان کو فائدہ اٹھانے دیا متاع دنیا سے ایک خاص وقت تک

۹۹. اور اگر تمہارا رب چاہتا تو جتنے بھی لوگ روئے زمین پر آباد ہیں وہ سب کے سب ایمان لے آتے ایک ساتھ، تو کیا آپ مجبور کریں گے لوگوں کو کہ وہ مسلمان ہو جائیں؟

۱۰۰. اور کسی شخص کے بس میں نہیں کہ وہ ایمان لے آئے مگر ان کے اذن سے، اور اللہ ڈال دیتا ہے گندگی (کفر و شرک اور الحاد و بے دینی کی) ان لوگوں پر جو عقل سے کام نہیں لیتے

۱۰۱. ان سے کہو کہ ذرا دیکھو تم لوگ کہ کیا کچھ (سامان عبرت و بصیرت) ہے آسمانوں اور زمین میں؟ مگر نشانیاں اور تنبیہات ان لوگوں کے کچھ کام نہیں آ سکتیں جو ایمان لانا چاہتے ہی نہیں،

۱۰۲. تو کیا اب یہ لوگ ان لوگوں کے برے دنوں جیسے دنوں کی انتظار میں ہیں؟ جو گزر چکے ان سے پہلے؟ ان سے کہو کہ اچھا تو پھر تم انتظار کرو میں بھی تمہارے ساتھ منتظر ہوں

۱۰۳. پھر (جب ایسا وقت آ جاتا ہے تو) ہم بچا لیتے ہیں اپنے رسولوں اور ان لوگوں کو جو ان پر ایمان لے آئے ہوتے ہیں اسی طرح ہمارے ذمے ہے، کہ ہم بچا لیں ایمان والوں کو،

۱۰۴. کہو اے لوگو، اگر تمہیں کوئی شک (و شبہ) ہے میرے دین کے بارے میں تو (تم اچھی طرح سن لو کہ) میں کبھی بندگی نہیں کر سکتا ان کی جن کی بندگی تم لوگ کرتے ہو اللہ کے سوا، بلکہ میں تو بہر حال بندگی اس اللہ (وحدہٗ لاشریک) ہی کی کرتا رہوں گا جو تمہاری جان قبض کرتا ہے، اور مجھے حکم دیا گیا ہے کہ میں رہوں ایمان والوں میں سے

۱۰۵. اور (مجھے یہ بھی فرمایا گیا کہ) تم سیدھا رکھو اپنا رخ اس دین (حق) کے لئے یکسو ہو کر، اور کسی بھی طور مشرکوں میں سے نہ ہو جانا

۱۰۶. اور کبھی نہیں پکارنا اللہ کے سوا کسی ایسی ہستی کو جو نہ تمہیں کوئی نفع پہنچا سکے، نہ نقصان، سو اگر تم نے ایسا کر لیا تو یقیناً تم ہو جاؤ گے ظالموں میں سے،

۱۰۷. اور اگر اللہ تمہیں کوئی تکلیف پہنچانے پر آ جائے تو کوئی نہیں جو اسے ٹال سکے سوائے اس کے، اور اگر وہ تم سے کوئی بھلائی کرنا چاہے تو کوئی نہیں جو روک سکتا ہو اس کے فضل کو

وہ اپنے بندوں میں سے جسے چاہتا ہے نوازتا ہے، اپنے فضل (وکرم) سے اور وہی ہے بڑا بخشنے والا، نہایت مہربان

۱۰۸. (اعلان عام کے طور پر) کہہ دو کہ اے لوگو، بیشک آچکا تمہارے پاس حق تمہارے رب کی جانب سے، پس اب جو کوئی سیدھی راہ اختیار کرے گا تو وہ اپنے ہی لئے کرے گا، اور جو کوئی گمراہی کو اپنائے گا تو اس کی گمراہی کا وبال بھی خود اسی پر ہوگا، اور میں تم پر کوئی مختار کار نہیں ہوں،

۱۰۹. اور پیروی کیے جاؤ تم اس (ہدایت وحی) کی جو بھیجی جاتی ہے آپ کی طرف، اور صبر ہی سے کام لیتے رہو، یہاں تک کہ فیصلہ فرما دے اللہ اور وہی ہے سب سے اچھا (اور صحیح) فیصلہ فرمانے والا۔

***

۱۱۔ ہود

بِسۡمِ اللّٰہِ الرَّحۡمٰنِ الرَّحِیۡمِ

اللہ کے نام سے جو رحمان و رحیم ہے

۱. الر۔ یہ ایک ایسی (عظیم الشان) کتاب ہے جس کی آیتوں کو محکم کیا گیا پھر ان کی تفصیل کر دی گئی، ایک نہایت ہی حکمت والی اور بڑی ہی باخبر ذات کی طرف سے

۲. (اس بنیادی اور مرکزی مضمون کے ساتھ) کہ تم لوگ بندگی نہ کرو مگر ایک اللہ کی، بیشک میں تمہارے لئے (اے لوگو!) اس کی طرف سے خبردار کرنے والا اور خوشخبری سنانے والا ہوں،

۳. اور یہ کہ تم لوگ معافی مانگو اپنے رب سے (اپنے گناہوں کی)، پھر لوٹ آؤ تم اس کی طرف (سچی توبہ کے ذریعے) تو وہ نوازے گا تم لوگوں کو اچھے سامان زندگی سے، ایک مدت مقررہ تک، اور وہ عطا فرمائے گا ہر فضل والے کو اس کا فضل اور اگر تم لوگ پھر گئے (اس راہ حق و ہدایت سے) تو مجھے سخت اندیشہ ہے تمہارے بارے میں ایک بڑے ہی ہولناک دن کے عذاب کا،

۴. اللہ ہی کی طرف لوٹ کر جانا ہے تم سب کو، اور وہ ہر چیز پر پوری قدرت رکھتا ہے

۵. دیکھو! (حق اور داعی حق کی عداوت میں کس طرح) پھیرتے ہیں یہ لوگ اپنے سینوں کو، تاکہ یہ چھپ سکیں اس سے، آگاہ رہو کہ (یہ سراسر ان کی حماقت اور بھول ہے ورنہ حقیقت تو یہ ہے کہ) جب یہ لوگ لپیٹے ہوئے ہوتے ہیں (اپنے اوپر) اپنے کپڑے، اللہ ایک برابر جانتا ہے وہ سب کچھ جو کہ یہ لوگ چھپاتے ہیں، اور جس کو یہ ظاہر کرتے ہیں، بیشک وہ پوری طرح جانتا ہے سینوں کے بھیدوں کو

٦. اور زمین پر چلنے والا کوئی جاندار ایسا نہیں جس کی روزی اللہ کے ذمے نہ ہو، اور وہ جانتا ہے اس کی جائے سکونت کو بھی، اور جائے سپردگی کو بھی، یہ سب کچھ (موجود و مسطور) ہے ایک کھلی کتاب میں،

٧. اور وہ (اللہ) وہی ہے جس نے پیدا فرمایا آسمانوں اور زمین (کی اس عظیم الشان کائنات) کو چھ دنوں میں، اور (اس سے پہلے) اس کا عرش پانی پر تھا، (اور اس نے یہ سب کچھ پیدا اس لئے فرمایا کہ) تاکہ وہ تمہاری آزمائش کرے، کہ تم میں کس کا کام سب سے اچھا ہے، اور اگر آپ ﷺ (اے پیغمبر! ان لوگوں سے) کہیں کہ تم سب یقیناً دوبارہ اٹھائے جاؤ گے اپنے مرنے کے بعد، تو فوراً بول اٹھتے ہیں یہ کافر لوگ کہ یہ (قرآن) تو محض ایک جادو ہے کھلم کھلا،

٨. اور اگر ہم ٹال دیں ان سے اس عذاب کو (جس کے یہ حق دار ہیں) ایک گنی چنی مدت (یعنی دنیاوی زندگی) تک کے لئے، تو یہ لوگ (بڑے بے باکانہ اور مزاحیہ انداز میں) کہنے لگتے ہیں کہ آخر کس چیز نے روک رکھا ہے اس کو؟ (وہ آتا کیوں نہیں؟) سو آگاہ رہو کہ جس دن وہ ان پر آن پہنچے گا تو اس کو ان سے پھیرا نہ جائے گا، اور اپنے گھیرے میں لے کر رہے گا ان کو وہی کچھ جس کا یہ مذاق اڑایا کرتے تھے

٩. اور انسان (کی تنگ ظرفی کا عالم یہ ہے کہ اس) کو اگر ہم چکھا دیں اپنی طرف سے کوئی رحمت، پھر ہم اس کو چھین لیں اس سے، تو یہ بالکل مایوس (و ناامید اور) سخت ناشکرا ہو جاتا ہے،

۱۰. اور اگر (اس کے بر عکس) ہم اس کو چکھا دیں کوئی نعمت کسی ایسی تکلیف کے بعد جو اس کو پہنچ چکی ہو، تو یہ (پھول کر) کہنے لگتا ہے کہ دور ہو گئیں مجھ سے سب برائیاں، بیشک یہ بڑا ہی اترانے والا اور شیخی باز ہے،

۱۱. بجز ان لوگوں کے جو کام لیتے ہیں صبر (واستقامت) سے، اور وہ کام بھی نیک کرتے ہیں سو ایسوں کے لئے ایک عظیم الشان بخشش بھی ہے، اور بہت بڑا اجر بھی،

۱۲. تو کیا آپ چھوڑ دیں گے کچھ حصہ اس وحی کا جو کچھ بھیجی جاتی ہے آپ کی طرف (اے پیغمبر!) اور تنگ ہوتا ہے اس کی بناء پر آپ کا سینہ، کہ (حق وہدایت کا انکار کرنے والے) یہ لوگ یوں کہتے ہیں کہ کیوں نہیں اتار دیا گیا ان پر (آسمان سے) کوئی خزانہ، یا کیوں نہیں آ گیا ان کے ساتھ (ان کی اردل میں رہنے والا) کوئی فرشتہ (سو ایسی باتوں سے آپ دل گیر نہ ہوں کہ آپ کا کام تو صرف خبردار کر دینا ہے اور بس، اور ہر چیز پر پورا اختیار رکھنا تو اللہ ہی کی شان ہے،

۱۳. کیا یہ لوگ یوں کہتے ہیں کہ پیغمبر نے اس (کتاب حق) کو خود گھڑ لیا ہے؟ تو (ان سے) کہو کہ اچھا تو پھر تم لوگ بھی بنا لاؤ اس جیسی دس ہی سورتیں من گھڑت، اور بلا لو تم (اپنی مدد کے لئے) جس کو بھی بلا سکتے ہو اللہ کے سوا، اگر تم لوگ سچے ہو (اپنے اعتراض والزام میں)

۱۴. سو اگر پھر بھی یہ لوگ پورا نہ کر سکیں تمہارے اس چیلنج کو، تو (ان سے کہو کہ اب تو تم) یقین جان لو کہ اس (کتاب حکیم) کو اللہ ہی کے علم سے اتارا گیا ہے، اور یہ بھی (یقین کر لو) کہ کوئی معبود نہیں سوائے ایک اللہ کے، تو کیا اب تم لوگ سر تسلیم خم کرتے ہو؟

۱۵۔ جو کوئی (اپنے اعمال سے) دنیا کی زندگی اور اس کی آرائش ہی چاہتا ہے، تو ایسے لوگوں کو ہم ان کے اعمال کا پورا بدلہ اسی (دنیا) میں دے دیتے ہیں، اور اس میں ان سے کوئی کمی نہیں کی جاتی،

۱۶۔ مگر آخرت میں ایسے لوگوں کے لئے آگ کے سوا کچھ نہیں ہوگا، برباد ہوگیا وہ سب کچھ جو انہوں نے دنیا میں بنایا تھا، اور نابود ہوگیا وہ سب کچھ جو یہ لوگ کرتے رہے تھے،

۱۷۔ تو کیا وہ شخص جو قائم ہوا یک روشن دلیل پر اپنے رب کی طرف سے، اس کے بعد (اس کی تائید و تصدیق میں) ایک گواہ بھی اس کے پاس آگیا ہو اس کے رب کی طرف سے، اور اس سے پہلے موسیٰ کی کتاب بھی موجود ہے راہنما اور رحمت کے طور پر، (تو کیا ایسا شخص ان لوگوں کی طرح ہو سکتا ہے جو انکار کرتے ہیں حق کا؟) ایسے لوگ تو اس پر ایمان ہی لائیں گے، اور ان سب گروہوں میں سے جو بھی کوئی اس (قرآن) کا انکار کرے گا، تو دوزخ ہی (اس کا ٹھکانا اور) اس کے وعدے کی جگہ ہے، پس تم نے کسی شک میں نہیں پڑنا اس (کتاب) کے بارے میں، بیشک یہ قطعی طور پر حق ہے تمہارے رب کی جانب سے، لیکن اکثر لوگ مانتے نہیں،

۱۸۔ اور اس سے بڑھ کر ظالم اور کون ہو سکتا ہے جو اللہ پر جھوٹ باندھے؟ ایسے لوگوں کو (کل قیامت کے دن) پیش کیا جائے گا ان کے رب کے حضور، اور گواہ کہیں گے کہ یہی ہیں وہ لوگ جنہوں نے جھوٹ گھڑا تھا اپنے رب پر آگاہ رہو کہ اللہ کی لعنت (اور پھٹکار) ہے ایسے ظالموں پر،

۱۹۔ جو کہ روکتے ہیں اللہ کی راہ سے، اور اس کی کجی تلاش کرتے ہیں اور وہ آخرت کے منکر ہیں

۲۰۔ یہ لوگ ایسے نہیں کہ عاجز کر دیں (اللہ کو کہیں بھاگ کر) زمین میں، اور نہ ہی ان کا کوئی حمایتی (اور مددگار) ہو سکتا ہے اللہ کے سوا، ان کو دوہرا عذاب دیا جائے (ان کے کئے کا) یہ لوگ (شدت عناد اور ہٹ دھرمی کی وجہ سے) نہ تو سن سکتے تھے (پیغام حق و ہدایت کو) اور نہ ہی ان کو خود کچھ سوجھتا (دکھتا) تھا،

۲۱۔ یہ وہ لوگ ہیں جنہوں نے خود خسارے میں ڈال دیا اپنے آپ کو، اور کھو گیا ان سے وہ سب کچھ جو یہ (زندگی بھر) گھڑتے رہے تھے (مختلف ناموں سے)

۲۲۔ لازمی (اور یقینی) بات ہے کہ یہ لوگ آخرت (کے اس حقیقی اور ابدی جہاں) میں سب سے زیادہ خسارے (اور گھاٹے) میں ہوں گے،

۲۳۔ اس کے برعکس جو لوگ ایمان لائے اور انہوں نے کام بھی نیک کئے، اور وہ (زندگی بھر دل و جان سے) جھکے رہے اپنے رب کی طرف یہی لوگ ہیں جنتی، جہاں ان (خوش نصیبوں) کو ہمیشہ رہنا نصیب ہوگا

۲۴۔ مثال ان دونوں فریقوں کی ایسے ہے، جیسے ایک آدمی اندھا بہرہ ہو، اور دوسرا دیکھنے سننے والا، کیا یہ دونوں برابر ہو سکتے ہیں؟ کیا پھر بھی تم لوگ سبق نہیں لیتے؟

۲۵۔ اور بلاشبہ ہم ہی نے بھیجا نوح کو (رسول بنا کر) ان کی قوم کی طرف، (تو انہوں نے ان سے کہا کہ) بیشک میں تم لوگوں کے لئے خبردار کرنے والا ہوں کھول کر (حق اور حقیقت کو)

۲۶۔ کہ تم لوگ بندگی مت کرو مگر صرف ایک اللہ کی مجھے سخت اندیشہ ہے تمہارے بارے میں ایک بڑے ہی دردناک دن کے عذاب کا،

۲۷۔ اس کے جواب میں آپ کی قوم کے کافر سرداروں نے کہا کہ ہم تو تم کو اپنے ہی جیسا ایک بشیر (اور انسان) دیکھتے ہیں، اور ہمیں تمہاری پیروی کرنے والے بھی بس وہی لوگ نظر آرہے ہیں، جو کہ ہم میں سب سے گھٹیا ہیں، وہ بھی محض سرسری نظر سے، اور ہمیں اپنے مقابلے میں تمہاری لئے کوئی بڑائی نظر نہیں آتی، بلکہ ہم تو تمہیں جھوٹا سمجھتے ہیں،

۲۸۔ نوح نے کہا کہ اے میری قوم، ذرا سوچو تو سہی، کہ اگر میں اپنے رب کی طرف سے ایک کھلی دلیل پر قائم ہوں، اور اس نے مجھے اپنے یہاں سے ایک خاص رحمت بھی عنایت فرما رکھی ہو، مگر وہ تم کو نظر نہ آتی ہو، تو (اس میں میرا کیا قصور؟) کیا ہم اسے تم پر چپکا دیں گے؟ جب کہ تم لوگ اس سے برابر نفرت ہی کئے جاؤ؟

۲۹۔ اور اے میری قوم، میں تم سے اس کام پر کوئی مال نہیں مانگتا، میرا اجر تو اللہ ہی کے ذمے ہے، اور میں ان لوگوں کو دور کرنے سے بھی رہا جو ایمان لاچکے ہیں، انہوں نے یقیناً اپنے رب سے ملنا ہے، لیکن میں تمہیں ایسا دیکھتا ہوں کہ تم لوگ قطعی طور پر جہالت برت رہے ہو،

۳۰۔ اور اے میری قوم، کون میری مدد کرے گا اللہ کے مقابلے میں، اگر میں ان کو دور کر دوں؟ کیا تم لوگ اتنا بھی نہیں سمجھتے،

۳۱. اور میں تم سے یہ نہیں کہتا کہ میرے پاس اللہ کے خزانے ہیں، اور نہ ہی میں غیب جانتا ہوں، اور نہ ہی میرا یہ دعویٰ ہے کہ میں کوئی فرشتہ ہوں، اور نہ ہی میں ان لوگوں کے بارے میں جن کو تمہاری نگاہیں حقارت سے دیکھتی ہیں، یہ کہہ سکتا ہوں کہ اللہ ان کو کوئی بھلائی نہیں دے گا، اللہ خوب جانتا ہے اس چیز کو جو کہ ان لوگوں کے دلوں میں ہے، بیشک ایسی صورت میں، میں قطعی طور پر ظالموں میں سے ہو جاؤں گا،

۳۲. اس کے جواب میں ان لوگوں نے کہا کہ اے نوح تم نے ہم سے جھگڑا کر لیا، پس اب تم لے آؤ ہم پر وہ عذاب جس کی دھمکی تم ہمیں دے رہے ہو اگر تم سچوں میں سے ہو

۳۳. تو اس پر نوح نے فرمایا کہ اس کو اللہ ہی لائے گا اگر (اور جب) اس نے چاہا، اور تم ایسے نہیں ہو کہ (اس کو) عاجز کر دو،

۳۴. اور (تمہارے اس تکبر و عناد کی وجہ سے اب) میری نصیحت تمہیں کوئی فائدہ نہیں دے سکتی، خواہ میں تم کو کتنی ہی نصیحت کرنا چاہوں، جب کہ اللہ کو تمہارا گمراہ کرنا ہی منظور ہو، وہی رب ہے تم سب کا، اور اسی کی طرف (بہر حال) لوٹ کر جانا ہے تم سب کو،

۳۵. کیا یہ لوگ یوں کہتے ہیں کہ اس شخص نے اس (قرآن) کو خود ہی گھڑ لیا ہے، تو (ان سے) کہو کہ اگر میں نے اس کو خود گھڑ لیا ہے تو میرے جرم کی ذمہ داری مجھ پر ہے اور میں اس جرم سے بری ہوں جو تم لوگ کر رہے ہو،

۳۶. اور وحی کر دی گئی نوح کی طرف اس بات کی کہ اب کوئی ایمان نہیں لائے گا آپ کی قوم میں سے مگر وہی جو ایمان لا چکے (اس سے پہلے) پس اب تم غم نہیں کھانا ان کے ان کرتوتوں پر جو یہ لوگ کرتے چلے آ رہے ہیں

۳۷. اور تم بناؤ ایک (عظیم الشان) کشتی ہماری نگرانی میں، اور ہماری وحی کے مطابق، اور ان لوگوں کے بارے میں مجھ سے کوئی بات نہ کرنا جو اڑے رہے اپنے ظلم (اور کفر وانکار) پر، کہ انہوں نے بہر حال غرق ہو کر رہنا ہے

۳۸. اور (حسب ارشاد خداوندی) نوح اس کشتی کے بنانے میں لگ گئے، تو ان کی قوم کے سرداروں میں سے کوئی ان کے پاس سے گزرتا تو ان کا مذاق اڑاتا، نوح کہتے کہ اگر (آج) تم ہمارا مذاق اڑاتے ہو تو (کوئی بات نہیں، کہ کل) ہم بھی اسی طرح تمہارا مذاق اڑائیں گے. جس طرح کہ تم ہمارا مذاق اڑا رہے ہو

۳۹. سو اس وقت تمہیں خود معلوم ہو جائے گا کہ کس پر آتا ہے وہ عذاب جو رسوا کر دے گا اس کو، اور کس پر اترتا ہے وہ عذاب جو ہمیشہ مسلط رہے گا اس کے سر پر،

۴۰. (یہ معاملہ اسی طرح چلتا رہا) یہاں تک کہ جب آ پہنچا ہمارا حکم اور ابل پڑا وہ تنور، تو ہم نے (نوح سے) کہا کہ رکھ دو اس (کشتی) میں ہر قسم کے جانوروں میں سے ایک ایک جوڑا، اور اپنے گھر والوں کو بھی، سوائے اس کے جن کے متعلق فیصلہ ہو چکا ہے، اور ان سب لوگوں کو بھی (اس میں سوار کر دو) جو ایمان لا چکے ہیں، اور ان پر ایمان بھی تھوڑے سے لوگ ہی لائے تھے،

۴۱. اور کہا نوح نے (اپنے پیروکاروں سے) کہ سوار ہو جاؤ تم سب اس کشتی میں، اللہ ہی کے نام سے ہے اس کا چلنا بھی، اور اس کا ٹھہرنا بھی بلا شبہ میرا رب بڑا ہی بخشنے والا، نہایت ہی مہربان ہے

۴۲. اور وہ (کشتی) چلی جا رہی تھی ان سب کو لے کر پہاڑوں جیسی موجوں کے درمیان، اور نوح نے اپنے بیٹے کو پکار کر کہا جب کہ وہ دور ایک فاصلے پر تھا کہ اے میرے بیٹے سوار ہو جا تو ہمارے ساتھ (اس کشتی میں) اور مت ساتھ رہ تو ان کافروں کے (جنہوں نے غرق ہونا ہے)

۴۳. تو اس نے جواب میں کہا کہ میں ابھی کسی ایسے پہاڑ کی پناہ لے لیتا ہوں، جو مجھے بچا لے گا اس پانی سے نوح نے فرمایا آج کوئی بھی چیز اللہ کے حکم سے نہیں بچا سکے گی، مگر جس پر وہ خود ہی رحم فرما دے، اتنے میں حائل ہو گئی ان دونوں کے درمیان ایک موج، جس سے وہ ہو گیا غرق ہونے والوں میں سے،

۴۴. اور (ان سب کفار کی غرقابی کے بعد) حکم ہوا کہ اے زمین تو نگل لے اپنا پانی اور اے آسمان تو تھم جا، چنانچہ خشک کر دیا گیا وہ پانی، اور چکا دیا گیا معاملہ، اور ٹک گئی وہ کشتی کوہ جودی پر، اور کہہ دیا گیا کہ بڑی دوری (اور پھٹکار) ہے ظالم لوگوں کے لئے،

۴۵. اور (بیٹے کی غرقابی سے قبل) نوح نے اپنے رب کو پکار کر، عرض کیا کہ اے میرے رب میرا بیٹا میرے گھر والوں میں سے ہے اور یقیناً تیرا وعدہ بھی سچا ہے، اور تو ہی ہے سب حاکموں سے بڑا حاکم،

۴۶. جواب میں ارشاد ہوا کہ اے نوح، وہ تمہارے گھر والوں میں سے نہیں ہے، کیونکہ اس کے عمل اچھے نہیں ہیں، پس تم مجھ سے اس بات کی درخواست نہ کرو جس کی حقیقت کا تمہیں علم نہیں، میں تمہیں نصیحت کرتا ہوں کہ مبادا کہیں تم جاہلوں میں سے ہو جاؤ،

۴۷. عرض کیا، اے میرے رب، میں تیری پناہ مانگتا ہوں اس بات سے کہ میں تجھ سے وہ چیز مانگوں جس کا مجھے کوئی علم نہ ہو، اور اگر تو نے میری بخشش نہ فرمائی (اے میرے رب!) اور مجھ پر رحم نہ فرمایا، تو میں ہو جاؤں گا خسارہ (نقصان) اٹھانے والوں میں سے،

۴۸. ارشاد ہوا، اے نوح، اتر جاؤ، تم اس حال میں کہ ہماری طرف سے سلامتی اور برکتیں ہوں تم پر بھی، اور ان سب گروہوں پر بھی جو تمہارے ساتھ ہیں، اور تمہارے بعد والوں میں کچھ گروہ ایسے بھی ہوں گے کہ انھیں ہم کچھ مدت تک تو سامان زندگی برابر بخشتے رہیں گے، مگر پھر (ان کے کفر و عناد کے سبب) ان کو پہنچ کر رہے گا ہماری طرف سے ایک بڑا ہی دردناک عذاب،

۴۹. یہ (قصہ) غیب کی ان خبروں میں سے ہے جن کی ہم وحی کرتے ہیں آپ کی طرف (اے پیغمبر! ورنہ) اس سے پہلے نہ تو آپ ان کو جانتے تھے اور نہ ہی آپ کی قوم، پس آپ صبر ہی سے کام لیتے رہیں کہ انجام کار (کامیابی) بہرحال پرہیزگاروں ہی کے لئے ہے،

۵۰. اور عاد کی طرف ان کے بھائی ہود کو بھی، (ہم نے رسول بنا کر بھیجا) انہوں نے بھی یہی کہا کہ اے میری قوم، اللہ ہی کی بندگی کرو تم سب، کہ اس کے سوا تمہارا کوئی معبود نہیں، (اور غیر اللہ کی بندگی میں تو) تم لوگ محض جھوٹ گھڑنے والے ہو،

۵۱. اے میری قوم! میں (تبلیغ کے) اس کام پر تم سے کوئی اجر نہیں مانگتا، میرا اجر تو بس اسی ذات (اقدس) کے ذمے ہے جس نے مجھے پیدا فرمایا ہے، کیا پھر بھی تم لوگ عقل سے کام نہیں لیتے؟

۵۲. اور اے میری قوم کے لوگو! تم سب بخشش مانگو اپنے رب سے، پھر (سچے دل سے) اس کی طرف رجوع کرو، وہ تم پر آسمان کے دھانے کھول دے گا (موسلا دھار بارش کے لئے) اور تمہاری موجودہ قوت میں مزید قوت کا اضافہ فرمائے گا، اور مت پھرو تم لوگ (اس پیغام حق سے) مجرم بن کر

۵۳. ان لوگوں نے جواب دیا اے ھود، تم ہمارے پاس کوئی معجزہ لے کر نہیں آئے اور ہم محض تمہارے کہنے پر چھوڑنے والے نہیں ہیں اپنے معبودوں کو، اور نہ ہی ہم تمہاری بات ماننے والے ہیں

۵۴. ہم تو یہی کہتے ہیں کہ تم پر مار پڑ گئی ہے ہمارے معبودوں میں سے کسی کی، ہود نے فرمایا میں اللہ کو گواہ بناتا ہوں اور خود تم سب بھی گواہ رہو کہ میں ان تمام چیزوں سے قطعی طور پر بری اور بیزار ہوں جن کو تم لوگ شریک ٹھہراتے ہو (اس وحدہٗ لاشریک کا)

۵۵. اس کے سوا، پس تم سب مل کر مجھ پر اپنا داؤ چلا لو، اور مجھے ذرہ بھی مہلت مت دو،

۵۶. میں نے تو اس اللہ پر بھروسہ کر رکھا ہے جو رب ہے میرا بھی اور تمہارا بھی کوئی جاندار ایسا نہیں جس کی چوٹی اس کے ہاتھ میں نہ ہوا، بیشک میرا رب سیدھے راستے پر (چلنے سے ہی مل سکتا) ہے

۵۷۔ پھر بھی اگر تم لوگوں نے منہ پھیرے ہی رکھا تو (میں بری ہوں، کیونکہ) میں نے پوری طرح پہنچا دیا تم لوگوں کو وہ پیغام جس کے ساتھ مجھے بھیجا گیا ہے تمہاری طرف، اور میرا رب لا بسائے گا تمہاری جگہ کسی اور قوم کو، اور تم لوگ اس کا کچھ بھی نہ بگاڑ سکو گے، بلاشبہ میرا رب ہر چیز پر نگہبان ہے،

۵۸۔ اور (آخر کار) جب آ پہنچا ہمارا حکم تو ہم نے بچا لیا ہود کو، اور ان سب لوگوں کو جو ایمان لائے تھے، آپ کے ساتھ اپنی خاص رحمت سے، اور بچا لیا ہم نے ان سب کو ایک بڑے ہی سخت عذاب سے

۵۹۔ اور یہ عاد ہیں جنہوں نے کفر کیا اپنے رب کے ساتھ، اور انہوں نے نافرمانی کی اس کے رسولوں کی اور پیچھے لگے رہے وہ ہر بڑے ظالم ہٹ دھرم کے،

۶۰۔ اور (اس کا نتیجہ یہ ہوا کہ) ان کے پیچھے لگا دی گئی لعنت اس دنیا میں بھی، اور قیامت کے روز بھی سن لو! عاد نے کفر کیا اپنے رب کے ساتھ، پھر سن لو! کہ عاد کو جو کہ ہود کی قوم تھی بہت دور پھینک دیا گیا اللہ تعالیٰ کی رحمت سے

۶۱۔ اور (اسی طرح ہم نے بھیجا قوم ثمود کی طرف ان کے بھائی صالح کو، سو انہوں نے بھی یہی کیا کہ اے میری قوم کے لوگو! تم بندگی کرو اللہ ہی کی، کہ اس کے سوا تمہارا کوئی معبود نہیں، اسی نے پیدا فرمایا تم سب کو زمین سے اور تم کو بسایا اس میں، پس تم بخشش مانگواس سے (اپنے کفر و شرک وغیرہ کی) اور لوٹ آؤ تم اس طرف (صدق دل سے ایمان لا کر) بیشک میرا رب بڑا قریب بھی ہے، اور قبول کرنے والا بھی،

78

۶۲. اس کے جواب میں ان لوگوں نے کہا اے صالح، تو تو اس سے پہلے ہمارے درمیان امیدوں کا مرکز تھا، کیا تم ہمیں ان چیزوں کی پوجا (و پرستش) سے روکتے ہو جن کی پوجا (و پرستش) ہمارے باپ دادا کرتے آئے ہیں؟ بیشک ہم اس دین کے بارے میں ایک بڑے خلجان انگیز شک میں بتلا ہیں، جس کی طرف تم ہمیں بلا رہے ہو

۶۳. صالح نے ان سے فرمایا اے میری قوم کے لوگو، ذرا سوچو تو سہی کہ اگر میں اپنے رب کی طرف سے ایک روشن دلیل پر قائم ہوں، اور (مزید یہ کہ) اس نے مجھے اپنی ایک خاص رحمت سے بھی نوازا ہو تو پھر (تم ہی بتاؤ کہ) مجھے کون بچا سکے گا اللہ (کی گرفت و پکڑ) سے اگر میں اس کی نافرمانی کروں؟ پس تم لوگ تو میرے لئے خسارے (اور نقصان) کے سوا کسی چیز کا اضافہ نہیں کرتے

۶۴. اور ہاں اے میری قوم! یہ اللہ کی اونٹنی ہے تمہارے لئے ایک بڑی نشانی کے طور پر، پس تم اسے چھوڑ دینا کہ یہ (آزادانہ) کھاتی (اور چرتی پھرتی) رہے اللہ کی زمین میں، اور اسے کوئی تکلیف نہ پہنچانا کہ پھر تمہیں آپ کڑے قریب ہی کا ایک بڑا عذاب،

۶۵. مگر انہوں نے پھر بھی اس کے پاؤں کاٹ ڈالے، اس پر صالح نے ان سے کہا کہ تم لوگ رہ بس لو اپنے گھروں میں تین دن (اور بس)، یہ ایک ایسا وعدہ ہے جس میں جھوٹ کا کوئی شائبہ نہیں،

٦٦. پھر جب آ پہنچا ہمارا حکم، تو ہم نے بچا لیا صالح کو، اور ان سب کو جو ایمان لائے تھے ان کے ساتھ، اپنی خاص رحمت سے اور (محفوظ رکھا ان کو اس عذاب اور) اس دن کی رسوائی سے، بیشک تمہارا رب ہی ہے قوت والا، سب پر غالب

٦٧. اور دھر لیا ان سب لوگوں کو جو اڑے ہوئے تھے اپنے ظلم پر ایک ایسی ہولناک آواز نے جس سے وہ سب اپنے گھروں میں (ایسے بے حس و حرکت) اوندھے پڑے رہ گئے تھے

٦٨. جیسے وہ کبھی ان میں رہے بسے ہی نہ تھے، آگاہ رہو کہ ثمود نے کفر کیا اپنے رب سے، آگاہ ہو کہ بڑی دوری (اور پھٹکار) ہے ثمود کے لئے،

٦٩. اور بلاشبہ آ گئے ہمارے فرشتے ابراہیم کے پاس (بچے کی) وہ عظیم الشان خوشخبری لے کر، اور انہوں نے سلام کیا، ابراہیم نے جواب میں کہا کہ تم پر بھی سلام ہو، پھر کچھ دیر نہ گزری تھی کہ آپ لے آئے ایک بھنا ہوا بچھڑا (ان کی ضیافت کے لئے)

٧٠. مگر جب آپ نے دیکھا کہ ان کے ہاتھ کھانے کی طرف نہیں بڑھ رہے، تو آپ نے ان کو اجنبی سمجھ کر اپنے دل میں ایک خوف سا محسوس کیا، تب انہوں نے کہا ڈرو نہیں، ہمیں تو دراصل (آپ کی طرف نہیں، بلکہ) قوم لوط کی طرف (ان کو عذاب دینے کے لئے) بھیجا گیا ہے

٧١. اور ابراہیم کی بیوی بھی جو (پاس ہی کہیں) کھڑی تھیں اس پر ہنس پڑیں، تو ہم نے انھیں خوشخبری دی اسحاق کی، اور اسحاق کے بعد یعقوب کی،

۷۲. اس پر وہ (تعجب سے) بول اٹھیں ہائے میری کم بختی! کیا میں بوڑھی ہو کر بچہ جنوں گی؟ جب کہ میرے میاں بھی اتنے بوڑھے ہو چکے ہیں، یہ تو واقعی ایک بڑی ہی عجیب سی بات ہے،

۷۳. فرشتوں نے کہا کیا تم تعجب کرتی ہو اللہ کے حکم سے؟ حالانکہ اللہ کی رحمت اور اس کی (طرح طرح کی) برکتیں تم پر، اے نبی کے گھر والو، (برابر برستی) رہتی ہیں، بلاشبہ وہ تعریف کے لائق اور بڑی ہی اونچی شان والا ہے،

۷۴. پھر جب جاتی رہی ابراہیم سے وہ گھبراہٹ، اور پہنچ گئی ان کے پاس یہ خوشخبری، تو انہوں نے ہم سے جھگڑنا شروع کر دیا قوم لوط کے بارے میں،

۷۵. واقعی ابراہیم بڑے ہی بردبار، نرم دل، اور ہماری طرف رجوع رہنے والے تھے،

۷۶. (فرشتوں نے ان سے کہا) اے ابراہیم، اب جانے دو اس قصے کو، کہ اب بہر حال آ کر رہنا ہے ان لوگوں پر ایک ایسے ہولناک عذاب نے جس کے ٹلنے کی اب کوئی صورت نہیں،

۷۷. اور جب پہنچ گئے ہمارے فرشتے لوط کے پاس (اپنی اصل مہم کی انجام دہی کے لئے) تو وہ بہت غمگین ہوئے ان کی (آمد کی) بناء پر، اور ان کا دل سخت تنگ ہو گیا ان کی وجہ سے، اور انہوں نے کہا کہ یہ بڑا ہی سخت دن ہے

۷۸. اور آ پہنچے ان کی قوم کے (بد اطوار) لوگ دوڑتے ہوئے رسیاں توڑ کر، اور وہ پہلے سے ہی ارتکاب کرتے تھے ایسی برائیوں کا، تو لوط نے (ان سے) کہا اے میری قوم (کے

لوگو!) یہ میری بیٹیاں موجود ہیں، جو تمہارے لئے ہر لحاظ سے پاکیزہ ہیں پس تم ڈرو اللہ سے، اور مجھے رسوا مت کرو میرے مہمانوں کے بارے میں، کیا تم میں کوئی بھی بھلا آدمی نہیں؟

۷۹. ان لوگوں نے اس کے جواب میں کہا، آپ کو اچھی طرح معلوم ہے کہ ہمیں آپ کی بیٹیوں سے کوئی غرض نہیں، اور آپ یہ بھی خوب جانتے ہیں کہ ہم کیا چاہتے ہیں؟

۸۰. اس پر لوط نے کہا، کاش کہ میرے پاس تمہارے مقابلے کی طاقت ہوتی یا ایسا کوئی مضبوط سہارا ہوتا، جس کی پناہ لے لیتا

۸۱. تب فرشتوں نے (اپنی حقیقت ظاہر کرتے ہوئے) کہا کہ اے لوط ہم تو تیرے رب کے بھیجے ہوئے فرشتے ہیں، یہ لوگ (ہمارا کیا بگاڑتے یہ تو) آپ تک بھی پہنچ نہیں پائیں گے، پس آپ رات کا کچھ حصہ رہتے اپنے لوگوں کو لے کر (یہاں سے اس طرح) نکل جائیں، کہ تم میں سے کوئی پیچھے مڑ کر بھی نہ دیکھے، سوائے تمہاری بیوی کے، کہ اس پر بھی وہی بلا آنے والی ہے جو کہ ان لوگوں پر آنے والی ہے، ان کی تباہی کا وقت صبح ہے، کیا صبح کا وقت نزدیک نہیں ہے؟

۸۲. پھر جب (حسب وعدہ) آپہنچا ہمارا حکم تو ہم نے پلٹ کر کے رکھ دیا اس بستی کو، اور تابڑ توڑ برسا دئے اس پر ایسے پتھر کھنگر کے

۸۳. جن پر خاص نشان لگے ہوئے تھے تمہارے رب کے یہاں سے، اور وہ بستیاں (دور حاضر کے) ان ظالموں سے کچھ زیادہ دور نہیں ہیں،

۸۴. اور مدین والوں کی طرف ان کے بھائی شعیب کو (بھی ہم نے رسول بنا کر بھیجا)، انہوں نے بھی یہی کہا کہ اے میری قوم، اللہ کی بندگی کرو کہ اس کے سوا تمہارا کوئی معبود نہیں، اور یہ کہ تم لوگ کمی نہ کرو ناپ اور تول میں، بیشک میں تم کو بڑے اچھے حال میں دیکھ رہا ہوں (پھر اس دھوکہ بازی کی تمہیں کیا ضرورت؟) مجھے تمہارے بارے میں ایک ایسے دن کے عذاب کا ڈر ہے، جو (تمہیں ہر طرف سے) گھیر لے گا،

۸۵. اور اے میری قوم کے لوگوں! پورا کرو تم ناپ اور تول کو انصاف کے ساتھ، اور کم کر کے مت دو تم لوگوں کو ان کی چیزیں، اور مت پھرو تم لوگ (اللہ کی) زمین میں فساد مچاتے ہوئے،

۸۶. اللہ کی دی ہوئی بچت تمہارے لئے بہر حال بہتر ہے، اگر تم ایماندار ہو، اور میں تم پر کوئی نگران کار نہیں ہوں،

۸۷. ان لوگوں نے اس کے جواب میں کہا، اے شعیب کیا تمہاری نماز تمہیں یہی کچھ سکھاتی ہے کہ ہم چھوڑ دیں ان چیزوں کو جن کی پوجا (و پرستش) کرتے چلے آئے ہیں ہمارے باپ، دادا؟ یا یہ کہ ہم اپنے مالوں میں اپنی منشا کے مطابق تصرف نہ کریں؟ (بلکہ ان پر تمہاری ہی بات چلے کہ) بس تم ہی تم ہو ایک بڑے عالی ظرف اور راستباز انسان (اور بس؟)

۸۸. شعیب نے فرمایا، بھائیو، ذرا غور تو کرو کہ اگر میں اپنے رب کی طرف سے ایک کھلی شہادت پر قائم ہوں، اور اس نے اپنے یہاں سے مجھے ایک عمدہ دولت سے بھی نواز رکھا

ہو، (تو پھر میں کیسے حق نہ کہوں؟) اور میں یہ بھی نہیں چاہتا کہ تمہارے برخلاف خود وہ کام کرنے لگوں جن سے تم کو روکتا ہوں، میں تو بس اصلاح کرنا چاہتا ہوں جہاں تک مجھ سے ہو سکے، اور مجھے (اس کام کی) توفیق بھی اللہ ہی کی مدد سے ہوتی ہے، میں نے اسی پر بھروسہ کر رکھا ہے، اور میں اپنے ہر کام میں رجوع بھی اسی کی طرف کرتا ہوں

۸۹. اور اے برادران قوم کہیں میر ضدی تمہیں اس حد تک نہ پہنچا دے، کہ تم پر بھی وہی عذاب آ کر رہے جو (اس سے پہلے) قوم نوح، قوم ہود اور قوم صالح پر آ چکا ہے، اور قوم لوط تو تم سے کچھ زیادہ دور بھی نہیں،

۹۰. اور معافی مانگو تم سب اپنے رب سے (اپنے گزشتہ کیئے کرائے کی) پھر اسی کی طرف رجوع کرو (اپنے آئندہ کے لئے) بیشک میرا رب بڑا ہی مہربان نہایت ہی محبت رکھنے والا ہے (اپنی مخلوق سے،)

۹۱. انہوں نے جواب دیا اے شعیب، تمہاری بہت سی باتیں تو ہماری سمجھ میں ہی نہیں آتیں، اور ہم تجھے اپنے درمیان بالکل ہی کمزور پاتے ہیں اور اگر تیرے خاندان کا پاس نہ ہوتا تو ہم نے تجھے کبھی کا سنگسار کر (کے ختم کر) دیا ہوتا، کہ تم تو ہمارے اوپر کچھ بھاری نہیں ہو

۹۲. شعیب نے فرمایا اے میری قوم! کیا میرا خاندان تم لوگوں پر اللہ سے بھی زیادہ بھاری ہے؟ (کہ اس کا تو تمہیں خوف ہے مگر میرے) اللہ کو تم نے بالکل پس پشت ڈال دیا ہے؟

یقین رکھو کہ میرا رب ان سب کاموں کو پوری طرح قابو میں رکھے ہوئے ہے جو تم لوگ کر رہے ہو

۹۳۔ اور اے میری قوم (اب آخری بات یہ ہے کہ) تم اپنے طریقے سے کام کئے جاؤ میں اپنے طریقے پر کر رہا ہوں، جلد ہی تمہیں خود معلوم ہو جائے گا کہ کس پر آتا ہے وہ عذاب جو اس کو رسوا کرکے رکھ دے، اور کون ہے وہ جو جھوٹا ہے، تم بھی انتظار کرو اور میں بھی تمہارے ساتھ چشم براہ ہوں

۹۴۔ اور (آخرکار) جب آپہنچا ہمارا حکم تو ہم نے بچالیا شعیب کو اور ان سب کو جو ایمان لائے تھے ان کے ساتھ اپنی خاص رحمت سے، اور آپ کڑا ان لوگوں کو جو اڑے ہوئے تھے اپنے ظلم پر، ایک ایسی ہولناک آواز نے جس سے وہ اوندھے پڑے رہ گئے اپنے گھروں میں (اور ان کا ایسا صفایا ہوگیا)

۹۵۔ گویا کہ وہ ان میں کبھی رہے بسے ہی نہیں تھے، سن لو! دوری (اور پھٹکار) ہوئی مدین والوں کے لئے جیسا کہ دوری (اور پھٹکار) ہوئی تھی ثمود کے لئے،

۹۶۔ اور بلاشبہ ہم ہی نے بھیجا موسیٰ کو اپنی نشانیوں اور کھلی سند کے ساتھ،

۹۷۔ فرعون اور اس کے سرداروں کی طرف، مگر ان لوگوں نے (اس کے باوجود) فرعون ہی کے حکم کی پیروی کی، حالانکہ فرعون کا حکم راستی کا نہ تھا،

۹۸۔ قیامت کے روز وہ آگے آگے ہوگا اپنی قوم کے، یہاں تک کہ وہ ان کو اتار کر چھوڑے گا دوزخ میں، بڑا ہی برا ہے وہ گھاٹ جس پر اتارا گیا ہوگا ان لوگوں کو

۹۹. اور پیچھے لگا دی گئی ان کے لعنت اس (دنیاوی زندگی) میں بھی، اور قیامت کے دن بھی، بڑا ہی برا ہے وہ انعام جو دیا گیا ان (بدبختوں) کو

۱۰۰. یہ کچھ حالات ہیں ان ان بستیوں کے جو ہم سناتے ہیں آپ کو (اے پیغمبر!) ان میں سے کچھ تو اب تک کھڑی ہیں، اور کچھ کی فصل کٹ چکی ہے،

۱۰۱. اور ہم نے ان پر کوئی ظلم نہیں کیا تھا مگر وہ لوگ خود ہی ظلم کر رہے تھے اپنی جانوں پر، سوان کے کچھ بھی کام نہ آسکے ان کے وہ (خود ساختہ اور من گھڑت) معبود، جن کو یہ لوگ (پوجا اور) پکارا کرتے تھے اللہ کے سوا، جب کہ آپہنچا حکم تمہارے رب کا، اور انہوں نے ان کے لئے کچھ اضافہ نہ کیا سوائے ہلاکت و بربادی کے،

۱۰۲. اور ایسی ہی ہوتی ہے پکڑ تمہارے رب کی جب کہ وہ پکڑتا ہے بستیوں کو، ان کے ظلم پر یقیناً اس کی پکڑ بڑی ہی دردناک نہایت ہی سخت ہوتی ہے،

۱۰۳. بلاشبہ اس میں بڑی بھاری نشانی ہے ہر اس شخص کے لئے جو ڈرتا ہے آخرت کے عذاب سے، یہ وہ ہولناک دن ہوگا، جس میں جمع کیا جائے گا سب لوگوں کو اور یہ وہ دن ہوگا جس میں پیشی ہوگی ہر کسی کی،

۱۰۴. اور اس کو ہم موٴخر نہیں کر رہے مگر ایک گنی چنی مدت کے لئے،

۱۰۵. جس دن وہ آپہنچے تو کوئی بات بھی نہیں کر سکے گا، مگر اس کے اذن سے، پھر کچھ لوگ بدبخت ہوں گے، اور کچھ نیک بخت ہوں گے

۱۰۶. سو جو بدبخت ہوں گے وہ دوزخ میں پڑے چلاتے اور دھاڑیں مار رہے ہوں گے،

۱۰۷۔ ان کو اس میں ہمیشہ رہنا ہوگا جب تک کہ آسمان وزمین قائم ہیں مگر یہ کہ تمہارا رب ہی کچھ اور چاہے، بیشک تمہارا رب جو چاہے کر ڈالنے والا ہے،

۱۰۸۔ رہے وہ لوگ جو نیک بخت نکلیں گے تو وہ (خوش نصیب) جنت میں ہوں گے۔ جس میں وہ ہمیشہ رہیں گے جب تک کہ زمین اور آسمان قائم ہیں مگر یہ کہ تمہارا رب ہی کچھ اور چاہے (کہ اسے ہر چیز کا پورا اختیار ہے) ایک ایسی عظیم الشان بخشش کے طور پر، جو کبھی ختم نہ ہوگی

۱۰۹۔ پس تم کسی شک میں نہیں رہنا ان چیزوں کے بارے میں جن کی پوجا یہ لوگ کر رہے ہیں، یہ تو بس (لکیر کے فقیر بنے) ویسے ہی ان کی پوجا پاٹ کئے جا رہے ہیں جس طرح کہ ان کے باپ دادا کرتے چلے آئے ہیں اس سے پہلے، اور یقیناً ہم ان کو پورا پورا دیں گے ان کا حصہ بغیر کسی کاٹ کسر کے

۱۱۰۔ اور بلاشبہ ہم (اسی طرح اس سے پہلے) موسیٰ کو بھی دے چکے ہیں وہ کتاب سو اس میں بھی اختلاف کیا گیا، اور اگر پہلے سے طے نہ ہو چکی ہوتی ایک بات تمہارے رب کی طرف سے تو یقیناً ان کے درمیان فیصلہ کبھی کا چکا دیا گیا ہوتا اور بیشک یہ لوگ اس (کتاب مبین کے انکار کی وجہ) سے ایک بڑے ہی خلجان انگیز شک میں پڑے ہیں،

۱۱۱۔ اور اس (حقیقت) میں بھی کوئی شک نہیں کہ یہ جتنے بھی ہیں تمہارا رب ان میں سے ایک ایک کو ان کے اعمال کا پورا پورا بدلہ دے کر رہے گا کہ وہ یقینی طور پر ان کی ان تمام حرکتوں سے جو یہ لوگ کر رہے ہیں پوری طرح باخبر ہے،

۱۱۲. پس آپ ثابت قدم رہیں جس طرح کہ آپ کو حکم ہوا ہے (آپ بھی) اور آپ کے وہ سب ساتھی بھی جو پلٹ آئے ہیں (کفر و بغاوت سے ایمان و اطاعت کی طرف) اور تم لوگ حد سے نہ بڑھنا کہ جو بھی کچھ تم کر رہے ہو (اے لوگو!) بیشک وہ اس پر پوری طرح نگاہ رکھے ہوئے ہے

۱۱۳. اور کبھی جھکنا نہیں تم (اے ایمان والو!) ان لوگوں کی طرف جو اڑے ہوئے ہیں اپنے (کفر و باطل اور) ظلم پر، کہ پھر آپ کڑے تم کو دوزخ کی آگ اور اس وقت اللہ کے سوا تمہارا کوئی حمایتی ہوگا اور نہ ہی تمہیں کہیں سے کوئی مدد پہنچ سکے گی،

۱۱۴. اور قائم رکھو تم نماز کو، دن کے دونوں سروں پر بھی، اور رات کے کچھ حصوں میں بھی، بیشک نیکیاں لے جاتی ہیں برائیوں کو، یہ ایک بڑی نصیحت ہے ماننے والوں کے لئے،

۱۱۵. پر آپ صبر ہی سے کام لیتے رہو، بیشک اللہ کبھی ضائع نہیں کرتا اجر نیکوکاروں کا،

۱۱۶. پھر کیوں نہ ہوئے ان قوموں میں جو گزر چکی ہیں تم سے پہلے ایسے اہل خیر، جو روکتے (لوگوں کو) فساد پھیلانے سے زمین میں، بجز ان تھوڑے سے لوگوں کے ان میں سے جن کو ہم نے بچا لیا (عذاب سے) اور وہ لوگ ظلم پر کمر بستہ تھے وہ پیچھے لگ رہے اپنی انہی عیش پرستیوں کے جن کا سامان ان کو فراوانی کے ساتھ دیا گیا تھا، اور وہ جرائم پیشہ ہی رہے

۱۱۷. اور تمہارا رب ہرگز ایسا نہیں کہ یونہی تباہ کر دے بستیوں کو ناحق طور پر، جب کہ ان کے باشندے اصلاح میں لگے ہوں،

۱۱۸. اور اگر تمہارا رب چاہتا تو (جبرا) سب لوگوں کو ایک ہی امت بنا دیتا (مگر اس نے بتقاضائے حکمت وابتلاء ایسا نہیں کیا) اور اب یہ ہمیشہ اختلاف ہی میں رہیں گے

۱۱۹. مگر جن پر رحم فرما دے تمہارا رب (کہ وہی بے راہ روی سے بچ سکیں گے) اور اللہ نے تو ان کو پیدا ہی اسی (آزادی انتخاب و اختیار) کے لئے کیا ہے، اور پوری ہو گئی ہو گی تمہارے رب کی یہ بات کہ میں ضرور بالضرور بھر کے رہوں گا دوزخ کو جنوں اور انسانوں سب سے،

۱۲۰. اور یہ جو بھی قصے ہم آپ کو سناتے ہیں (اے پیغمبر!) رسولوں کے حالات میں سے، یہ وہ کچھ ہے جس سے ہم مضبوط کرتے ہیں آپ کے دل کو، اور آ گیا آپ کے پاس ان کے ضمن میں حق (اور حقیقت کا علم) اور ایک عظیم الشان نصیحت اور یاد دہانی ایمانداروں کے لئے،

۱۲۱. اور کہہ دو ان لوگوں سے جو ایمان نہیں لاتے (اس سب کے باوجود) کہ تم لوگ کام کرتے رہو اپنے طریقے پر، ہم کام کئے جا رہے ہیں اپنے طریقے پر،

۱۲۲. اور تم بھی انتظار کرو (نتیجہ وانجام کا) ہم بھی منتظر ہیں،

۱۲۳. اور اللہ ہی کے لئے ہیں سب غیب آسمانوں کے بھی اور زمین کے بھی، اور اسی کی طرف لوٹایا جاتا ہے معاملہ سب کا سب، پس تم بندگی بھی اسی کی کرو، اور بھروسہ بھی اسی پر رکھو، اور تمہارا رب کچھ بے خبر نہیں ان کاموں سے جو تم لوگ کر رہے ہو۔

***

۱۲۔ یوسف

بِسۡمِ اللّٰہِ الرَّحۡمٰنِ الرَّحِیۡمِ

اللہ کے نام سے جو رحمان ورحیم ہے

۱. الف لام را۔ یہ آیتیں ہیں کھول کر بیان کرنے والی اس (عظیم الشان) کتاب کی

۲. بیشک ہم ہی نے اتارا ہے اس کو عربی زبان کے عظیم الشان قرآن کی صورت میں، تاکہ تم لوگ اس کو اچھی طرح سمجھ سکو

۳. (اے اہل عرب) ہم آپ کے سامنے (اے پیغمبر!) ایک بڑا ہی عمدہ قصہ بیان کرتے ہیں اس قرآن (عظیم کے ذریعے جو کہ ہم نے بذریعہ وحی آپ کی طرف بھیجا ہے، ورنہ آپ تو اس سے پہلے یقینی طور پر اس سے بالکل (ناواقف) بے خبر تھے،

۴. (اس قصے کا اصل آغاز اس وقت سے ہوتا ہے کہ) جب یوسف نے اپنے باپ سے کہا، ابا جان میں نے خواب دیکھا کہ گیارہ ستارے ہیں اور سورج اور چاند بھی، میں دیکھتا ہوں کہ یہ سب میرے لئے سجدہ ریز ہیں،

۵. انہوں نے فرمایا بیٹے، اپنا یہ خواب اپنے بھائیوں کو نہ سنانا کہ اس پر وہ تمہارے خلاف کوئی چال چلنے لگیں، کہ شیطان تو قطعی طور پر انسان کا کھلا دشمن ہے،

۶.	اور اسی طرح (جس طرح کہ تم نے یہ خواب دیکھا ہے) تمہارا رب تمہیں برگزیدہ بنائے گا (دوسرے کئی خصائص و مزایا کے ذریعے) اور وہ تمہیں سکھلائے گا باتوں کی تہ تک پہنچنا، اور وہ پورا فرمائے گا اپنی نعمت کو تم پر، اور آل یعقوب پر، جیسا کہ وہ اس کو پورا فرما چکا ہے اس سے پہلے تمہارے دونوں باپ دادا ابراہیم اور اسحاق پر، بیشک تمہارا رب سب کچھ جانتا بڑا ہی حکمت والا ہے

۷.	واقعی یوسف اور ان کے بھائیوں (کے قصہ) میں بڑی نشانیاں ہیں پوچھنے والوں کے لئے،

۸.	جب کہ برادران یوسف نے (آپس میں) کہا کہ یوسف اور اس کا بھائی یقینی طور پر ہمارے باپ کو ہم سے زیادہ پیارے ہیں، حالانکہ ہم ایک جتھے کا جتھا ہیں، یقیناً ہمارا باپ کھلی غلطی پر ہے،

۹.	لہٰذا قتل کر دو تم یوسف کو، یا ڈال دو اس کو کسی (دور افتادہ) زمین میں تاکہ اس کے بعد باپ کی ساری توجہ تمہاری طرف ہو جائے، اور تمہارے سب کام بن جائیں،

۱۰.	اس پر ان میں سے ایک کہنے والے نے کہا کہ یوسف کو قتل تو نہ کرو، البتہ اگر تمہیں ضرور کچھ کرنا ہی ہے تو اسے کسی اندھے کنوئیں میں ڈال دو کہ کوئی راہ چلتا قافلہ اس کو لے جائے،

۱۱.	سو (اس قرارداد کے بعد) انہوں نے اپنے باپ سے کہا کہ ابا جان، کیا بات ہے کہ آپ یوسف کے بارے میں ہم پر بھروسہ نہیں کرتے، حالانکہ ہم اس کے پکے خیر خواہ ہیں،

۱۲. کل اسے ہمارے ساتھ بھیج دیجئے کہ وہ بھی جنگل کے میوے کھائے پیئے، اور (وہاں کھلی فضا میں) کچھ کھیل کود لے، اور ہم اس کی پوری پوری حفاظت کریں گے،

۱۳. یعقوب نے فرمایا تمہارا اس کو لے جانا ہی مجھے شاق گزارتا ہے، اور مجھے اس بات کا اندیشہ بھی ہے کہ اس کو وہاں پھاڑ کھائے کوئی بھیڑیا جب کہ تم اس سے لاپرواہ ہوؤ۔

۱۴. انہوں نے کہا کہ اگر ہمارے ہوتے ہوئے اسے کوئی بھیڑیا پھاڑ کھائے جب کہ ہم ایک پورا جتھا ہیں تب تو یقیناً ہم کسی کام کے نہ ہوئے،

۱۵. آخر کار جب وہ اسے لے گئے اور انہوں نے یہ طے کر لیا کہ اس کو ڈال دیں کسی اندھے کنویں میں، (اور بالآخر انہوں نے اس کو اس میں ڈال بھی دیا) تو ہم نے وحی کی یوسف کی طرف (ان کی تسلی کے لئے کہ گھبراؤ نہیں) کہ ایک وقت آئے گا کہ جب تم ان کو جتلاؤ گے ان کی یہ حرکت، اور ان کو خیال (وگمان) بھی نہ ہوگا، (کہ یہ یوسف ہے)

۱۶. اور (یہ کرتوت کرنے کے بعد) شام کو وہ آئے اپنے باپ کے پاس روتے (اور چیختے چلاتے) ہوئے،

۱۷. کہنے لگے ابا جان ہم آپس میں دوڑ کا مقابلہ کرنے لگے، اور یوسف کو اپنے سامان کے پاس چھوڑ دیا کہ اتنے میں ایک بھیڑئیے نے آکر ان کو کھالیا، مگر آپ تو ہماری بات کا یقین نہیں کریں گے اگرچہ ہم سچے ہی ہوں

۱۸. اور وہ اس کی قمیض پر جھوٹ موٹ کا خون بھی لگا کر لے آئے یہ سن کر یعقوب نے فرمایا (قصہ یہ نہیں) بلکہ اصل بات یہ ہے کہ تمہارے نفسوں نے تمہارے لئے ایک

بات بنالی ہے پس میں صبر جمیل ہی سے کام لوں گا، اور ان باتوں پر اللہ ہی سے مدد مانگتا ہوں، جو تم بنا رہے ہو

١٩. ادھر ایک قافلہ (مصر کو جاتے ہوئے وہاں) آ نکلا، انہوں نے اپنا آدمی پانی لانے کے لئے بھیجا، اس نے کنویں میں ڈول جو ڈالا تو (اس کے ساتھ یوسف جیسے ماہ جبین کے باہر نکل آنے پر وہ خوشی سے) بے ساختہ پکار اٹھا کہ اے خوشخبری یہاں تو ایک عظیم الشان لڑکا نکل آیا، اور ان لوگوں نے اس کو چھپا لیا ایک (نہایت عمدہ) مال تجارت کے طور پر، اور اللہ خوب جانتا تھا وہ سب کچھ جو کہ وہ کر رہے تھے،

٢٠. اور آخر کار انہوں نے بیچ دیا اس (ماہ جبین) کو ایک تھوڑی سی قیمت، یعنی گنتی کے کچھ روپوں کے بدلے، اور اس کے بارے میں وہ تھے ہی بے رغبت

٢١. اور مصر کے جس شخص نے ان کو خریدا، اس نے اپنی بیوی سے کہا کہ اس کو اچھی طرح سے رکھنا، ہو سکتا ہے کہ یہ ہمیں کام آئے، یا ہم اس کو اپنا بیٹا ہی بنا لیں، اور اس طرح ہم نے یوسف کے لئے اس سرزمین (مصر) میں قدم جمانے کی صورت بھی نکال دی (تاکہ وہاں رہ کر وہ آداب حکمرانی بھی سیکھے) اور تاکہ ہم اس کو باتوں کی تہ تک جانے کا علم بھی عطا کریں، اور اللہ بہرحال کر کے رہتا ہے اپنا کام، لیکن اکثر لوگ جانتے ہیں،

٢٢. اور جب پہنچ گیا وہ اپنی (جوانی کی) بھرپور قوتوں کو، تو ہم نے اس کو حکم بخشا، اور ایک خاص علم سے بھی نوازا، اور ہم اسی طرح بدلہ دیتے ہیں نیکو کاروں کو۔

۲۳۔ (وہ کوئی بھی ہوں اور کہیں بھی ہوں،) اور (اسی دوران آزمائش کا ایک اور مرحلہ پیش آ گیا کہ) یوسف جس عورت کے گھر میں رہتے تھے وہی آپ کو پھسلانے پر اتر آئی، اور (ایک مرتبہ تو) اس نے سب دروازے بند کر کے (آپ سے صاف) کہہ دیا کہ جلدی آ جاؤ (میری مراد پوری کرنے کے لئے) یوسف نے کہا خدا کی پناہ، وہ میرا رب ہے اس نے مجھے کیسی منزلت بخشی، (تو پھر میں یہ ظلم کیسے کر سکتا ہوں؟) بیشک فلاح نہیں پا سکتے ایسے ظالم،

۲۴۔ اور یقیناً پوری طرح ٹھان لی تھی اس عورت نے یوسف کو پھانسنے کی، اور آپ بھی اس کا ارادہ کر لیتے (اور اس کے جال میں پھنس جاتے) اگر آپ نے نہ دیکھی ہوتی برہان اپنے رب کی، اسی طرح (کیا ہم نے) تاکہ ہم اس سے پھیر دیں برائی اور بے حیائی (کی) آلائشوں کو، بیشک وہ ہمارے چنے ہوئے بندوں میں سے تھا،

۲۵۔ اور وہ دونوں ایک دوسرے سے آگے نکلنے کو دوڑ پڑے دروازے کی طرف، اور اس عورت نے پھاڑ دیا یوسف کا کرتہ پیچھے سے، اور (یکایک) ان دونوں نے دروازے کے پاس موجود پایا اس عورت کے شوہر کو، (جس پر وہ پلٹ کر فوراً!) بولی کہ کیا سزا ہو سکتی ہے، اس شخص کی جو آپ کے گھر والوں کے ساتھ برائی کا ارادہ کرے، سوائے اس کے کہ اس کو قید میں ڈال دیا جائے یا اسے کوئی درد ناک سزا دی جائے؟

۲۶۔ یوسف نے کہا (نہیں بلکہ حقیقت یہ ہے کہ) خود اس نے مجھے پھانسنے کی کوشش کی، ادھر (عین اسی موقع پر) اس عورت کے خاندان میں سے ایک گواہ نے (ایک بڑی

معقول)، گواہی پیش کر دی، کہ اگر یوسف کا کرتہ آگے سے پھٹا ہوا ہے تو یہ عورت سچی ہے، اور وہ جھوٹے ہیں،

۲۷. اور اگر ان کا کرتہ پیچھے سے پھٹا ہوا ہے تو (یہ اس بات کی نشانی ہوگی کہ) یہ جھوٹی ہے اور وہ سچے،

۲۸. چنانچہ جب اس کے شوہر نے دیکھا کہ یوسف کا کرتہ پیچھے سے پھٹا ہوا ہے، تو اس نے (اپنی بیوی کو مخاطب کرتے ہوئے) کہا کہ بیشک یہ تم عورتوں ہی کی فریب کاری کا ایک حصہ ہے، واقعی تمہاری فریب کاریاں بڑے غضب کی ہوتی ہیں،

۲۹. (اور اس شخص نے حضرت یوسف سے کہا کہ) درگزر کرو تم اے یوسف، اب اس معاملے سے، اور تم معافی مانگو اپنے گناہ کی (اے عورت!) کہ یقیناً تو بڑی خطا کار (عورت) ہے،

۳۰. اور شہر کی عورتوں نے یہ چرچا (کرنا شروع) کر دیا کہ عزیز کی بیوی اپنے غلام پر لٹو ہو گئی ہے، اس کی محبت اس کے دل میں گھر کر گئی ہے، ہمارے نزدیک تو وہ واقعی کھلی غلطی میں پڑی ہوئی ہے،

۳۱. عزیز مصر کی بیوی نے جب ان عورتوں کی یہ بدگوئی سنی، تو اس نے ان کو (اپنے یہاں آنے کا) بلاوا بھیجا، اور ان کے لئے ایک مجلس آراستہ کی اور (ان کے پہنچ جانے کے بعد پھل وغیرہ کاٹنے کے لئے) اس نے ان میں سے ہر ایک کو ایک ایک چھری بھی دے دی، اور (عین اس وقت یوسف سے) کہا کہ ذرا ان کے سامنے تو نکل آؤ، پس جونہی انہوں

نے آپ کو دیکھا تو وہ سب کے سب ششدر رہ گئیں، اور انہوں نے کاٹ ڈالا اپنے ہاتھوں کو، اور وہ (بے ساختہ) پکار اٹھیں کہ حاشا اللہ، یہ انسان نہیں، یہ تو کوئی بڑا بزرگ فرشتہ ہے،

۳۲. عزیز کی بیوی نے کہا کہ بس یہی ہے وہ شخص جس کے بارے میں تم مجھے برا بھلا کہتی رہی ہو، اور بیشک میں نے اس سے اپنا مطلب حاصل کرنے کی کوشش کی، مگر یہ بچ نکلا، اور اگر اس نے میرا کہنا نہ مانا تو اسے ضرور بالضرور جیل جانا ہوگا، اور یہ ذلیل و خوار ہو کر رہے گا،

۳۳. (یوسف نے اپنے رب کے حضور) عرض کیا اے میرے رب، مجھے جیل جانا زیادہ محبوب ہے، بہ نسبت اس کام کے، جس کی طرف یہ عورتیں مجھے بلا رہی ہیں، اور اگر تو نے دور نہ فرمایا مجھ سے ان کے مکر (و فریب کے اس جال) کو، تو میں مائل ہو جاؤں گا ان کی طرف، اور شامل ہو بیٹھوں گا جاہلوں میں،

۳۴. پس قبول فرما لیا آپ کے رب نے آپ کی اس دعاء کو، اور دور فرما دیا آپ سے ان کے مکر (و فریب کے اس جال) کو، بلاشبہ وہی ہے ہر کسی کی سنتا سب کچھ جانتا،

۳۵. (یوسف کی پاک دامنی اور ان عورتوں کی فریب کاریوں کا) مختلف نشانیاں دیکھ لینے کے بعد بھی، ان لوگوں کو یہی سوجھی کہ وہ جیل میں ڈال دیں اس (پتلۂ عفت و پاکدامنی) کو، ایک مدت تک کے لئے،

۳۶. اور جیل میں ان کے ساتھ دو اور جوان بھی داخل ہو گئے ان میں سے ایک نے (ایک دن حضرت یوسف سے) کہا کہ میں نے خواب میں دیکھا ہے کہ میں شراب کشید کر رہا

ہوں اور دوسرے نے کہا کہ میں دیکھتا ہوں کہ میں نے اپنے سر پر روٹیاں اٹھا رکھی ہیں، اور پرندے ان سے (نوچ نوچ کر) کھا رہے ہیں، آپ ہمیں اس کی تعبیر بتلا دیجئے، بیشک ہم آپ کو نیکو کاروں میں سے دیکھتے ہیں،

۳۷. یوسف نے فرمایا ابھی تمہارے پاس تمہارا وہی کھانا بھی نہیں آنے پائے گا جو تمہیں یہاں ملا کرتا ہے، کہ میں تمہیں اس سے پہلے ہی اس کی حقیقت بتلائے دیتا ہوں، یہ ان علوم (و معارف) میں سے ہے جو سکھائے ہیں مجھے میرے رب نے (اپنی رحمت و عنایت سے) بیشک میں نے (شروع سے ہی) چھوڑ رکھا ہے دین (و مذہب) ان لوگوں کا جو ایمان نہیں رکھتے، اللہ (وحدہٗ لاشریک) پر، اور وہ منکر ہیں آخرت (کے عقیدہ صافیہ) کے،

۳۸. اور (کفر و شرک اور ظلم و بغاوت کے ان طریقوں کے برعکس) میں نے ہمیشہ پیروی کی اپنے باپ دادا ابراہیم، اسحاق اور یعقوب کے (پیش کردہ سچے) دین (و مذہب) کی ہمیں کسی بھی طرح یہ بات جائز نہیں کہ ہم شریک ٹھہرائیں اللہ کے ساتھ کسی چیز کو، یہ (توحید کا عقیدہ رکھنا اور شرک سے بچنا) اللہ کا فضل ہے ہم پر اور سب لوگوں پر (کہ دنیا و آخرت کی فوز و فلاح اسی میں ہے) لیکن اکثر لوگ شکر نہیں کرتے (اس عظیم الشان نعمت کا)

۳۹. جیل کے میرے دونوں ساتھیو! (تم ہی بتاؤ کہ) کیا کئی مختلف معبود بہتر ہیں، یا ایک اللہ؟ جو یکتا اور سب پر غالب ہے؟

۴۰. اس کے سوا جن کی بھی پوجا تم لوگ کرتے ہو، وہ محض کچھ ایسے نام ہیں جن کو گھڑ لیا خود تم لوگوں نے، اور تمہارے باپ دادوں نے (اور بس) اللہ نے نہیں اتاری ان کے لئے کسی بھی طرح کی کوئی سند، فرمانروائی کا حق تو صرف اللہ ہی کے لئے ہے، اس نے حکم فرمایا ہے کہ تم لوگ عبادت (و بندگی) نہیں کرو، مگر اسی (وحدہٗ لاشریک) کی، یہی ہے سیدھا راستہ، لیکن اکثر لوگ جانتے نہیں،

۴۱. (اب رہ گئی تمہارے خواب کی تعبیر تو) جیل کے میرے دونوں ساتھیو! (سنو، وہ اس طرح ہے کہ) تم میں سے ایک شخص تو (رہا ہو کر) اپنے آقا کو (حسب سابق) شراب پلائے گا، اور جو دوسرا ہے تو اسے (بہر حال) سولی پر چڑھا دیا جائے گا، پھر پرندے (نوچ نوچ کر) کھائیں اس کے سر سے، فیصلہ چکا دیا گیا اس معاملے کا جس کے بارے میں تم دونوں مجھ سے پوچھ رہے تھے

۴۲. اور ان دونوں میں سے اس شخص سے جس کے بارے میں یوسف نے یہ گمان کیا تھا کہ وہ رہا ہو جائے گا، یہ کہا کہ اپنے آقا کے سامنے میرا ذکر بھی کر دینا، مگر شیطان نے اس کو اپنے آقا سے یوسف کا ذکر کرنا ایسا بھلایا کہ یوسف کو مزید کئی سال جیل میں رہنا پڑا

۴۳. ادھر (ایک روز) بادشاہ نے (اپنے درباریوں سے) کہا کہ میں خواب میں دیکھتا ہوں کہ سات گائیں ہیں موٹی، جن کو کھا رہی ہیں سات دبلی گائیں، اور سات بالیں ہیں ہری بھری، اور دوسری (سات) سوکھی (سڑی) دربار والو! مجھے تعبیر بتاؤ میرے اس (پریشان کن) خواب کی، اگر تم خوابوں کی تعبیر جانتے ہو،

۴۴. انہوں نے کہا (سرکار عالی مقام گھبرانے اور پریشان ہونے کی ضرورت نہیں کہ) یہ تو یونہی پریشان خیالات ہیں، اور ہم ایسے پریشان خیال کی تعبیر نہیں بتا سکتے،

۴۵. اور ان دو قیدیوں میں سے جو رہا ہو گیا تھا، اور اسے ایک مدت کے بعد (یوسف کی وہ بات بھی) یاد آ گئ، اس نے کہا (فکر نہ کرو) میں آپ حضرات کو اس کی تعبیر بتا سکتا ہوں پس آپ مجھے بھیج دو

۴۶. (یوسف کے پاس جیل میں) (چنانچہ اجازت ملنے پر اس نے قید خانے میں پہنچ کر کہا) اے یوسف سراپا صدق (از راہ کرم و عنایت) ہمیں تعبیر بتا دیجئے اس خواب کی کہ سات موٹی گائیں ہیں جو کہ کھا رہی ہیں ساتھ دبلی گائیں، اور سات بالیں ہیں ہری بھری اور دوسری (ساتھ) سوکھی (سڑی، جوان پر لپٹی چڑھی ہیں) تاکہ میں ان لوگوں کے پاس واپس جا کر (ان کو بتا سکوں)، تاکہ وہ جان لیں،

۴۷. یوسف نے (تعبیر کے ساتھ تدبیر بھی بتا دی اور) فرمایا تم لوگ لگا تار سات برس تک کھیتی باڑی کرتے رہو گے، اور اس دوران جو فصل تم کاٹو اس کو اس کی بالوں ہی سے رہنے دینا، سوائے اس تھوڑے سے حصہ کے، جو تم کو کھانے کے لیۓ درکار ہو

۴۸. پھر اس کے بعد سات برس ایسے سختی (اور قحط) کے آئیں گے، جو کھا جائیں گے اس سب غلے کو جو کہ تم نے ان کے لیۓ جمع کر رکھا ہو گا، سوائے اس تھوڑے سے حصے کہ، جو کہ تم لوگوں نے محفوظ کر رکھا ہو گا،

۴۹. پھر اس کے بعد ایک سال ایسا آئے گا کہ اس میں ان لوگوں کے لئے خوب بارش برسے گی، اور اس میں یہ لوگ خوب رس نچوڑیں گے،

۵۰. اور بادشاہ نے (یہ تعبیر سنتے ہی) کہا کہ اس شخص کو (فوراً) میرے پاس لے آؤ، مگر جب اس کا قاصد یوسف کے پاس پہنچا، تو آپ نے فرمایا کہ تم واپس جاؤ اپنے مالک کے پاس، اور اس سے پوچھو کہ کیا معاملہ ہے ان عورتوں کا جنہوں نے کاٹ ڈالا تھا اپنے ہاتھوں کو، (تاکہ لوگوں کے سامنے اصل حقیقت کھل جائے ورنہ) میرا رب تو یقیناً ان کی مکاری کو خوب جانتا ہے

۵۱. (اس پر) بادشاہ نے (ان عورتوں سے دریافت کرنے کے لئے) کہا کہ کیا معاملہ ہے تمہارا اے (ہماری اعلیٰ سوسائٹی کی) عورتو! جب کہ تم نے یوسف کو پھسلانے کی کوشش کی تھی، اس پر ان سب نے (ایک زبان ہو کر) کہا حاشا اللہ، ہم نے تو اس میں برائی کا کوئی شائبہ تک نہیں پایا اس موقع پر عزیز کی بیوی بول اٹھی کہ اب تو حق پوری طرح کھل چکا ہے (امر واقعہ یہ ہے کہ) میں نے ہی اس کو پھسلانے کی کوشش کی تھی، ورنہ یہ قطعی طور پر (اور ہر لحاظ سے) سچا ہے،

۵۲. (یوسف نے کہا) یہ سب کچھ (میں نے) اس لئے کیا تاکہ وہ (عزیز) جان لے کہ میں نے اس سے کوئی خیانت (و بددیانتی) نہیں کی اس کی غیر موجودگی میں، اور تاکہ (واضح ہو جائے یہ حقیقت کہ) اللہ چلنے نہیں دیتا خیانت کرنے والوں کی فریب کاریوں کو،

۵۳.	اور میں برات نہیں کرتا اپنے نفس کی کہ یقیناً نفس کا تو کام ہی ہمیشہ برائی پر اکسانا ہے، مگر جس پر رحم فرما دے میرا رب، بیشک میرا رب بڑا ہی بخشنے والا انتہائی مہربان ہے۔

۵۴.	(یہ سن کر) بادشاہ نے کہا کہ ان کو میرے پاس لے آؤ، تاکہ میں ان کو خالص اپنے لیے (مقرر) کرلوں، پھر جب بادشاہ نے آپ سے بات چیت کی، تو اس نے کہا کہ اب آپ ہمارے یہاں بڑے معزز معتمد ہیں،

۵۵.	(پھر جب اس متوقع قحط سے نمٹنے کی بات چلی) تو یوسف نے کہا آپ مجھے ملک کے خزانوں پر مقرر (و مامور) کرلیں، میں پوری پوری حفاظت بھی کروں گا اور میں پوری واقفیت بھی رکھتا ہوں (اس پر اس نے آپ کو پورے اختیارات سونپ دئیے)

۵۶.	اور اس طرح ہم نے یوسف کو اقتدار سے نواز دیا اس سرزمین میں، اس میں آپ جہاں چاہیں رہیں سہیں، ہم اپنی رحمت (و عنایت) سے نوازتے ہیں جس کو چاہتے ہیں اور ہم ضائع نہیں کرتے اجر نیکو کاروں کا،

۵۷.	اور آخرت کا اجر تو یقینی طور پر کہیں بہتر ہے ان لوگوں کے لیے جو (دولت) ایمان رکھتے ہیں، اور وہ تقویٰ (پرہیزگاری) کی زندگی گزارتے ہیں،

۵۸.	اور آ پہنچے یوسف کے بھائی (قحط پڑنے پر کنعان سے مصر، غلہ لینے کی غرض سے) پھر وہ حاضر ہوئے آپ کی خدمت میں، تو یوسف نے تو ان کو (فوراً) پہچان لیا، مگر وہ آپ کو نہ پہچان سکے،

۵۹. اور جب آپ نے ان کا سامان تیار کرا دیا، تو ان سے فرمایا کہ (آئندہ آتے وقت) تم اپنے سوتیلے بھائی کو بھی میرے پاس لیتے آنا، کیا تم دیکھتے نہیں ہو کہ میں کس طرح پیمانہ بھر کر دیتا ہوں، اور میں کیسا اچھا مہمان نواز ہوں

۶۰. اور اگر تم اس کو میرے پاس نہ لائے تو تمہارے لئے نہ تو میرے یہاں کوئی غلہ ہوگا اور نہ ہی تم میرے قریب پھٹکنا،

۶۱. انہوں نے کہا ہم اس کے بارے میں اس کے باپ سے مطالبہ کریں گے اور ہم یہ کام ضرور کریں گے۔

۶۲. ادھر یوسف نے اپنے نوکروں سے یہ بھی کہہ دیا کہ ان کی پونجی (جس کے عوض انہوں نے مال حاصل کیا ہے وہ) بھی ان کے سامان میں واپس رکھ دو، تاکہ یہ اس کو پہچان لیں جب کہ یہ لوٹ کر اپنے گھر واپس پہنچیں، تاکہ (اس سے متاثر ہو کر) یہ پھر آئیں،

۶۳. پھر جب وہ واپس اپنے باپ کے پاس پہنچے تو کہنے لگے، ابا جان (آئندہ کے لئے بنیامین کو اپنے ہمراہ نہ لے جانے کی صورت میں) ہمیں غلہ دینے سے انکار کر دیا گیا، لہذا آپ ہمارے ساتھ ہمارے بھائی (بنیامین) کو بھی بھیج دیجئے تاکہ ہم غلہ لا سکیں، اور ہم اس کی پوری پوری حفاظت کریں گے،

۶۴. باپ نے جواب دیا کیا میں اس کے بارے میں بھی تم پر ویسا ہی اعتماد کر لوں جیسا کہ اس سے پہلے اس کے بھائی کے بارے میں کر چکا ہوں؟ پس اللہ ہی سب سے اچھا نگہبان ہے اور وہی ہے سب سے بڑا مہربان،

۶۵. اور جب انہوں نے کھولا اپنے سامان کو، تو دیکھا کہ ان کی پونجی بھی ان کو واپس لوٹا دی گئی ہے، تو اس پر وہ سب پکار اٹھے ابا جان، ہمیں اور کیا چاہیے، یہ دیکھئے ہماری پونجی بھی ہم کو واپس لوٹا دی گئی ہے، اور (اس کا تقاضا بھی یہی ہے کہ ہم اپنے بھائی کو لے کر دوبارہ جائیں کہ) ہم اپنے گھر والوں کے لئے غلہ بھی لے آئیں گے اپنے بھائی کی حفاظت بھی کریں گے، اور ہمیں ایک اونٹ کا بوجھ زیادہ بھی مل جائے گا، اور یہ بوجھ آسانی سے مل جائے گا،

۶۶. ان کے باپ نے کہا میں اس کو کسی قیمت پر بھی تمہارے ساتھ بھیجنے کے لئے تیار نہیں ہوں مگر صرف اس صورت میں کہ تم اللہ کے نام پر مجھ سے یہ پختہ عہد کرو، کہ تم اسے ضرور واپس لے آؤ گے، مگر یہ کہ (خدانخواستہ) تم سب ہی گھیر لئے جاؤ، پھر جب ان سب نے ان کو اپنا پختہ عہد دے دیا تو یعقوب نے فرمایا اللہ گواہ ہے ان سب باتوں پر جو ہم کہہ رہے ہیں،

۶۷. اور (چلتے وقت) یعقوب نے ان کو (نصیحت کے طور) پر یہ بھی کہہ دیا کہ میرے بیٹو (مصر کے دارالحکومت میں) تم سب ایک ہی دروازے سے اندر داخل نہ ہونا بلکہ مختلف دروازوں سے جانا، (تاکہ نظر بد سے دور رہو، اور یہ بھی محض ایک ظاہری تدبیر ہے ورنہ) میں خدا کے حکم کے مقابلہ میں تمہیں کچھ بھی کام نہیں دے سکتا، حکم تو بس اللہ ہی کا ہے، میرا بھروسہ بھی اسی پر ہے اور اسی پر بھروسہ کرنا چاہیے، سب بھروسہ کرنے والوں کو،

۶۸. چنانچہ جب وہ اپنے باپ کی نصیحت (وہدایت) کے مطابق شہر میں داخل ہو گئے تو (باپ کی بتائی ہوئی) وہ تدبیر ان کے کچھ کام نہ آسکی، سوائے اس کے کہ وہ یعقوب کے دل کی ایک خواہش تھی، جسے انہوں نے پورا کرلیا تھا (اور بس) اور بلاشبہ وہ بڑے علم والے تھے اس تعلیم کی بناء پر جو ہم نے ان کو دی تھی، لیکن اکثر لوگ جانتے نہیں،

۶۹. اور جب یہ لوگ یوسف کے حضور پہنچے تو انہوں نے (ملتے ہی) اپنے بھائی کو اپنے پاس بلالیا (اور چپکے سے) ان کو بتا دیا کہ میں آپ کا بھائی (یوسف) ہوں، پس اب آپ ان باتوں پر غم نہ کھائیں، جو یہ لوگ کرتے رہے ہیں،

۷۰. پھر جب (روانگی کے وقت) یوسف نے ان کا سامان تیار کرایا تو اپنا پیمانہ اپنے بھائی کے سامان میں رکھوا دیا، پھر ایک پکارنے والے نے پکار کر کہا، اے قافلے والو (ٹھہرو) تم لوگ تو بڑے چور ہو،

۷۱. انہوں نے پلٹ کر پوچھا (کیوں صاحب) تمہاری کیا چیز کھو گئی ہے؟

۷۲. سرکاری ملازموں نے کہا، ہمیں بادشاہ کا پیمانہ نہیں مل رہا اور (ان کے کمانڈر نے کہا کہ) جو شخص اسے لا کر دے گا، اسے ایک اونٹ کا بوجھ (بطور انعام) ملے گا، اور میں اس کا ذمہ دار ہوں

۷۳. وہ کہنے لگے، خدا کی قسم آپ سب اچھی طرح جانتے ہیں کہ نہ تو ہم اس ملک میں فساد پھیلانے آئے ہیں، اور نہ ہم چوری کرنے والے لوگ ہیں،

۷۴. انہوں نے پوچھا اچھا تو پھر کیا سزا ہوگی اس کی اگر تم جھوٹے ثابت ہو گئے؟

۷۵. انہوں نے جواب دیا کہ اس کی سزا یہ ہے کہ جس کے سامان سے وہ (مسروقہ سامان) برآمد ہو، خود اسی کو اپنی سزا میں رکھ لیا جائے، ہمارے یہاں تو ایسے ظالموں کو یہی سزا دی جاتی ہے،

۷۶. تب یوسف نے (ان کی تلاشی لینی شروع کی اور) اپنے بھائی کے اسباب سے پہلے ان کے اسباب کی تلاشی شروع کی، آخر میں اسے اپنے بھائی کے اسباب سے برآمد کر لیا، اس طرح ہم نے یہ تدبیر کی یوسف کے لئے، ورنہ آپ ایسے نہ تھے کہ اپنے بھائی کو پکڑتے بادشاہ کے دین میں، مگر یہ کہ اللہ ہی ایسا چاہے، ہم جس کے درجے چاہیں بلند کر دیتے ہیں، مگر یہ کہ اللہ ہی ایسا ہے، اور ہر علم والے سے اوپر ایک علم والا ہے،

۷۷. کہنے لگے اگر اس نے چوری کی تو (یہ کوئی نئی بات نہیں کہ) اس سے پہلے اس کا ایک بھائی بھی چوری کر چکا ہے، پھر بھی یوسف ان کی اس بات کو پی گئے، اور حقیقت ان کے سامنے نہیں کھولی، بس (زیر لب) اتنا کہہ کر رہ گئے کہ تم بڑے ہی برے لوگ ہو، اور اللہ خوب جانتا ہے، اس (الزام کی حقیقت) کو جو تم لوگ (میرے روبرو مجھ پر) لگا رہے ہو،

۷۸. کہنے لگے اے عزیز، اس کا باپ ایک بہت بوڑھا شخص ہے، اس لئے آپ اس کی جگہ ہم میں سے کسی کو رکھ لیجئے، ہم آپ کو بڑا ہی احسان کرنے والا دیکھ رہے ہیں،

۷۹. اس نے جواب دیا اللہ کی پناہ کہ ہم اس کے سوا کسی اور کو پکڑیں، جس کے پاس ہم نے اپنا مال پایا ہے، ایسی صورت میں تو ہم بڑے ہی ظالم قرار پائیں گے،

۸۰. آخر کار جب وہ اس سے بالکل مایوس ہو گئے، تو باہم مشورہ کرنے کے لئے الگ بیٹھ گئے، ان میں سے بڑے نے کہا، کیا تمہیں معلوم نہیں کہ تمہارے باپ نے تم سے (اس کے واپس لانے کا) پختہ عہد لے رکھا ہے، اور اس سے پہلے یوسف کے معاملہ میں جو قصور تم لوگ کر چکے ہو (وہ بھی تم سے کوئی ڈھکا چھپا نہیں) لہذا میں یہاں سے ہرگز واپس نہیں جاؤں گا، یہاں تک کہ میرے والد خود مجھے حکم دیں، یا اللہ ہی میرے حق میں کوئی فیصلہ صادر فرما دے، کہ وہی ہے سب سے بہتر فیصلہ فرمانے والا،

۸۱. تم جا کر اپنے والد سے کہو کہ اے ابا جان، یقین کیجئے کہ آپ کے صاحبزادے نے چوری کی ہے، اور ہم وہی بیان کر رہے ہیں جو ہم نے خود دیکھا ہے اور ہم نہیں تھے غیب کی خبر رکھنے والے،

۸۲. اور (مزید تسلی کے لئے) آپ پوچھ لیجئے اس بستی (کے باشندوں) سے، جس میں ہم تھے اور اس قافلے سے بھی جس میں ہم آئے ہیں، اور بلاشبہ ہم ہر طرح سے سچے ہیں،

۸۳. (یہ سب داستان سن کر) یعقوب نے فرمایا (نہیں) بلکہ (پہلے کی طرح اس مرتبہ بھی) تمہارے نفسوں نے ہی تمہارے لئے ایک اور بات گھڑ لی ہے، میں اس پر بھی صبر جمیل ہی سے کام لوں گا، بعید نہیں کہ اللہ ان سب کو ہی مجھ سے ملا دے، کہ وہی ہے سب کچھ جانتا بڑا ہی حکمتوں والا،

۸۴۔ اور ان سے رخ پھیر کر آپ نے (درد بھرے انداز میں) کہا اے افسوس یوسف پر، اور ان کے غم سے (روتے روتے) آپ کی آنکھیں سفید پڑ گئیں، اور آپ دل ہی دل میں گھٹے جا رہے تھے،

۸۵۔ (یہ دیکھ کر) بیٹوں نے کہا اللہ کی قسم، آپ تو یوسف کو یونہی یاد کرتے رہیں گے، یہاں تک کہ آپ جاں بلب ہو جائیں گے، یا بالکل ہلاک ہی ہو جائیں گے،

۸۶۔ یعقوب نے فرمایا میں تو بس اپنی پریشانی اور غم کی فریاد اپنے اللہ کے حضور ہی کرتا ہوں اور میں اللہ کی طرف سے وہ کچھ جانتا ہوں جس کا علم تمہیں نہیں۔

۸۷۔ میرے بیٹو، جاؤ اور جا کر کھوج لگاؤ (میرے) یوسف اور اس کے بھائی کا، اور مایوس (و ناامید) مت ہو و تم اللہ کی رحمت سے، کہ اللہ کی رحمت سے مایوس اور (ناامید) تو صرف کافر لوگ ہی ہوا کرتے ہیں،

۸۸۔ آخر کار جب وہ (ایک مرتبہ پھر مصر پہنچ کر) یوسف کی خدمت میں حاضر ہوئے، تو عرض کیا، اے عزیز، ہمیں اور ہمارے گھر والوں کو (قحط کی وجہ سے) سخت تکلیف پہنچی ہے، اور (اپنی ناداری کے سبب) ہم یہ حقیر سی پونجی لے کر حاضر ہوئے ہیں، اس لئے آپ ہمیں پورا غلہ عنایت فرما دیں، اور ہمیں خیرات (کے طور پر ہی) دے دیں، بیشک خیرات کرنے والوں کو اللہ اپنی طرف سے بدلہ دیتا ہے۔

۸۹.	(یہ سن کر یوسف سے رہا نہ گیا، اور راز افشاء کرنے کے لیے بے اختیار ہو کر) آپ نے فرمایا وہ بھی تمہیں یاد ہے جو تم نے یوسف اور اس کے بھائی کے ساتھ کیا تھا جب کہ تم جہالت کا شکار تھے،

۹۰.	وہ (چونک کر) بولے ہائیں! کیا آپ واقعی یوسف ہی ہیں؟ فرمایا ہاں، میں یوسف ہوں اور یہ میرا (حقیقی) بھائی ہے، اللہ نے ہم پر بڑا احسان فرمایا حقیقت یہ ہے کہ جو کوئی تقویٰ (و پرہیزگاری) کو اپنائے رکھے اور صبر سے کام لیتا رہے تو یقیناً اللہ ایسے نیکو کاروں کا اجر کبھی ضائع نہیں فرماتا،

۹۱.	وہ (اپنے کیے پر نادم ہو کر) کہنے لگے اللہ کی قسم، اللہ نے آپ کو ہم پر فضیلت بخش دی اور کوئی شک نہیں کہ ہم بڑے ہی خطا کار تھے

۹۲.	فرمایا (بے فکر رہو) اب تم پر کوئی الزام نہیں، اللہ تمہیں معاف فرمائے اور وہی ہے سب سے بڑا مہربان

۹۳.	یہ میرا کرتہ لے جاؤ اور اسے میرے والد کے چہرے پر ڈال دو، اس سے ان کی بینائی لوٹ آئے گی، اور تم لے آؤ میرے پاس اپنے سب گھر والوں کو

۹۴.	اور (اس کے بعد) جب یہ قافلہ (مصر سے) روانہ ہوا تو ان کے باپ نے (کنعان میں) کہا کہ اگر تم لوگ مجھے دیوانہ قرار دینے لگو تو (میں تمہیں بتائے دیتا ہوں) کہ مجھے یوسف کی خوشبو محسوس ہو رہی ہے،

۹۵. انہوں نے کہا اللہ کی قسم، آپ تو ابھی تک اپنے اسی پرانے خبط میں پڑے ہوئے ہیں،

۹۶. پھر جب پہنچ گیا وہ خوشخبری لانے والا اور اس نے (حسب ہدایت) ڈال دیا اس کرتے کو آپ کے چہرے پر، تو (فوراً) لوٹ آئی آپ کی (کھوئی ہوئی) بینائی، اور آپ نے فرمایا کیا میں نے تم سے نہیں کہا تھا کہ میں اللہ کی طرف سے وہ کچھ جانتا ہوں جس کی تمہیں خبر نہیں،

۹۷. (اس پر وہ سب کھسیانے ہو کر) کہنے لگے اے ہمارے ابا جان ہمارے گناہوں کی بخشش کے لئے دعا فرمائیے، واقعی ہم بڑے ہی خطاکار تھے،

۹۸. آپ نے فرمایا میں عنقریب ہی تمہارے لئے اپنے رب سے معافی کی درخواست کروں گا، بیشک وہی ہے جو سب سے بڑا بخشنے والا، انتہائی مہربان ہے،

۹۹. پھر جب یہ سب لوگ یوسف کے پاس پہنچ گئے تو انہوں نے اپنے والدین کو اپنے ساتھ بٹھا لیا اور (ضروری بات چیت سے فراغت کے بعد سب سے) کہہ دیا کہ داخل ہو جاؤ آپ سب مصر میں انشاء اللہ سب امن و امان میں رہو گے

۱۰۰. اور (مصر میں داخلے کے بعد) یوسف نے اپنے والدین کو تخت پر اونچا بٹھایا، اور وہ سب کے سب (بے اختیار) آپ کے آگے سجدے میں گر پڑے، تو اس پر آپ نے کہا ابا جان یہ ہے تعبیر میرے اس خواب کی جو میں نے پہلے دیکھا تھا، میرے رب نے اسے سچ کر دکھایا، اور اس نے بڑا احسان فرمایا مجھ پر کہ مجھے جیل سے نکالا، اور (مزید کرم یہ فرمایا کہ)

آپ سب کو گاؤں سے (نکال کر میرے پاس یہاں) پہنچا دیا اس کے بعد کہ شیطان نے میرے اور میرے بھائیوں کے درمیان (ایسا) فساد ڈلوا دیا تھا (کہ عمر بھر ملنے کی توقع نہ تھی)، واقعی میرا رب جو بھی کچھ کرنا چاہتا ہے اس کے لئے بڑی لطیف تدبیر فرماتا ہے، بلا شبہ وہی ہے سب کچھ جانتا، بڑا ہی حکمت والا

۱۰۱. (پھر یوسف نے مالک حقیقی کی طرف متوجہ ہو کر عرض کیا) اے میرے رب، تو نے ہی مجھے حکومت بخشی اور مجھے باتوں کی تہہ تک پہنچنا سکھایا، آسمانوں اور زمین کے بنانے والے، تو ہی میرا کارساز ہے دنیا میں بھی اور آخرت میں بھی (پس دنیا کی طرح میری آخرت بھی بنا دے کہ جب دنیا سے اٹھائے تو) میرا خاتمہ اسلام پر فرما، اور مجھے خاص نیک بندوں کے ساتھ شامل فرما دے،

۱۰۲. (اے پیغمبر) یہ غیب کی کچھ خبریں ہیں جو ہم آپ کو بذریعہ وحی بتاتے ہیں، ورنہ آپ ان (برادران یوسف) کے پاس اس وقت موجود نہیں تھے، جب کہ وہ آپس میں اتفاق کر کے سازش پکا رہے تھے،

۱۰۳. اور آپ خواہ کتنا ہی چاہیں لوگوں کی اکثریت ایمان لانے والی نہیں،

۱۰۴. اور آپ (تبلیغ حق کے) اس کام پر ان لوگوں سے کسی بھی طرح کا کوئی اجر نہیں مانگتے، یہ تو محض ایک ایسی عظیم الشان نصیحت ہے جو سارے جہانوں کے بھلے کے لئے (بھیجی گئی) ہے

۱۰۵۔ اور آسمانوں اور زمین میں کتنی ہی نشانیاں ہیں جن پر ان لوگوں کا گزر ہوتا رہتا ہے، مگر یہ ان کے بارے میں کوئی غور نہیں کرتے،

۱۰۶۔ اور اس سب کے باوجود اکثر لوگ خدا کو مانتے بھی ہیں تو بھی شرک کرتے ہوئے

۱۰۷۔ تو کیا پھر بھی یہ لوگ نڈر (دبے خوف) ہو گئے اس بات سے کہ آدبوچے ان کو اللہ کے عذاب سے کوئی ایسی ہولناک آفت جو چھا جائے ان سب پر (ہر طرف سے)، یا آپہنچے ان پر قیامت کی وہ گھڑی، ایسی اچانک کہ ان کو خبر تک نہ ہو،

۱۰۸۔ کہہ دو (ان سے اے پیغمبر) کہ یہ ہے میرا راستہ، میں بلاتا ہوں اللہ کی طرف، (روشنی اور) بصیرت پر قائم ہوں میں بھی، اور وہ سب بھی جنہوں نے میری پیروی کی، اور پاک ہے اللہ (ہر نقص و عیب اور ہر شائبہ شرک سے)، اور میرا کوئی لگاؤ نہیں مشرکوں سے

۱۰۹۔ اور نہیں بھیجا ہم نے آپ سے پہلے (اے پیغمبر!) کسی کو بھی رسول بنا کر بجز مردوں کے، ان بستیوں کے باشندوں میں سے، تو کیا چلے پھرے نہیں یہ لوگ (عبرتوں بھری) اس زمین میں، تاکہ یہ دیکھ لیتے کہ کیسے ہوا انجام ان لوگوں کا، جو گزر چکے ہیں ان سے پہلے، اور آخرت کا (وہ عظیم الشان اور بے مثال) گھر تو یقیناً کہیں بہتر ہے ان لوگوں کے لیے جنہوں نے (زندگی بھر) اپنائے رکھا تقویٰ (و پرہیزگاری) کو، تو کیا تم لوگ عقل سے کام نہیں لیتے،

۱۱۰۔ (ان لوگوں کو بھی بڑی بڑی مہلتیں دی گئیں) یہاں تک کہ جب مایوس ہونے لگے ان کے پیغمبر، اور یہ لوگ گمان کرنے لگے کہ ان سے جھوٹ کہا گیا تھا، تو (یکایک) آپہنچی

ان کو ہماری مدد، پھر بچا لیا گیا (عذاب سے) جس کو ہم نے چاہا، اور ٹالا نہیں جا سکتا ہمارا عذاب ایسے مجرم لوگوں سے،

۱۱۱. بلاشبہ ان (پہلی امتوں) کے قصوں میں بڑا سامان عبرت ہے، عقل خالص رکھنے والوں کے لئے یہ (قرآن) کوئی ایسا کلام نہیں، جسے خود گھڑ لیا جائے بلکہ یہ تو عین تصدیق ہے ان (آسمانی) کتابوں کی، جو اس سے پہلے آ چکی ہیں، اور اس میں (ضرورت کی) ہر چیز کی تفصیل ہے اور یہ سراسر ہدایت اور عین رحمت ہے ان لوگوں کے لئے جو ایمان رکھتے ہیں۔

***

۱۳۔ الرعد

بِسمِ اللّٰہِ الرَّحمٰنِ الرَّحِیمِ

اللہ کے نام سے جو رحمان و رحیم ہے

۱. ا۔ ل۔ م۔ ر۔ یہ آیتیں ہیں اس عظیم الشان کتاب کی اور (یہ ایک حقیقت ہے کہ) جو کچھ اتارا گیا آپ کی طرف (اے پیغمبر) آپ کے رب کی جانب سے وہ سراسر حق ہے لیکن اکثر لوگ (پھر بھی) ایمان نہیں لاتے۔

۲. اللہ ہی ہے جس نے اٹھایا ان (وسیع و عریض) آسمانوں کو بغیر ایسے ستونوں کے جن کو تم لوگ دیکھ سکو، پھر وہ (اپنی اس کائنات پر حکمرانی کے لئے) جلوہ فرما ہوا عرش پر، اور اس نے (اپنی بے پایاں قدرت اور لامحدود رحمت و عنایت سے) کام میں لگا دیا سورج اور چاند (کے ان عظیم الشان کروں کو، (اپنی مخلوق کے بھلے کے لئے اس طور پر کہ ان میں سے) ہر ایک چل رہا ہے ایک مقرر وقت کے لئے، وہی تدبیر فرماتا ہے ہر کام کی وہ کھول کر بیان کرتا ہے اپنی آیتوں کو تاکہ تم لوگ اپنے رب کی ملاقات کا یقین کر سکو۔

۳. اور وہی ہے جس نے بچھا دیا زمین (کے اس عظیم الشان کرے) کو، اور رکھ دیے اس میں (پہاڑوں کے) عظیم الشان لنگر، اور چلا دیے اس میں طرح طرح کے دریا، اور پیدا کر دیے اس میں ہر قسم کے پھلوں کے جوڑے اور وہی ہے جو ڈھانک دیتا ہے رات کو دن پر، بیشک اس سب میں بڑی بھاری نشانیاں ہیں ان لوگوں کے لئے جو غور و فکر سے کام لیتے ہیں،

۴. اور (اسی طرح یہ بھی قابل غور و فکر ہے کہ) اس زمین میں قسما قسم کے ٹکڑے ہیں ایک دوسرے سے ملے ہوئے اور باغات انگوروں کے اور قسما قسم کی کھیتیاں، اور طرح طرح کی کھجوروں کے درخت جن میں سے کچھ کھڑے ہوتے ہیں اور کچھ دوہرے اور جڑواں، سب

کوایک ہی پانی سے سیراب کیا جاتا ہے مگر (اس کے باوجود) ہم ان میں سے بعض کو بعض پر فوقیت دے دیتے ہیں مزے میں بیشک ان سب چیزوں میں بھی بڑی نشانیاں ہیں ان لوگوں کے لئے جو عقل سے کام لیتے ہیں

۵. اور اگر آپ تعجب کریں تو (واقعی) تعجب کے قابل ہے ان لوگوں کا یہ کہنا کہ جب ہم مٹی ہو جائیں گے تو کیا واقعی ہم نئے سرے سے پیدا کئے جائیں گے؟ یہ وہ لوگ ہیں جنہوں نے کفر کیا ہے (بے پایاں قدرت و رحمت والے اس) رب کے ساتھ، ان کی گردنوں میں طوق پڑے ہیں، اور یہ یار ہیں دوزخ کے، جہاں ان کو ہمیشہ رہنا ہوگا،

٦. اور یہ لوگ جلدی مچا رہے ہیں آپ سے برائی کے لئے بھلائی سے پہلے، حالانکہ گزر چکی ہیں ان سے پہلے (کے لوگوں میں طرح طرح کے عذابوں کی) عبرتناک مثالیں، اور بیشک تمہارا رب بڑا ہی بخشنے والا ہے لوگوں کو ان کے ظلم پر، اور بیشک تمہارا رب یقینی طور پر عذاب دینے میں بھی بڑا سخت ہے،

۷. اور کہتے ہیں وہ لوگ جو اڑے ہوئے ہیں، اپنے کفر (و باطل) پر، کہ کیوں نہیں اتاری گئی اس شخص پر کوئی نشانی (یعنی ان کی فرمائش کے مطابق)، سوائے اس کے نہیں کہ آپ کا کام تو خبردار کر دینا ہے، اور بس، اور (آپ کوئی انوکھے نبی نہیں ہیں بلکہ) ہر قوم کے لیے ایک راہنما ہوتا چلا آیا ہے،

۸. اللہ خوب جانتا ہے اس حمل کو جو کہ ہر مادہ کو رہتا ہے، اور وہی پوری طرح باخبر ہے اس کمی بیشی سے جو کہ رحموں کے اندر ہوتی رہتی ہے، اور ہر چیز اس کے یہاں ایک خاص اندازہ پر ہے،

۹. وہی ہے (ایک برابر) جاننے والا پوشیدہ اور ظاہر کو، سب سے بڑا نہایت ہی عالی شان،

۱۰. ایک برابر ہے اس کے یہاں تم میں سے ہر وہ شخص جو چپکے سے کوئی بات کرے یا پکار کر کہے اور جو کہیں چھپا ہو رات (کے اندھیروں) میں، یا چل پھر رہا ہو دن (کے اجالے) میں،

۱۱. ہر شخص کی حفاظت کے لئے اس کے آگے پیچھے ایسے فرشتے مقرر ہیں، جن کی بدلی ہوتی رہتی ہے، جو اس کی حفاظت کرتے رہتے ہیں (ہر موذی چیز سے)، اللہ کے حکم سے، بیشک اللہ تعالیٰ کسی قوم کی (نعمت و عافیت) حالت کو نہیں بدلتا جب تک کہ وہ (شکر نعمت اور اعمال کی صالحہ کی) اپنی حالت کو نہ بدل دے، اور جب اللہ کسی قوم پر کوئی شامت لانے کا فیصلہ کرے تو پھر وہ کسی سے ٹالے ٹل نہیں سکتی، نہ ہی ایسے لوگوں کے لئے اللہ کے مقابلے میں کوئی حامی و مددگار ہو سکتا ہے،

۱۲. وہ وہی ہے جو تمہیں دکھاتا ہے (کڑکتی چمکتی) بجلی، جس سے تمہیں (اس کے گرنے کا) خوف بھی لاحق ہوتا ہے اور (باران رحمت کی) امید بھی بندھتی ہے، اور وہی اٹھاتا ہے پانی سے بھرے بادلوں کو،

۱۳. اور اسی کی پاکی بیان کرتی ہے، اس کی تعریف کے ساتھ بادلوں کی گرج بھی، اور سب فرشتے بھی اس کے خوف (اور ہیبت) سے لرزتے ہوئے، اور وہی بھیجتا ہے کڑکتی ہوئی بجلیاں، پھر وہ (جب چاہتا ہے) ان کو جس پر چاہتا ہے گرا دیتا ہے، جبکہ وہ لوگ جھگڑ رہے ہوتے ہیں، اللہ کے بارے میں اور وہ بڑی ہی سخت قوت والا ہے،

۱۴. اسی کو پکارنا برحق ہے، اور جن ہستیوں کو یہ لوگ پکارتے ہیں اس کے سوا وہ ان کے کچھ بھی کام نہیں آ سکتیں، مگر جیسے کوئی اپنے دونوں ہاتھ پانی کی طرف پھیلا دے کہ وہ خود بخود اس کے منہ میں آ جائے، حالانکہ (اس طرح) وہ کبھی بھی اس کے منہ تک پہنچنے والا نہیں، اور کافروں کا پکارنا محض گمراہی میں (اور سراسر اکارت) ہے،

۱۵. اور اللہ ہی کے لئے سجدہ ریز ہے جو کوئی آسمانوں اور زمین میں ہے، خواہ خوشی سے ہو، خواہ مجبوری سے، اور ان کے سائے بھی صبح و شام،

۱۶. کہو کون ہے، رب آسمانوں اور زمین (کی اس حکمتوں بھری کائنات) کا؟ (جواب چونکہ متعین ہے اس لئے خود ہی) کہو کہ وہ اللہ ہی ہے، کہو کیا پھر بھی تم لوگوں نے اس کے سوا ایسوں کو اپنا کارساز ٹھہرا رکھا ہے، جو خود اپنے لئے بھی نہ کسی نفع کا اختیار رکھتے ہیں نہ نقصان کا، کہو، کیا برابر ہو سکتے ہیں اندھا اور آنکھوں والا؟ یا کہیں اندھیرے اور روشنی بھی باہم یکساں ہو سکتے ہیں؟ کیا ان لوگوں نے اللہ کے لئے کچھ ایسے شریک ٹھہرا رکھے ہیں، جنہوں نے اللہ کی تخلیق کی طرح کچھ پیدا کیا ہو؟ کہو اللہ ہی پیدا کرنے والا ہے ہر چیز کا، اور وہی ہے یکتا سب پر غالب

۱۷۔ اس نے اتارا آسمان سے پانی، پھر بہہ نکلیں اس سے مختلف قسم کی ندیاں اور نالے اپنے اپنے ظرف کے مطابق، پھر (اس سے اٹھنے والا) وہ سیلاب اپنے اوپر اٹھا لیتا ہے پھولی ہوئی جھاگ، اور ایسی ہی جھاگ ان چیزوں پر بھی اٹھتی ہے، جن کو لوگ زیور یا دوسرے اسباب بنانے کے لئے آگ پر پگھلاتے ہیں، اللہ اسی طرح (کھول کر) بیان فرماتا ہے حق اور باطل کو، پھر جو جھاگ ہوتی ہے وہ تو یونہی جاتی رہتی ہے، اور ہر چیز لوگوں کے لئے مفید ہوتی ہے وہ ٹھہر جاتی ہے زمین میں، (قدرت کی عنایت و حکمت سے) اسی طرح اللہ بیان فرماتا ہے (قسما قسم کی) مثالیں،

۱۸۔ جن لوگوں نے (صدق دل سے) اپنے رب کا حکم مان لیا ان کے لئے بھلائی ہے، اور جنہوں نے اس کا حکم نہیں مانا، ان کے پاس اگر دنیا بھر کی دولت بھی ہو، اور اس کے ساتھ اتنی ہی دولت اور بھی، تو وہ یقیناً اس سب کو اپنے عذاب کے بدلے میں دینے کو تیار ہو جائیں گے یہ وہ لوگ ہیں جن کے لئے بڑا برا حساب ہے، اور ان سب کا ٹھکانا دوزخ ہے، اور بڑا ہی برا ٹھکانا ہے وہ

۱۹۔ بھلا جو شخص یقین جانتا ہو کہ جو کچھ اتارا گیا آپ کی طرف (اے پیغمبر!) آپ کے رب کی جانب سے، وہ سراسر حق (اور صدق) ہے کیا وہ اس شخص کی طرح ہو سکتا ہے جو (اس حقیقت سے) اندھا ہو؟ نصیحت تو بس وہی لوگ قبول کرتے ہیں جو عقل خالص رکھتے ہیں،

۲۰۔ جو پورا کرتے ہیں اللہ کے عہد کو اور وہ اس کو توڑتے نہیں مضبوط باندھنے کے بعد،

۲۱۔ اور جو برقرار رکھتے ہیں ان روابط کو جن کے برقرار رکھنے کا حکم اللہ نے دیا ہے اور جو ڈرتے رہتے ہیں اپنے رب (کی ناراضگی اور اس کی پکڑ) سے، اور اندیشہ رکھتے ہیں برے حساب کا،

۲۲۔ اور جو صبر (و ضبط) سے کام لیتے ہیں اپنے رب کی رضا جوئی کے لئے اور وہ قائم رکھتے ہیں نماز کو، اور خرچ کرتے ہیں (راہِ حق و صواب میں) ان چیزوں میں سے جو ہم نے ان کو بخشی دی ہیں، پوشیدہ طور پر بھی اور اعلانیہ بھی، اور وہ ٹالتے ہیں برائی کو اچھائی کے ساتھ، ایسے ہی لوگوں کے لئے ہے آخرت کا گھر،

۲۳۔ یعنی ہمیشہ رہنے کی ایسی جنتیں، جن میں یہ خود بھی داخل ہوں گے، اور (ان کے سبب سے) ان کے آباؤ اجداد، ان کی بیویوں، اور ان کی اولادوں، میں سے وہ لوگ بھی جو اس کے لائق ہوں گے، (اگرچہ درجات ان کے باہم مختلف ہوں گے) ان کے پاس فرشتے ہر طرف سے آ رہے ہوں گے،

۲۴۔ (اور وہ ان سے کہہ رہے ہوں گے کہ) سلام ہو تم پر (اے جنت کے باسیو!) اپنے اس صبر کی بناء پر جس سے تم نے (زندگی بھر) کام لیا، پس کیا ہی خوب ہے (تمہارے لئے) آخرت کا یہ گھر،

۲۵۔ اور (اس کے برعکس) توڑ ڈالتے ہیں اللہ کے عہد کو اس کو پختہ باندھنے کے بعد، اور وہ کاٹ ڈالتے ہیں ان رشتوں کو جن کے جوڑے رکھنے کا حکم اللہ نے فرمایا ہے، اور وہ فساد

پھیلاتے ہیں (اللہ کی) زمین میں تو ایسے لوگوں کے لئے لعنت (اور پھٹکار) ہے، اور ان کے لئے بڑا برا گھر ہے،

۲۶. (آخرت میں) اللہ جس کو چاہتا ہے رزق کی فراوانی بخش دیتا ہے۔ اور جسے چاہتا ہے اس کی روزی تنگ کر دیتا ہے، اور یہ لوگ دنیاوی زندگی (اور اس کی متاع حقیر) پر مگن ہیں حالانکہ دنیا کی یہ زندگی (اور اس کا سارا سامان) آخرت کے مقابلے میں ایک متاع (قلیل) کے سوا کچھ بھی نہیں،

۲۷. اور کہتے ہیں یہ لوگ جو اڑے ہوئے ہیں اپنے کفر (و باطل) پر، کہ کیوں نہیں اتاری گئی اس شخص (پیغمبر ﷺ پر کوئی نشانی (یعنی ہماری فرمائش کے مطابق)، کہو کہ بیشک (معاملہ میرے اختیار میں نہیں، بلکہ) اللہ جسے چاہتا ہے ڈال دیتا ہے گمراہی میں، اور وہ (راہِ حق و ہدایت سے نواز دیتا ہے ہر اس شخص کو جو (صدق دل سے) اس کی طرف رجوع کرتا ہے،

۲۸. یعنی ایسے لوگوں کو جو ایمان لائے اور ان کے دلوں کو چین ملتا ہے اللہ (پاک) کے ذکر سے، آگاہ رہو کہ اللہ کے ذکر ہی سے چین ملتا ہے دلوں کو،

۲۹. غرض جو لوگ ایمان لائے اور انہوں نے نیک کام بھی کیئے تو ان کے لئے بڑی خوشخبری بھی ہے، اور عمدہ ٹھکانا بھی،

۳۰. اس طرح ہم نے آپ کو (رسول بنا کر) بھیجا ایک ایسی امت میں جس سے پہلے کئی امتیں گزر چکی ہیں، تاکہ آپ ان لوگوں کو پڑھ کر سنائیں وہ پیغام (حق وہدایت) جو ہم نے بھیجا ہے آپ کی طرف وحی کے ذریعے ایسے حال میں کہ یہ لوگ کفر کرتے ہیں اس

(خدائے) رحمان کے ساتھ (جس کی رحمت کا کوئی کنارہ نہیں) کہو وہی میرا رب ہے اس کے سوا کوئی معبود نہیں میں نے اسی پر بھروسہ کر رکھا ہے اور اسی کی طرف لوٹ کر جانا ہے مجھے

۳۱. اور اگر (ان کی فرمائش کے مطابق) کوئی ایسا قرآن بھی اتار دیا جاتا جس سے چلا دیا جاتا پہاڑوں کو، یا ٹکڑے ٹکڑے کر دیا جاتا زمین کو، اور بولنے لگتے اس سے مردے (تو بھی وہ یہی قرآن ہوتا، سو بات محض معجزے کی نہیں) بلکہ معاملہ سارا اللہ ہی کے اختیار میں ہے، کیا پھر بھی ایمان والوں کو اس (حقیقت کا) یقین نہیں ہوا کہ اگر اللہ کو (خواہ مخواہ کا ایمان ہی) منظور ہوتا تو وہ سب لوگوں کو از خود (جبراً) راہ راست پر لے آتا، اور یہ کافر لوگ ہمیشہ اس حال میں رہیں گے کہ ان کو ان کے اپنے کرتوتوں کی پاداش میں کوئی نہ کوئی آفت پہنچتی ہی رہے گی، (خود ان پر) یا ان کے گھروں کے قریب ہی کہیں نازل ہوتی رہے گی، یہاں تک کہ آ پہنچے گا اللہ (کے آخری عذاب) کا وعدہ، بیشک اللہ خلاف ورزی نہیں کرتا اپنے وعدے کی،

۳۲. اور بلا شبہ آپ سے پہلے بھی بہت سے رسولوں کا مذاق اڑایا جا چکا ہے، مگر میں نے کافروں کو پھر بھی ڈھیل ہی دی، پھر آخر کار میں نے ان کو پکڑا (ان کے اپنے کئے پر) سو (دیکھ لو) کیسا تھا میرا عذاب؟

۳۳. تو کیا وہ ذات جو ہر کسی پر نگاہ رکھے ہوئے ہو اس کی کمائی کی بناء پر (کیا وہ تمہارے یہ بے حقیقت معبود ایک برابر ہو سکتے ہیں؟ نہیں اور ہر گز نہیں) مگر ان لوگوں نے پھر بھی اللہ

کے شریک ٹھہرا رکھے ہیں، (ان سے) کہو کہ ذرا ان کے نام تو لو (کہ وہ ہیں کون؟) کیا تم لوگ اللہ کو وہ بات بتانے چلے ہو جس کو وہ نہیں جانتا (اپنی پیدا کردہ) اس زمین میں؟ یا تم لوگ (بغیر کسی سند و دلیل کے) یونہی جو منہ میں آتا ہے کہہ دیتے ہو؟ (نہیں) بلکہ اصل حقیقت یہ ہے کہ خوشنما بنا دیا گیا کافروں کے لئے ان کی مکاریوں کو، اور روک دیا گیا ان کو راہ (حق و صواب) سے، اور جس کو اللہ ڈال دے گمراہی (کے گڑھے) میں تو اسے کوئی راہ پر نہیں لا سکتا

۳۴. ایسے لوگوں کے لئے دنیا کی زندگی میں بھی ایک عذاب ہے، اور آخرت کا عذاب تو اس سے کہیں زیادہ سخت (اور ہولناک) ہے اور کوئی نہیں جو ان کو اللہ (کے عذاب) سے بچا سکے،

۳۵. شان اس جنت کی جس کا وعدہ پرہیزگاروں سے کیا جا رہا ہے، یہ ہے کہ اس کے نیچے سے بہہ رہی ہوں گی طرح طرح کی (عظیم الشان) نہریں اس کے پھل دائمی ہوں گے، اور اس کا سایہ لازوال، یہ انجام ہو گا ان لوگوں کا جنہوں نے تقویٰ کی زندگی گزاری ہو گی (دنیا کے دار الامتحان میں) اور انجام ان لوگوں کا جنہوں نے (زندگی بھر) کفر کو اپنائے رکھا ہو گا (دوزخ کی ہولناک) آگ ہو گا،

۳۶. اور جن لوگوں کو ہم نے (اس سے پہلے) کتاب ہدایت دی ہے وہ خوش ہو رہے ہیں اس کتاب سے جو آپ کی طرف اتاری گئی ہے (اے پیغمبر!) جب کہ انہی کے مختلف گروہوں میں سے کچھ لوگ ایسے بھی ہیں جو انکار کرتے ہیں اس کے کچھ حصوں کا (ان سے) کہہ

دو کہ مجھے تو بہر حال یہی حکم ہوا ہے کہ میں اللہ کی بندگی کروں اور اس کے ساتھ (کسی بھی طرح کا) کوئی شرک نہ کروں، میں اسی کی طرف بلاتا ہوں اور بلاتا رہوں گا، اور مجھے بہر حال اسی کی طرف لوٹ کر جانا ہے،

۳۷. اور اسی طرح (جس طرح کہ دوسرے پیغمبروں کو خاص خاص زبانوں میں احکام دیے گئے) ہم نے (آپ کی طرف اے پیغمبر!) یہ قرآن اتارا ہے حکم کے طور پر عربی زبان میں، اور اگر کہیں تم نے پیروی کر لی ان لوگوں کی خواہشات کی اس علم کے بعد جو کہ تمہارے پاس آچکا ہے تو اللہ کے یہاں تمہارا نہ کوئی حمایتی ہو گا نہ کوئی بچانے والا۔

۳۸. اور بلاشبہ ہم نے آپ سے پہلے بھی بھیجے (اے پیغمبر!) بہت سے رسول (اپنے اپنے وقتوں میں) ان کو ہم نے بیویوں والا بھی بنایا اور انھیں اولادیں بھی عطا کیں اور کسی پیغمبر کے بس (و اختیار) میں نہیں، کہ وہ از خود کوئی معجزہ لا دکھائے مگر اللہ ہی کے اذن (و حکم) سے، اور ہر دور کے لئے ایک کتاب ہوئی ہے

۳۹. اللہ (سبحان و تعالیٰ) جو چاہتا ہے مٹا دیتا ہے اور (جسے چاہتا ہے) باقی رکھتا ہے اور اسی کے پاس ہے اصل کتاب،

۴۰. اور اگر ہم (اے پیغمبر!) آپ کو اس عذاب کا کچھ حصہ آپ کے جیتے جی ہی دکھلا دیں جس کا وعدہ ہم ان لوگوں سے کر رہے ہیں، یا (اس سے پہلے) آپ کو اٹھا لیں، تو (اس سے کیا فرق پڑتا ہے کہ) آپ کا کام تو صرف پہنچا دینا ہے، اور آگے حساب لینا ہمارا کام ہے،

۴۱. کیا یہ لوگ دیکھتے نہیں کہ ہم ان پر اس زمین کا دائرہ ہر طرف سے تنگ کرتے چلے آ رہے ہیں، اور اللہ ہی ہے جو فیصلہ فرماتا ہے (اس طرح کہ) کوئی اس کے فیصلہ کا پیچھا نہیں کر سکتا، اور وہی ہے بڑا جلد حساب لینے والا،

۴۲. اور (ان کی چال بازیوں سے نہ گھبرانا کہ) یقیناً ان سے پہلے کے لوگ بھی بڑی چالیں چل چکے ہیں، (مگر وہ حق کا کچھ بھی نہ بگاڑ سکے، کہ) سب چالیں (اور ان کی کارگری تو) اللہ ہی کے قبضہ قدرت و اختیار میں ہے، وہی جانتا ہے اس سب کو جو کماتا ہے ہر شخص اور کافر لوگ عنقریب خود ہی جان لیں گے کہ کس کے لئے ہے اچھا انجام اس جہان کا،

۴۳. اور وہ لوگ جو اڑے ہوئے ہیں اپنے کفر پر کہتے ہیں کہ تم خدا کے بھیجے نہیں ہو، (ان سے) کہو کافی ہے اللہ گواہی دینے والا میرے اور تمہارے درمیان، اور ہر وہ (انصاف پسند) شخص جس کے پاس علم ہے کتاب (ہدایت) کا۔

***

۱۴۔ ابراہیم

بِسۡمِ اللّٰہِ الرَّحۡمٰنِ الرَّحِیۡمِ

اللہ کے نام سے جو رحمان و رحیم ہے

۱. الٓر۔ یہ ایک عظیم الشان کتاب ہے جس کو ہم نے اتارا ہے آپ کی طرف (اے پیغمبر!) تاکہ آپ لوگوں کو (تہ در تہ) اندھیروں سے نکال کر روشنی کی طرف لا سکیں، ان کے رب کی توفیق سے یعنی اس خدا کے راستے کی طرف جو سب پر غالب بھی ہے اور اپنی ذات میں آپ ہی محمود بھی،

۲. یعنی اس اللہ کے راستے کی طرف جس کے لیئے وہ سب کچھ ہے جو کہ آسمانوں میں ہے اور وہ سب کچھ بھی جو کہ زمین میں ہے اور کافروں کے لیئے بڑی خرابی ہے ایک بڑے ہی سخت عذاب سے،

۳. ان کے لے جو کہ پسند کرتے ہیں دنیا کی زندگی کو آخرت کے مقابلے میں، اور جو (خود محروم ہونے کے ساتھ ساتھ دوسرے کو بھی) روکتے ہیں اللہ کی راہ سے، اور وہ اس میں کجی تلاش کرتے ہیں، (اپنی اہواء و اغراض کے مطابق) یہ لوگ پڑے ہیں (راہ حق سے) بڑی دور کی گمراہی میں،

۴. اور ہم نے جو بھی کوئی رسول بھیجا وہ اس کی اپنی قوم کی زبان کے ساتھ ہی بھیجا تاکہ وہ کھول کر بیان کرے ان کے لیئے (پیغام حق و ہدایت کو) پھر اللہ جسے چاہتا ہے ڈال دیتا ہے گمراہی میں، اور جسے چاہتا ہے نواز دیتا ہے (نور حق و) ہدایت سے، اور وہی ہے غالب، اور نہایت ہی حکمت والا۔

۵. اور بلاشبہ (اس سے پہلے) موسیٰ کو بھی ہم بھیج چکے ہیں (رسول بنا کر) اپنی آیتوں کے ساتھ، کہ نکال لاؤ اپنی قوم کو اندھیروں سے روشنی کی طرف، اور (یہ کہ) انھیں یاد دلاؤ اللہ کے (وہ عہد ساز) دن (جن میں بڑے عبرت انگیز واقعات رونما ہوئے) بیشک اس میں بڑی نشانیاں ہیں ہر اس شخص کے لیۓ جو ہمیشہ (زندگی بھر) صبر اور شکر ہی سے کام لینے والا ہو،

٦. اور (وہ وقت بھی یاد کرو کہ) جب موسیٰ نے اپنی قوم سے کہا کہ یاد کرو تم لوگ اللہ تعالیٰ کے ان احسانات کو جو اس نے فرمائے ہیں تم پر، جب کہ اس نے تم کو نجات دی فرعون والوں (کے ظلم و ستم) سے، جو کہ چکھا رہے تھے تم کو طرح طرح کے برے عذاب، اور وہ چن چن کر ذبح کر رہے تھے تمہارے بیٹوں کو، اور زندہ رکھتے تھے تمہاری عورتوں کو، اور اس میں بڑی بھاری آزمائش تھی تمہارے پروردگار کی طرف سے،

۷. اور (وہ بھی یاد کرو کہ) جب تمہارے رب نے تمہیں خبردار کر دیا تھا کہ اگر تم لوگ شکر کرو گے تو میں تمہیں اور زیادہ نوازوں گا، اور اگر تم نے ناشکری کی تو (پھر) میرا عذاب بھی بڑا سخت ہے،

۸. اور موسیٰ نے (اپنی قوم کو) یہ بھی بتا دیا کہ اگر تم نے کفر کیا اور (تم ہی نہیں بلکہ اگر) تمہارے ساتھ روئے زمین کے سب لوگ بھی کفر کر لیں (والعیاذ باللہ العظیم)، تو بیشک (اس میں اللہ تعالیٰ کا ذرہ برابر کوئی نقصان نہیں کہ یقیناً) اللہ بڑا ہی ہے بے نیاز اور اپنی ذات میں آپ محمود ہے،

۹. کیا تمہیں (اے منکرو!) نہیں پہنچے حالات ان لوگوں کے جو گزر چکے ہیں تم سے پہلے؟ یعنی قوم نوح، عاد، ثمود اور ان کے جو ان سے بھی پہلے گزر چکے ہیں، جن (کی صحیح تعداد اور پورے حالات) کو کوئی نہیں جانتا سوائے اللہ کے، ان کے پاس آئے ان کے رسول کھلی کھلی نشانیاں لے کر، مگر انہوں نے اپنے ہاتھ دے دیے ان کے مونہوں میں، اور صاف کہہ دیا کہ ہم اس دین کو کسی طور پر بھی ماننے کے لئے تیار نہیں جس کے ساتھ تم کو بھیجا گیا ہے، اور بلاشبہ ہم اس چیز کے بارے میں ایک بڑے ہی خلجان آمیز شک میں پڑے ہوئے ہیں، جس کی طرف تم ہمیں بلاتے ہو،

۱۰. ان کے رسولوں نے ان سے کہا کہ کیا تمہیں شک ہے اس اللہ کے بارے میں جو پیدا کرنے والا ہے آسمانوں اور زمین (کی اس عظیم الشان کائنات) کا؟ اور وہ تمہیں بلاتا بھی اس لئے ہے کہ تاکہ بخشش فرما دے تمہارے گناہوں کی اور تمہیں مہلت سے نواز دے ایک مقررہ مدت تک؟ ان لوگوں نے (بطور تعجب داستکار) کہا کہ تم تو ہم ہی جیسے بشر (اور انسان) ہو (پھر تمہیں ہم نبی کیسے مان لیں)، تم تو دراصل ہمیں روکنا چاہتے ہو ان چیزوں (کی پوجا پاٹ) سے جن کو پوجتے چلے آئے ہیں ہمارے باپ دادا پس لے آؤ ہمارے پاس کوئی کھلی سند،

۱۱. ان کے رسولوں نے ان کے جواب میں فرمایا کہ بلاشبہ ہم ہیں تو تم ہی جیسے بشر (اور انسان) لیکن (بشریت اور نبوت میں کوئی تضاد نہیں اس لئے) اللہ اپنے بندوں میں سے جس پر چاہتا ہے احسان فرما دیتا ہے، اور ہمارے بس میں نہیں کہ ہم تمہارے پاس کوئی سند

لے آئیں مگر اللہ ہی کے اذن سے، اور اللہ پر بھروسہ کرنا چاہئیے ایمان والوں کو (ہر حال میں)،

۱۲. اور ہم کیوں اللہ پر بھروسہ نہ کریں جب کہ اسی نے ہمیں (دارین کی سعادتوں کی) راہیں سمجھا دیں، اور ہم ضرور صبر (و برداشت) ہی سے کام لیتے رہیں گے ان ایذاؤں پر جو تم لوگ ہمیں پہنچا رہے ہو، اور اللہ پر بھروسہ کرنا چاہیے (ہر حال میں)، بھروسہ کرنے والوں کو،

۱۳. مگر (اس سب کے باوجود) ان کافروں نے اپنے رسولوں کو آخری جواب یہی دیا کہ یا تو تمہیں ہمارے مذہب میں واپس آنا ہوگا، یا ہم تمہیں نکال باہر کریں گے اپنی سرزمین سے، تب ان کے رب نے ان پر وحی بھیج (کر انھیں تسلی) دی کہ (یہ بے چارے تمہیں کیا نکالیں گے) ہم ضرور بالضرور ان ظالموں کو ہلاک کر (کے ان کا تیا پانچا کر) دیں گے

۱۴. اور اس سرزمین میں ان کے بعد ہم تم ہی کو آباد کر دیں گے یہ (وعدہ اور انعام) ہر اس شخص کے لئے ہے جو ڈرتا ہو میرے حضور جواب دہی سے اور جو ڈرتا ہو میری وعید سے،

۱۵. انہوں نے فیصلہ چاہا تھا اور (وہ ہو گیا کہ) ناکام و نامراد ہو گیا ہر بڑا سرکش ضدی

۱۶. اس (دنیوی عذاب) کے آگے اس کے لئے جہنم ہے جہاں سے پیپ لہو (کا پانی) پینے کو دیا جائے گا

۱۷. جسے وہ گھونٹ گھونٹ کر کے (مجبوراً) پیئے گا، اور وہ ایسا نہیں ہو گا کہ آسان سے اتر جائے اور اسے ہر طرف سے موت آتی دکھائی دے رہی ہو گی، پر وہ مرنے بھی نہ پائے گا، اور اس کے آگے ایک بڑا سخت عذاب ہو گا۔

۱۸. مثال ان لوگوں (کے حال ومال) کی جنہوں نے کفر کیا اپنے رب (مہربان) کے ساتھ، ایسے ہے جیسا کہ راکھ کا ایک ڈھیر ہو جسے اڑا کر رکھ دیا ہو تیز ہوا نے، جھکڑ کے ایک دن میں (اسی طرح) یہ لوگ کچھ بھی پھل نہ پا سکیں گے اپنے زندگی بھر کے کئے کرائے کا یہی ہے گمراہی دور کی

۱۹. تم دیکھتے نہیں کہ اللہ نے (کس طرح) پیدا فرمایا ہے آسمانوں اور زمین (کی اس حکمت بھری کائنات) کو حق کے ساتھ وہ (قادر مطلق) اگر چاہے تو لے جائے تم سب لوگوں کو، اور لا بسائے (تمہاری جگہ) ایک نئی مخلوق کو،

۲۰. اور ایسا کر دینا اللہ کو کچھ بھی مشکل نہیں،

۲۱. اور (قیامت کے روز جب) سب حاضر ہوں گے اللہ کے حضور ایک ساتھ تو اس وقت کمزور (اور تابع) لوگ (حسرت بھرے انداز میں) کہیں گے ان لوگوں سے جو کہ بڑے بنے ہوئے تھے (دنیا میں، کہ وہاں) ہم تمہارے تابع تھے، تو کیا (آج کے اس مشکل وقت میں) تم اللہ کے عذاب سے بچانے کے لئے کچھ بھی ہمارے کام آ سکتے ہو؟ وہ جواب دیں گے کہ اگر اللہ نے (بچنے کی) کوئی راہ ہمیں دکھائی ہوتی تو ہم ضرور تمہیں بھی وہ دکھا دیتے، اب تو ہم سب کے لئے برابر ہے کہ خواہ ہم چیخیں چلائیں، یا صبر کریں، ہمارے بچنے کی بہر حال اب کوئی صورت نہیں،

۲۲. اور جب فیصلہ چکا دیا جائے گا تو شیطان (اپنے پیروکاروں سے صاف کہے گا کہ بیشک اللہ نے تم سے وعدہ کیا تھا بالکل سچا وعدہ اور میں نے تم سے جو (طرح طرح) کے وعدے کئے

تھے ان میں میں نے تم لوگوں سے قطعی طور پر جھوٹ بولا تھا، مگر میرا تم پر کسی طرح کا کوئی زور نہیں تھا، سوائے اس کے کہ میں نے تمہیں بلایا، اور تم نے (برضا و رغبت) میری بات مان لی، لہذا اب تم مجھے ملامت نہ کرو، بلکہ خود اپنے آپ ہی کو ملامت کرو، نہ میں تمہاری کوئی فریادرسی کر سکتا ہوں اور نہ تم میری، میں خود تمہارے اس کردار بد کا قطعی طور پر منکر ہوں کہ تم نے اس سے قبل مجھے (خدا کی خدائی میں) شریک بنائے رکھا تھا، بیشک ایسے ظالموں کے لئے ایک بڑا ہی دردناک عذاب ہے،

۲۳. اور (اس کے برعکس) داخل کر دیا گیا ہوگا ان لوگوں کو جو (صدقِ دل سے) ایمان لائے ہوں گے، اور انہوں نے کام بھی نیک کئے ہوں گے، ایسی عظیم الشان جنتوں میں جن کے نیچے سے بہہ رہی ہوں گی طرح طرح کی نہریں، جہاں ان کو ہمیشہ رہنا نصیب ہوگا، اپنے رب (رحیم و کریم) کے حکم سے، وہاں ان کے ملتے وقت کی باہمی دعا سلام ہوگی،

۲۴. کیا تم نے دیکھا نہیں کہ اللہ نے کیسی عظیم الشان مثال، بیان فرمائی کلمہ طیبہ کی، کہ وہ ایک ایسے پاکیزہ درخت کی مانند ہے جس کی جڑ زمین میں جمی ہوئی ہو، اور اس کی شاخیں آسماں میں پہنچی ہوئی ہوں،

۲۵. اور وہ ہر وقت پھل دیتا ہو اپنے رب کے حکم سے، اور اللہ (ایسے ہی عظیم الشان) مثالیں بیان فرماتا ہے لوگوں (کی فہمائش) کے لئے، تاکہ وہ سبق لیں،

۲۶. اور مثال کلمہ خبیثہ کی ایک ایسے خبیث درخت کی سی ہے جسے زمین کے اوپر سے ہی اکھاڑ پھینکا گیا ہو، اس کے لئے کچھ بھی ٹھہراؤ نہ ہو،

۲۷. اللہ ثبات (و قرار) سے نوازتا ہے ایمان والوں کو، قول ثابت کی بناء پر دنیا کی اس (عارضی) زندگی میں بھی، اور آخرت (کے اس ابدی جہاں) میں بھی، اور اللہ (جل شانہ) گمراہی (کے گڑھے) میں ڈال دیتا ہے ظالموں کو، اور اللہ (سبحانہ، و تعالیٰ) کرتا ہے جو چاہتا ہے،

۲۸. کیا تم نے ان لوگوں کو نہیں دیکھا جنہوں نے بدل دیا اللہ کی نعمت کو کفر (و ناشکری) سے، اور انہوں نے اتار دیا اپنی قوم کو ہلاکت (وتباہی) کے گھر میں

۲۹. یعنی جہنم میں، جس میں داخل ہونا ہوگا ان سب کو، اور بڑا ہی برا ٹھکانا ہے وہ،

۳۰. اور (بیان اس کا یہ ہے کہ) ان لوگوں نے ٹھہرا لئے اللہ کے لئے طرح طرح کے شریک، تاکہ (اس طرح یہ دوسرے لوگوں کو بھی) بھکا کر ہٹا دیں اللہ کی راہ سے، (ان سے) کہو کہ اچھا تم لوگ کچھ مزے اڑا لو (پر یاد رکھو کہ) آخرکار تمہیں جانا بہر حال (دوزخ کی) اس (ہولناک) آگ ہی کی طرف ہے،

۳۱. اور کہو میرے ان خاص بندوں سے جو کہ (سچے دل سے) ایمان لائے ہیں کہ وہ قائم کریں نماز کو، اور خرچ کریں اس میں سے جو کہ ہم نے دیا ہے ان کو، پوشیدہ طور پر بھی، اور کھلم کھلا بھی قبل اس سے کہ آپہنچے وہ ہولناک دن جس میں نہ کوئی خرید و فروخت ہوگی، اور نہ ہی کوئی دوست نوازی،

۳۲. اللہ وہی تو ہے جس نے پیدا فرمایا آسمانوں اور زمین (کی اس عظیم کائنات) کو اور اس نے اتارا آسمان سے پانی (ایک نہایت ہی پُر حکمت نظام کے تحت) پھر اس نے نکالیں

اس (پانی) کے ذریعے طرح طرح کی پیداواریں، تمہاری روزی کے لئے، اور اسی نے تمہارے لئے کام میں لگا دیا ان کشتیوں (اور طرح طرح کے بحری جہازوں) کو، تاکہ وہ چلیں سمندر میں اس کے حکم سے اور اسی نے تمہارے لئے کام میں لگا دیا ان طرح طرح کے دریاؤں کو

۳۳۔ اور اسی نے تمہارے لئے کام میں لگا دیا سورج اور چاند (کے ان دو عظیم الشان کروں) کو، جو کہ لگا تار چلے جا رہے ہیں اور اسی نے کام میں لگا دیا تمہارے بھلے کے لئے رات اور دن (کے اس عظیم الشان نظام) کو

۳۴۔ اور اس نے عطا فرمایا تم کو ہر اس چیز میں سے جس کا تم نے اس سے سوال کیا اور اگر تم گننے لگو اللہ کی نعمتوں کو تو کبھی بھی گن کر پورا نہیں کر سکو گے (پھر اس قدر نعمتوں پر بھی اس کی ناشکری؟) واقعی انسان بڑا ہی بے انصاف، نہایت ناشکرا ہے،

۳۵۔ اور (وہ وقت بھی یاد کرنے کے لائق ہے) جب ابراہیم نے (اپنے رب کے حضور) عرض کیا اے میرے پروردگار، بنا دے تو اس شہر کو امن کا گہوارہ اور بچائے رکھنا مجھے بھی اور میری اولاد کو بھی بت پرستی (کی نجاست و لعنت) سے،

۳۶۔ میرے مالک ان بتوں نے بہتوں کو گمراہی میں ڈال دیا ہے پس جو کوئی میرے طریقے پر چلا وہ تو میرا ہے، اور جس نے میرے خلاف طریقہ اختیار کیا تو (اس کا معاملہ تیرے حوالے ہے کہ) تو ہی بڑا بخشنے والا، نہایت ہی مہربان،

۳۷. میرے پروردگار! (حالات کی ناسازگاری کے باوجود) میں نے لا بسایا اپنی کچھ اولاد کو، ایک ایسی وادی میں جس میں کوئی کھیتی (باڑی) نہیں تیرے حرمت والے گھر کے پاس، ہمارے پروردگار، (یہ اس لئے کیا کہ) تاکہ یہ نماز قائم کریں پس تو (اے میرے مالک اپنے کرم و عنایت سے) ایسا ایسا پھیر دے ان کی طرف کچھ لوگوں کے دلوں کو کہ وہ ان کے گرویدہ ہو جائیں، اور ان کو روزی عطا فرما طرح طرح کی پیداواروں سے تاکہ شکر ادا کریں

۳۸. ہمارے پروردگار! تو (ایک برابر) جانتا ہے وہ سب کچھ جو کہ ہم چھپا کر کرتے ہیں اور وہ سب کچھ جو کہ ہم دکھا کر کرتے ہیں اور کوئی چیز چھپی نہیں رہ سکتی اللہ پر، نہ زمین (کی پستیوں) میں، اور نہ آسمانوں (کی بلندیوں) میں

۳۹. تمام تعریفیں اس اللہ ہی کو سزاوار ہیں جس نے مجھے بڑھاپے میں عطا فرمائے اسماعیل اور اسحاق (جیسے بیٹے) بیشک میرا رب بڑا ہی سننے والا ہے (ہر کسی کی) دعا کو،

۴۰. میرے پروردگار، مجھے بنا دے قائم رکھنے والا نماز کا، اور میری اولاد میں سے بھی (کچھ ایسے لوگ پیدا فرما) جو یہ کام کریں) ہمارے پروردگار اور قبول فرما لے میری دعا کو

۴۱. اے ہمارے رب بخشش فرما دے میری بھی، اور میرے والدین کی بھی، اور سب ایمان والوں کی بھی، اس دن جب کہ حساب قائم ہوگا،

۴۲. اور کبھی تم غافل (و بے خبر) نہ سمجھنا اللہ کو (اے مخاطب!) ان کاموں سے جو ظالم لوگ کر رہے ہیں، وہ تو محض ان کو ڈھیل دے رہا ہے، ایک ایسے ہولناک دن کے لئے جس میں پھٹی کی پھٹی رہ جائیں گی ان کی نگاہیں

۴۳. وہ سر اٹھائے ایسے بے تحاشا دوڑے چلے جا رہے ہوں گے، کہ ان کی نگاہیں ان کی طرف لوٹ کر بھی نہ آ سکیں گی اور ان کے دل اڑے جا رہے ہوں گے

۴۴. اور خبر دار کرتے رہو تم لوگوں کو اس (ہولناک) دن سے جب کہ آ پہنچے گا ان پر وہ عذاب، پھر وہ لوگ جو (زندگی بھر) اڑے رہے ہوں گے ظلم پر، (سراپا عجز و نیاز بن کر) کہیں گے، کہ اے ہمارے رب ہمیں تھوڑی مہلت اور دے دے، تاکہ ہم قبول کر لیں تیری دعوت کو، اور ہم پیروی کریں (تیرے بھیجے ہوئے) رسولوں کی (مگر انھیں جواب ملے گا کہ) کیا تم وہی لوگ نہیں ہو جو اس سے پہلے قسمیں کھا کھا کر کہا کرتے تھے کہ تمہیں (اس دنیا اور اس کے مزوں سے) ہٹ کر کہیں جانا ہی نہیں،

۴۵. حالانکہ تم انھی لوگوں کی جگہوں (اور بستیوں) میں رہتے بستے تھے جنہوں نے (اپنی زندگیوں میں) ظلم اٹھائے تھے خود اپنی جانوں پر، اور تمہارے سامنے اچھی طرح واضح ہو گیا تھا کہ ہم نے کیا سلوک کیا ان کے ساتھ اور ہم نے بیان کر دی تھی تمہارے لئے طرح طرح کی (عبرتناک) مثالیں

۴۶. ان لوگوں نے پورے زور سے چلیں اپنی چالیں (حق اور اہل حق کے خلاف) اور اللہ ہی کے پاس تھیں ان کی چالیں اور (ان کا جواب اور توڑ، ورنہ) ان کی چالیں تو (واقعتاً) ایسی تھیں کہ ان سے پہاڑ بھی اپنی جگہ سے ٹل جائیں،

۴۷. پس تم (اے مخاطب!) اللہ کے بارے میں کبھی یہ گمان بھی نہ کرنا کہ وہ اپنے ان وعدوں کی خلاف ورزی کرنے والا ہے، جو اس نے اپنے رسولوں سے فرمائے ہیں، بیشک اللہ بڑا ہی زبردست پورا بدلہ لینے والا ہے،

۴۸. جس روز کہ بدل دیا جائے گا، اس زمین کو ایک دوسری زمین سے، اور ان آسمانوں کو بھی اور سب لوگ نکل کھڑے ہوں گے (اپنے کئے کا بدلہ پانے کے لئے)، اس اللہ کے سامنے جو کہ یکتا اور سب پر غالب ہے،

۴۹. اس روز تم مجرموں کو دیکھو گے کہ وہ (نہایت بری طرح) جکڑے ہوئے ہوں گے (ہولناک) بیڑیوں میں

۵۰. ان کے لباس تار کول کے ہوں گے، اور آگ کے شعلے چھائے جا رہے ہوں گے ان کے چہروں پر

۵۱. (یہ سب کچھ اس لئے ہو گا کہ) تاکہ اللہ پورا بدلہ دے ہر کسی کو اس کے (زندگی بھر کے) کئے (کرائے) کا، بیشک اللہ بڑا ہی جلد حساب لینے والا ہے،

۵۲. ایک عظیم الشان پیغام ہے سب لوگوں کے لئے (تاکہ وہ اس پر ایمان لائیں) اور تاکہ اس کے ذریعہ ان کو خبردار کر دیا جائے (ان کے مآل و انجام سے) اور تاکہ وہ یقین جان لیں کہ معبود برحق وہی ایک ہے۔

***

١٥۔ الحجر

بِسمِ اللّٰہِ الرَّحمٰنِ الرَّحِیم

اللہ کے نام سے جو رحمان و رحیم ہے

١. الر۔ یہ آیتیں ہیں اس کتاب الٰہی کی اور کھول کر بیان کر دینے والے عظیم الشان قرآن کی۔

٢. جب کافر لوگ رہ رہ کر پچھتائیں گے، کہ کاش ہم مسلمان ہوتے،

٣. چھوڑ دو ان کو ان کے حال پر، کہ کھاتے پیتے اور عیش کرتے رہیں، اور بھلاوے میں ڈالے رکھیں ان کو ان کی جھوٹی آرزوئیں (اور امیدیں)، عنقریب ان کو (سب کچھ) خود ہی معلوم ہو جائے گا،

٤. اور جس بستی کو بھی ہم نے ہلاک (اور برباد) کیا اس کے لئے ایک مقررہ وقت رہا ہے لکھا ہوا،

٥. کوئی بھی قوم نہ تو اپنے مقرر وقت سے پہلے ہلاک ہوئی ہے اور نہ ہی اس سے پیچھے رہ سکی ہے،

۶. اور کہتے ہیں یہ لوگ (اللہ کے رسول سے) کہ اے وہ شخص جس پر اتارا گیا ہے یہ ذکر، تو تو پرلے درجے کا دیوانہ ہے،

۷. کیوں نہیں لے آتا تو ہمارے پاس فرشتوں کو اگر واقعی تو سچا ہے (اپنے دعووں میں)

۸۔ (حالانکہ ہمارا دستور یہ ہے کہ) ہم فرشتوں کو نہیں اتارتے مگر حق کے ساتھ، اور اس وقت ایسے منکروں کو کوئی مہلت بھی نہیں ملتی،

۹. اور بلاشبہ ہم ہی نے اتارا ہے اس ذکر (قرآن حکیم) کو، اور بلاشبہ ہم خود ہی اس کے (محافظ و) نگہبان بھی ہیں،

۱۰. اور بلاشبہ ہم آپ سے پہلے بھی (اے پیغمبر!) بہت سی اگلی امتوں میں رسول بھیج چکے ہیں،

۱۱. ان کے پاس بھی کوئی رسول ایسا نہیں آیا جس کا انہوں نے مذاق نہ اڑایا ہو، (پس آپ ان کی تکذیب سے غمزدہ وافسردہ نہ ہوں)،

۱۲. اسی طرح اتار دیتے ہیں ہم اس (تکذیب واستہزاء) کو مجرموں کے دلوں میں

۱۳. یہ اس پر ایمان نہیں لاتے، اور یہی طریقہ (و دستور) رہا ہے پہلے لوگوں کا،

۱۴. اور (ان کے عناد اور ہٹ دھرمی کا عالم یہ ہے کہ) اگر ہم ان پر آسمان میں کوئی دروازہ بھی کھول دیں، پھر یہ اس سے خود اوپر چڑھنے بھی لگ جائیں گے

۱۵.   تب بھی یہ (ماننے کی بجائے الٹا) یوں کہنے لگیں گے کہ ہماری تو نظر بندی کر دی گئی ہے، بلکہ ہم لوگوں پر تو بالکل جادو ہی کر دیا گیا ہے،

۱۶.   اور بلاشبہ ہم ہی نے رکھ دیئے آسمان میں عظیم الشان برج، اور ہم ہی نے ان کو مزین کر دیا دیکھنے والوں کے لئے

۱۷.   اور ہم ہی نے ان کی حفاظت کا سامان کیا ہر شیطان مردود (کی دست درازی) سے،

۱۸.   مگر یہ کوئی چوری چھپے کچھ سن ون لے، تو اس کا پیچھا کرتا ہے ایک شعلہ روشن،

۱۹.   اور زمین (کے اس عظیم الشان کرے) کو بھی ہم ہی نے (بچھایا) پھیلایا (اپنے کمال قدرت و حکمت سے) اور ہم ہی نے ڈال دیئے اس میں (پہاڑوں کے) عظیم الشان لنگر، اور اگائی ہم نے اس میں ہر چیز نپی تلی مقدار کے مطابق،

۲۰.   اور ہم ہی نے رکھ دیئے اس میں طرح طرح کے سامان زیست، تمہارے لئے بھی اور ان سب کے لئے بھی جن کے روزی رساں (ظاہری طور پر بھی) تم نہیں ہو،

۲۱.   اور کوئی چیز ایسی نہیں جس کے ہمارے پاس (خزانوں کے) خزانے نہ ہوں اور جس چیز کو بھی ہم اتارتے ہیں ایک مقرر مقدار ہی میں اتارتے ہیں،

۲۲.   اور ہم ہی بھیجتے ہیں ہواؤں کو بار آور بنا کر، پھر ہم ہی اتارتے ہیں آسمان سے پانی (ایک نہایت ہی پُر حکمت نظام کے تحت)، سو (اس طرح اپنی رحمت و عنایت سے) ہم

تمہاری سیرابی کا سامان کرتے ہیں، ورنہ تم ایسے نہیں کہ (اپنے طور پر اس طرح) اس کو سٹور کر سکو،

۲۳. اور بلاشبہ یہ بھی ایک قطعی حقیقت ہے کہ زندگی بھی ہم ہی بخشتے ہیں اور موت بھی ہمارے ہی قبضہ میں ہے، اور ہم ہی ہیں سب کے وارث

۲۴. اور بلاشبہ ہم خوب جانتے ہیں تم میں سے آگے بڑھنے والوں کو بھی، اور ہم خوب جانتے ہیں پیچھے رہنے والوں کو بھی،

۲۵. اور بلاشبہ تمہارا رب اکٹھا کر لائے گا ان سب کو (میدان حشر میں) بیشک وہ بڑا ہی حکمت والا، نہایت ہی علم والا ہے،

۲۶. اور بلاشبہ ہم ہی نے پیدا کیا انسان کو سڑے ہوئے گارے کی (ٹھیکرے کی طرح) بجتی مٹی سے،

۲۷. اور جنوں کو بھی ہم ہی نے پیدا کیا، اس سے پہلے آگ کی لو (اور لپٹ) سے،

۲۸. اور (وہ بھی یاد کرو کہ) جب تمہارے رب نے فرمایا فرشتوں سے کہ بیشک میں پیدا کرنے والا ہوں ایک انسان کو سڑے ہوئے گارے کی (ٹھیکرے کی طرح) بجتی مٹی سے،

۲۹. پس جب میں اس کو پورا بنا چکوں، اور میں پھونک دوں اپنی روح سے، تو تم سب اس کے آگے سجدہ ریز ہو جانا،

۳۰. سو (جب ایسا ہو گیا تو حسب ہدایت) فرشتے سجدہ ریز ہو گئے اس کے آگے، سب کے سب ایک ساتھ،

۳۱. بجز ابلیس کے، کہ اس نے انکار کر دیا اس بات سے کہ وہ شامل ہو سجدہ کرنے والوں کے ساتھ،

۳۲. پروردگار نے پوچھا اے ابلیس تجھے کیا ہوا؟ کہ تو شامل نہ ہوا سجدہ کرنے والوں کے ساتھ،

۳۳. اس نے جواب میں کہا کہ مجھ سے یہ نہیں ہو سکتا کہ میں سجدہ کروں ایک ایسے بشر (اور انسان) کو جسے تو نے پیدا کیا سڑے ہوئے گارے کی بجتی (اور کھنکھناتی) مٹی سے،

۳۴. ارشاد ہوا کہ پس تو نکل جا یہاں سے، کہ تو تو پکا مردود ہے،

۳۵. اور (اب) تجھ پر لعنت (اور پھٹکار) ہے قیامت کے دن تک،

۳۶. اس نے کہا اے میرے رب تو پھر تو مجھے مہلت دے دے اس دن تک جس دن کہ (دوبارہ) زندہ کر کے اٹھایا جائے گا لوگوں کو

۳۷. فرمایا اچھا تجھے مہلت ہے،

۳۸. اس مقررہ وقت کی تاریخ تک،

۳۹. کہنے لگا اے میرے رب بوجہ اس کے کہ تو نے مجھے گمراہ کیا، میں ان (کی گمراہی) کے لئے طرح طرح کی دلفریبیوں سے کام لوں گا تیری زمین میں، اور (اس کے نیچے میں) میں ان سب کو گمراہ کر کے چھوڑوں گا،

۴۰. سوائے تیرے ان خاص بندوں کے جنہیں تو نے ان میں سے چن لیا ہو گا،

۴۱. فرمایا ہاں (ایمان و اطاعت کا) یہ راستہ ہے جو سیدھا مجھ تک پہنچتا ہے،

۴۲. بیشک میرے خاص بندوں پر تیرا کچھ بھی بس نہیں چل سکے گا، سوائے ان بھٹکے ہوئے لوگوں کے، جو خود ہی تیرے پیچھے چل پڑیں گے،

۴۳. اور ان سب کا ٹھکانا یقینی طور پر جہنم ہے،

۴۴. جس کے ساتھ دروازے ہیں، ان میں ہر ایک دروازے کے لئے ایک حصہ ہے طے شدہ،

۴۵. (اس کے بر عکس) پرہیزگار لوگ یقینی طور پر عظیم الشان جنتوں اور چشموں میں ہوں گے

۴۶. ان سے کہا جائے گا کہ داخل ہو جاؤ تم ان میں ہر طرح کی سلامتی اور پورے امن (و سکون) کے ساتھ

۴۷. اور نکال دیں گے ہم ان کے سینوں سے جو بھی کوئی کھوٹ (کھپٹ دنیاوی زندگی میں ان کے دلوں میں) رہا ہو گا وہ آپس میں بھائی بھائی بن کر آمنے سامنے تختوں پر (نہایت سکون واطمینان سے) بیٹھے ہوں گے،

۴۸. انھیں نہ تو وہاں کوئی تکلیف پہنچے گی اور نہ ہی انھیں وہاں سے کبھی نکالا جائے گا،

۴۹. خبر کر دو (اے پیغمبر!) میرے بندوں کو، کہ بیشک میں بڑا ہی درگزر کرنے والا، انتہائی مہربان ہوں،

۵۰. اور یہ کہ بیشک میرا عذاب بھی بڑا ہی (سخت اور) دردناک عذاب ہے،

۵۱. اور انھیں ذرا ابراہیم کے مہمانوں کا قصہ بھی سنا دو

۵۲. جب کہ وہ ان کے پاس آئے اور انھیں سلام کہا، تو ابراہیم نے ان سے کہا کہ ہمیں تو تم سے ڈر لگ رہا ہے،

۵۳. انہوں نے جواب دیا ڈریئے نہیں ہم تو آپ کو خوشخبری سنانے آئے ہیں ایک ایسے عظیم الشان لڑکے کی، جو کہ بڑا علم والا ہو گا،

۵۴. ابراہیم نے کہا کیا تم مجھے اس بڑھاپے میں یہ خوشخبری سنا رہے ہو؟ سو یہ کیسی خوشخبری تم مجھے سنا رہے ہو؟

۵۵. انہوں نے جواب دیا کہ ہم نے تو آپ کو سچی خوشخبری سنا دی ہے، لہذا آپ ناامید نہ ہوں

۵۶. ابراہیم نے فرمایا (یہ تو محض تعجب کی بناء پر ہے، ورنہ) کون ہے جو ناامید ہوا پنے رب کی رحمت سے، بجز گمراہوں کے،

۵۷. پھر پوچھا اچھا تو تمہاری اصل مہم کیا ہے، اے فرستادگان الٰہی؟

۵۸. انہوں نے جواب دیا ہمیں تو دراصل بھیجا گیا ہے ایک مجرم قوم کی طرف،

۵۹. بجز لوط والوں کے کہ ان سب کو ہم نے بچا لینا ہے

۶۰. سوائے ان کی بیوی کے کہ اس کے بارے میں ہم نے طے کر لیا ہے کہ وہ پیچھے رہ جانے والوں میں شامل رہے گی،

۶۱. پھر جب آپہنچے وہ فرشتے لوط والوں کے پاس،

۶۲. تو اس نے کہا کہ آپ لوگ تو بالکل اجنبی لگتے ہیں،

۶۳. انہوں نے جواب دیا (کہ نہیں ہم آدمی نہیں) بلکہ ہم تو آپ کے پاس وہ کچھ لے کر آئے ہیں جس کے بارے میں یہ لوگ شک کرتے تھے،

۶۴. ہم تو آپ کے پاس سچا حکم لے کر آئے ہیں، اور یقیناً ہم بالکل سچے ہیں،

۶۵. لہذا آپ نکل جائیں (یہاں سے) رات کا کچھ حصہ رہے، اپنے تعلق داروں کو ساتھ لے کر، اور آپ خود ان کے پیچھے پیچھے چلیں، تم میں سے کوئی پیچھے مڑ کر بھی نہ دیکھیے، اور چل نکلو تم سب جہاں جانے کا تمہیں حکم دیا جاتا ہے،

۶۶. اور ہم نے لوط کو یہ بات قطعی طور پر واضح کر دی تھی کہ یقیناً جڑ کاٹ کر رکھ دی جائے گی ان (بدبخت لوگوں) کی صبح ہوتے ہی،

۶۷. اور آپہنچے اس دوران شہر کے لوگ خوشیاں مناتے ہوئے،

۶۸. لوط نے (بڑے درد بھرے انداز میں ان سے) کہا کہ (بھائیو) یہ لوگ میرے مہمان ہیں، لہذا تم (ان کو پریشان کر کے) مجھے بے آبرو نہ کرو،

۶۹. اللہ سے ڈرو اور مجھے رسوا نہ کرو،

۷۰. انہوں نے (پوری ڈھٹائی اور بدبختی سے) کہا، کیا ہم نے تمہیں روکا نہیں دنیا بھر کے لوگوں (کی مہمان نوازی کا دم بھرنے) سے،

۷۱. لوط نے کہا یہ میری (قومی) بیٹیاں (جو تمہارے گھروں میں) موجود ہیں، اگر تمہیں کچھ کرنا ہے (تو ان سے جائز طریقے سے اپنا مطلب پورا کر لو)،

۷۲. (مگر) تمہاری عمر کی قسم وہ لوگ اپنی مستی میں بالکل مدہوش ہوئے جا رہے تھے

۷۳. آخر کار دن چڑھتے ہی آپ کڑا ان کو اس ہولناک آواز نے (جو ان کی تباہی کے لئے مقدر ہو چکی تھی)،

۷۴. سو پلٹ کر کے رکھ دیا ہم نے اس (بستی) کو، اور برسا دی اس پر بارش کھنگر کے پتھروں کی،

۷۵. بیشک اس میں بڑی بھاری نشانیاں ہیں (عقل و) فراست والوں کے لئے،

۷۶. بیشک یہ بستی واقع ہے ایک (کھلی اور) عام گزرگاہ پر،

۷۷. بیشک اس (قصے) میں بڑی بھاری نشانی (اور سامان عبرت و بصیرت) ہے ایمان والوں کے لئے

۷۸. اور ایکہ والے (شعیب کی قوم کے لوگ) بھی بڑے ظالم تھے،

۷۹. سو ہم نے ان سے بھی (آخر کار) انتقام لیا، اور یہ دونوں ہی قومیں (اور ان کے کھنڈرات) واقع ہیں ایک کھلی شاہراہ پر،

۸۰. اور حجر کے لوگوں نے بھی جھٹلایا رسولوں کو،

۸۱. ہم نے ان کو بھی اپنی نشانیاں عطاء کی تھیں، مگر وہ ان سے روگردانی ہی کرتے گئے،

۸۲. وہ پہاڑوں کو تراش تراش کر اپنے گھر بنایا کرتے تھے، اور اپنے طور پر وہ بڑے بے خوف (اور مطمئن) تھے،

۸۳. آخر کار (تکذیب حق کی پاداش میں) آپ کڑاان کو صبح ہوتے ہی ایک ہولناک آواز
نے،
۸۴. سو (اس موقع پر) ان کے کچھ بھی کام نہ آسکا وہ سب کچھ جو کہ وہ (زندگی بھر)
کماتے رہے تھے،
۸۵. اور ہم نے نہیں پیدا کیا آسمانوں اور زمین اوران دونوں کے درمیان (کی اس
عظیم الشان کائنات) کو مگر حق کے ساتھ، اور (فیصلے کی) اس گھڑی نے (اپنے وقت پر)
بہر حال آکر رہنا ہے، پس آپ (اے پیغمبر ﷺ شریفانہ درگزر ہی سے کام لیتے رہیں
(ان لوگوں کی بیہودگیوں پر)،

۸۶. بیشک آپ کا رب ہی ہے، سب کچھ پیدا کرنے والا، سب کچھ (پوری طرح)
جاننے والا
۸۷. اور بلا شبہ ہم ہی نے عطا کیں آپ کو (اے پیغمبر!) بار بار دہرائی جانے والی
سات آیتیں اور عظمتوں بھرا یہ قرآن،
۸۸. اور کبھی نگاہ اٹھا کر بھی نہیں دیکھنا ان چیزوں کی طرف جن سے ہم نے نوازا ہے
ان کے مختلف گروہوں کو (دنیائے فانی کی اس زندگی میں)، اور نہ کبھی غم کھانا ان کے حال
پر، اور جھکائے رکھنا اپنے بازوئے (شفقت و عنایت) کو ایمان والوں کے لئے،
۸۹. اور کہہ دو (ان منکروں سے) کہ میرا کام تو بس خبر دار کر دینا ہے کھول کر،

۹۰۔ (کہ ان منکروں پر بھی عذاب اسی طرح آسکتا ہے) جس طرح کہ ہم اتار چکے ہیں ان حصے بخرے کرنے والوں پر،

۹۱۔ جنہوں نے ٹکڑے ٹکڑے کر دیا تھا اللہ کی کتاب کو،

۹۲۔ سو قسم ہے تمہارے رب کی ہم نے ضرور پوچھنا ہے ان سب سے،

۹۳۔ ان کے ان کرتوتوں کے بارے میں، جو یہ لوگ کرتے رہے تھے،

۹۴۔ پس آپ ﷺ کھول کر بیان کر دیں اس (حق اور حقیقت) کو جس کا حکم دیا جاتا ہے آپ کو، اور منہ موڑ لو مشرکوں سے،

۹۵۔ بیشک ہم کافی ہیں آپ کو (اے پیغمبر!) ان مذاق اڑانے والوں (کی خبر لینے) کو،

۹۶۔ جو اللہ کے ساتھ کسی اور کو بھی معبود قرار دیتے ہیں، سو عنقریب انہیں، خود معلوم ہو جائے گا

۹۷۔ اور اچھی طرح معلوم ہے کہ آپ کا سینہ تنگ ہو رہا ہے ان باتوں سے جو یہ لوگ بناتے ہیں،

۹۸۔ سو (ان کے علاج کے لئے) آپ تسبیح کرتے رہیں اپنے رب کی حمد کے ساتھ اور شامل رہیں (اپنے رب کے حضور) سجدہ کرنے والوں میں،

۹۹۔ اور بندگی کرتے رہیں اپنے رب کی یہاں تک کہ آ پہنچے آپ کو موت۔

***

١٦۔ النحل

بِسۡمِ اللّٰہِ الرَّحۡمٰنِ الرَّحِیۡمِ

اللہ کے نام سے جو رحمان و رحیم ہے

١. آ گیا اللہ کا حکم، پس تم لوگ جلدی مت مچاؤ اس کے لئے، پاک ہے وہ (وحدہٗ لا شریک) اور بہت بلند (و بالا) ہے اس شرک سے جو یہ لوگ کرتے ہیں،

٢. وہ اتارتا ہے فرشتوں کو اپنے حکم سے اس (عظیم الشان) روح کے ساتھ، اپنے بندوں میں سے جس پر چاہتا ہے (اس بنیادی ہدایت کے ساتھ) کہ تم خبردار کر دو (میرے بندوں کو) کہ کوئی عبادت کے لائق نہیں سوائے میرے، پس تم سب مجھ ہی سے ڈرو،

٣. اسی نے پیدا فرمایا آسمانوں اور زمین (کی اس حکمتوں بھری کائنات) کو حق کے ساتھ، وہ بہت بلند (و بالا) ہے اس شرک سے جو یہ لوگ (اس کی جناب اقدس کے بارے میں) کرتے ہیں

٤. اسی نے پیدا فرمایا (کائنات کے مخدوم و مطاع) اس انسان کو (قطرہ منی کی) ایک حقیر بوند سے، پھر یہی (ناشکرا انسان) یکایک ایک کھلم کھلا جھگڑالو بن جاتا ہے،

۵. اور چوپایوں کو بھی اسی نے پیدا فرمایا تمہارے (طرح طرح کے فائدوں کے) لئے جن میں تمہارے لئے سردی سے بچاؤ کی پوشاک بھی ہے، اور دوسرے طرح طرح کے فائدے بھی، اور انھیں میں سے تم لوگ کھاتے بھی ہو،

۶. اور تمہارے لئے ان میں رونق بھی ہے (خاص کر اس وقت) جب کہ تم شام کے وقت انھیں چرا کر گھر واپس لاتے ہو، اور جب کہ تم (صبح کے وقت) ان کو چرانے کے لئے چھوڑتے ہو،

۷. اور تمہارے قسما قسم کے بوجھ بھی اٹھا کر دور دراز کے ایسے مقامات تک لے جاتے ہیں، جہاں تم اپنی جانوں کو سخت مشقت میں ڈالے بغیر نہیں پہنچ سکتے، واقعی تمہارا رب بڑا ہی شفقت والا، نہایت ہی مہربان ہے،

۸. اور گھوڑے خچر، گدھے بھی، (اس نے تمہارے لئے پیدا فرمائے) تاکہ تم ان پر سواری بھی کرو اور وہ تمہاری رونق بھی بنیں، اور وہ اور بھی ایسی ایسی چیزیں پیدا فرماتا ہے (اور آئندہ پیدا فرمائے گا) جن کی تم لوگوں کو خبر بھی نہیں،

۹. اور اللہ کے ذمے ہے (اس کے اپنے وعدہ کرم کے مطابق) سیدھا راستہ دکھانا، جب کہ راستے ٹیڑھے بھی ہیں، اور وہ اگر چاہتا تو (جبراً) تم سب ہی کو راہ راست پر لے آتا،

۱۰. وہ (اللہ) وہی تو ہے جو (ایک محیر العقول نظام کے ساتھ) آسمان سے تمہارے لئے پانی اتارتا ہے، جس سے تم پیتے بھی ہو، اور اسی سے درخت بھی (پیدا) ہوتے ہیں، جن میں تم (اپنے مویشیوں کو) چراتے بھی ہو،

۱۱. وہ اس پانی کے ذریعے تمہارے لئے کھیتیاں بھی اگاتا ہے، اور زیتون، کھجور، انگور اور قسم قسم کے دوسرے پھل بھی پیدا کرتا ہے، بلاشبہ اس میں بڑی بھاری نشانی ہے ان لوگوں کے لئے جو غور و فکر سے کام لیتے ہیں

۱۲. اور اسی نے (اپنی بے پایاں حکمت اور بے نہایت قدرت و رحمت سے) تمہارے کام میں لگا دیا رات اور دن (کے اس عظیم الشان سلسلے) کو اور سورج و چاند (کے اس عظیم الشان کروں) کو، اور (اسی طرح) یہ ستارے بھی (تمہاری) خدمت میں لگے ہوئے ہیں اس کے حکم سے، بیشک اس میں بڑی بھاری نشانیاں ہیں ان لوگوں کے لئے جو عقل سے کام لیتے ہیں

۱۳. اور یہ طرح طرح کی رنگ برنگی (اور گوناگوں) چیزیں جو اس نے پھیلائیں تمہاری نفع رسانی کے لے اس زمین میں (اپنی قدرت کاملہ اور حکمت بالغہ سے)، بیشک اس میں بھی بڑی بھاری نشانی ہے ان لوگوں کے لئے جو سبق حاصل کرنا چاہتے ہیں،

۱۴. اور وہ (اللہ) وہی تو ہے جس نے تمہارے کام میں لگا دیا (اپنی رحمت و عنایت سے) سمندر (کے اس عظیم الشان ذخیرہ آب) کو، تاکہ تم لوگ اس سے ترو تازہ گوشت بھی کھاؤ اور اس سے زیب و زینت کی وہ مختلف چیزیں بھی نکالو جن کو تم لوگ پہنتے ہو، اور تم دیکھتے ہو کہ (کس طرح) چلتی ہیں یہ کشتیاں (اور دیو ہیکل جہاز) سمندر میں، اس کے سینے کو چیرتے ہوئے (تاکہ تم اس سے طرح طرح کے فائدے حاصل کر سکو) اور تاکہ تم (اس کی

آمد و رفت کے ذریعے) تلاش کر سکو اس کا فضل، اور تاکہ تم لوگ شکر ادا کرو (اس واہب مطلق کا)،

۱۵. اور اسی نے ڈال دیئے (اپنی قدرت کاملہ اور حکمت بالغہ سے پہاڑوں کے) عظیم الشان لنگر زمین (کے اس کرے) میں، تاکہ یہ ڈگمگانے نہ لگے تم کو لیکر اور اسی نے جاری کر دیئے اس میں طرح طرح کے دریا، اور اس نے بنا دیئے اس میں قسما قسم راستے تاکہ تم لوگ راہ پا سکو

۱۶. اور (ان راستوں کی پہچان کے لئے) اس نے رکھ دیں (زمین میں) طرح طرح کی نشانیاں، اور لوگ ستاروں سے بھی راہ پاتے ہیں،

۱۷. تو کیا وہ ذات جو (یہ کچھ) پیدا کرتی ہے اس کے برابر ہو سکتی ہے جو (ان میں سے کچھ بھی) پیدا نہ کر سکے؟ کیا تم لوگ اتنا بھی نہیں سمجھتے؟

۱۸. اور (ان مذکورہ بالا نعمتوں ہی پر کیا منحصر، وہ تو اتنی ہیں کہ) اگر تم لوگ اللہ کی نعمتوں کو گننے لگو تو تم کبھی بھی ان کو شمار نہیں کر سکو گے، (اس قدر نعمتوں پر بھی اس کی یہ ناشکری؟ اور پھر بھی اس کی طرف سے یہ چھوٹ، بخشش اور رحمت؟) بیشک اللہ بڑا ہی درگزر کرنے والا، انتہائی مہربان ہے

۱۹. اور اللہ ایک برابر جانتا ہے ان سب کاموں کو جو تم لوگ چھپا کر کرتے ہو، اور جو تم اعلانیہ کرتے ہو،

۲۰. اور جن ہستیوں کو یہ لوگ (پوجتے) پکارتے ہیں اللہ کے سوا، وہ کچھ بھی پیدا نہیں کر سکتیں،

۲۱. بلکہ وہ تو خود (ایک عاجز) مخلوق ہیں، وہ تو مردہ ہیں نہ کہ زندہ، اور ان کو اس کی بھی کچھ خبر نہیں کہ لوگ کب (دوبارہ زندہ کر کے) اٹھائے جائیں گے،

۲۲۔ (پس ثابت ہوا کہ) معبود تم سب کا ایک ہی معبود ہے، مگر جو لوگ ایمان نہیں رکھتے آخرت پر، ان کے دل اڑے ہوئے ہیں (حق و صداقت کے) انکار پر، اور وہ مبتلا ہیں اپنی (جھوٹی) بڑائی کے گھمنڈ میں،

۲۳. یقیناً اللہ ان کے وہ سب کرتوت بھی جانتا ہے جو یہ لوگ چھپا کر کرتے ہیں، اور وہ سب بھی جو یہ اعلانیہ کرتے ہیں، بیشک وہ پسند نہیں فرماتا اپنی بڑائی کا گھمنڈ رکھنے والوں کو،

۲۴. اور جب ان سے پوچھا جاتا ہے کہ کیا اتارا تمہارے رب نے؟ تو یہ (پوری ڈھٹائی سے) کہتے ہیں کہ اجی! (بس قصے) کہانیاں پہلے لوگوں کی،

۲۵. تاکہ اس کے نیچے میں یہ لوگ پورے پورے اٹھائیں اپنے (گناہوں کے) بوجھ قیامت کے دن اور ان لوگوں کے بوجھوں میں سے بھی، جن کو یہ گمراہ کرتے ہیں پانی جہالت (و بدبختی) سے خبردار! بڑا ہی برا ہے وہ بوجھ جسے یہ لوگ خود ہی اپنے اوپر لادنے کا سامان کر رہے ہیں،

۲۶۔ (اور ان کے مکر و فریب سے گھبرانے کی ضرورت نہیں کہ) بلاشبہ ان سے پہلے کے (بہت سے) لوگوں نے بھی (حق کو نیچا دکھانے کے لئے طرح طرح کی) مکاریاں کیں، مگر

اللہ نے جڑ سے اکھاڑے پھینکا ان (کے مکرو فریب) کی عمارت کو، پھر خود ان ہی پر آگری (ان کی اس عمارت کی) چھت ان کے اوپر سے، اور آ پہنچا ان پر (اللہ کا) عذاب جہاں سے ان کو (وہم و) گمان بھی نہ تھا،

۲۷۔ (یہ حشر تو ان کے ساتھ دنیا میں ہوا) پھر قیامت کے روز اللہ انھیں (بطور خاص) رسوا کرے گا اور ان سے کہے گا (کہ بتاؤ اب) کہاں ہیں میرے وہ شریک جن کے بارے میں تم لوگ (اہل حق) سے جھگڑے کیا کرتے تھے، تب کہیں گے وہ لوگ جن کو علم دیا گیا کہ واقعی آج کے دن سخت رسوائی اور بڑی بدبختی ہے ان کافروں کے لئے،

۲۸. جن کی فرشتے جان قبض کرتے ہیں، ایسی حالت میں کہ وہ (کفر و باطل پر اڑ کر برابر) ظلم کر رہے ہوتے ہیں خود اپنی جانوں کے حق میں، یہ (فوراً) صلح کا پیغام ڈالیں گے، کہ ہم تو کوئی برائی نہیں کرتے تھے، (اس پر فرشتے کہیں گے کہ ہاں) کیوں نہیں، بلاشبہ اللہ پوری طرح جانتا ہے وہ سب کچھ جو تم لوگ (زندگی بھر) کرتے رہے تھے،

۲۹. سو اب داخل ہو جاؤ تم سب دوزخ (میں اس کے) دروازوں سے، اس حال میں کہ تمہارا اس میں ہمیشہ کا رہنا مقدر ہو چکا ہے، سو بڑا ہی برا ٹھکانا ہے تکبر کرنے والے کا

۳۰. اور (اس کے بر عکس) جب پرہیزگار لوگوں سے پوچھا جاتا ہے کہ کیا اتارا ہے تمہارے رب نے؟ تو وہ جواب میں کہتے ہیں کہ ایک بہت ہی بڑی بھلائی، جنھوں نے اچھائی کی اس دنیا میں ان کے لئے بڑی عظیم الشان بھلائی ہے اور آخرت کا گھر تو یقیناً (ایسے لوگوں کے لئے) اس سے کہیں بڑھ کر اچھا ہوگا، اور یقیناً بڑا ہی عمدہ گھر ہوگا پرہیزگاروں کا،

۳۱.	یعنی ہمیشہ رہنے کے لئے ایسی عظیم الشان جنتیں جن میں وہ (باعزت طور پر) داخل ہوں گے، بہہ رہی ہوں گی ان کے نیچے سے طرح طرح کی نہریں، (اور) ان کے لئے وہاں پر ہر وہ چیز موجود ہوگی جو یہ چاہیں گے، اسی طرح اللہ بدلہ دیتا ہے ان پرہیزگاروں کو

۳۲.	جن کی فرشتے جان قبض کرتے ہیں اس حال میں کہ وہ پاکیزہ ہوتے ہیں (اپنے عقیدہ و عمل کے اعتبار سے)، فرشتے ان سے کہیں گے کہ سلامتی ہو تم پر، داخل ہو جاؤ تم اس جنت میں، اپنے ان اعمال کے بدلے میں جو تم (زندگی بھر) کرتے رہے تھے،

۳۳.	تو کیا یہ لوگ (جو حق واضح ہونے کے بعد بھی ایمان نہیں لاتے) اسی انتظار میں ہیں کہ آ پہنچیں ان کے پاس فرشتے (موت کے) یا آ جائے تمہارے رب کا؟ (عذاب مقدر، یا قیامت کی صورت میں) اسی طرح (کی ضد بازی اور ہٹ دھرمی کا معاملہ) وہ لوگ کر چکے ہیں جو گزر چکے ہیں، ان سے پہلے، اور (انہوں نے اپنے کئے کا مزہ بھی پا لیا، تو کہیں) اللہ نے ان پر ظلم نہیں کیا تھا بلکہ وہ لوگ خود ہی اپنی جانوں پر ظلم کرتے رہے تھے،

۳۴.	سو آخرکار پہنچ کر رہے ان کو برے نیچے ان کے اپنے ان اعمال کے، جو وہ خود (زندگی بھر) کرتے رہے تھے، اور گھیر لیا ان کو اسی چیز نے جس کا وہ مذاق اڑایا کرتے تھے،

۳۵.	اور مشرک لوگ کہتے ہیں کہ اگر اللہ چاہتا تو ہم اس کے سوا کسی بھی چیز کی عبادت نہ کرتے، (نہ ہم) اور نہ ہی ہمارے باپ دادا، اور نہ ہی ہم اس کے (حکم) بغیر کسی چیز کو حرام ٹھہراتے، (سو ان کی یہ حجت بازی کوئی نئی چیز نہیں بلکہ) اسی طرح کیا ان لوگوں نے جو

گزر چکے ہیں ان سے پہلے، سو پیغمبروں (کا اس طرح کی باتوں سے کچھ نہیں بگڑا، کہ ان) کے ذمے تو صرف پہنچا دینا ہے کھول کر، (حق اور حقیقت کو، اور بس اور یہ کام وہ کر چکے)

۳۶. اور بلا شبہ ہم نے ہر امت میں (اس بات کی تعلیم کے لئے کوئی نہ کوئی) پیغام رساں ضرور بھیجا ہے، کہ تم لوگ بندگی کرو اللہ کی اور بچتے رہو طاغوت سے، پھر ان میں سے کسی کو اللہ نے نوازدیا (نورِ حق) ہدایت سے، اور کسی پر ٹھپہ لگ گیا گمراہی کا، سو تم لوگ چل پھر کر دیکھو (اللہ کی) زمین میں، کہ کیسا ہوا انجام (حق) جھٹلانے والوں کا،

۳۷. اگر آپ (اے پیغمبر!) ان کی ہدایت کی طمع بھی کریں تو (اس سے کیا فرق پڑتا ہے کہ ہدایت تو اللہ ہی کے قبضہ قدرت و اختیار میں ہے اور) یقیناً اللہ کسی ایسے شخص کو (نورِ حق) ہدایت سے نہیں نوازتا جس کو وہ گمراہی (کی دلدل) میں ڈال دیتا ہے (اس کی ہٹ دھرمی کی بناء پر)، اور ایسوں کے لئے کوئی مددگار نہیں ہوگا،

۳۸. اور انہوں نے اللہ کے نام کی کڑی قسمیں کھا کر کہا کہ جو کوئی مر جاتا ہے اللہ اسے دوبارہ زندہ کر کے نہیں اٹھائے گا (اور قیامت نہیں آئے گی)، کیوں نہیں، اللہ نے (دوبارہ زندہ کرنے کا) یہ وعدہ اپنے ذمے لازم کر رکھا ہے، لیکن اکثر لوگ جانتے نہیں،

۳۹. اور (دوبارہ زندہ ہونا اس لئے بھی ضروری ہے) تاکہ اللہ ان کے سامنے کھول کر رکھ دے ان تمام حقائق کو جن کے بارے میں یہ لوگ اختلاف کیا کرتے تھے، اور (اس لئے بھی) تاکہ کافر لوگ یقینی طور پر جان لیں کہ وہ جھوٹے تھے،

۴۰۔ (اور مر کھپ جانے کے بعد دوبارہ زندہ ہونے کو ہماری قدرت کے سامنے کچھ مشکل نہ سمجھو، کیونکہ) ہماری شان یہ ہے کہ جب ہم کوئی کام کرنا چاہتے ہیں تو اس کے لئے ہمیں صرف اتنا کہنا ہوتا ہے کہ ہو جا، پس وہ ہو جاتا ہے،

۴۱. اور جن لوگوں نے ہجرت کی اللہ کی راہ میں اس کے بعد کہ ان پر ظلم ڈھائے گئے، ہم ان کو ضرور عمدہ ٹھکانا دیں گے اس دنیا میں بھی، اور آخرت کا ثواب تو یقیناً اس سے کہیں بڑھ کر ہے، کاش کہ لوگ جان لیتے (اس حقیقت کو)،

۴۲۔ (سو ان وعدوں کے مستحق وہ لوگ ہیں) جنہوں نے صبر سے کام لیا، اور وہ (ہر حال میں) اپنے رب ہی پر بھروسہ رکھتے ہیں،

۴۳. اور ہم نے نہیں بھیجا آپ سے پہلے (اے پیغمبر!) کسی کو بھی رسول بنا کر سوائے مردوں کے جن کی طرف ہم وحی کرتے رہے، سو تم لوگ (اے انکار کرنے اور اچنبھا سمجھنے والو!) پوچھ لو اہل ذکر سے، اگر تم خود نہیں جانتے،

۴۴. روشن دلائل اور الہامی کتابوں کے ساتھ اور ہم نے آپ کی طرف بھی اتارا اس ذکر (حکیم) کو، تاکہ آپ کھول کر بیان کریں لوگوں کے لئے ان تمام چیزوں کو جن کو اتارا گیا ہے ان کی طرف، تاکہ وہ غور و فکر سے کام لیں

۴۵. تو کیا وہ لوگ جو بری چالیں چلتے ہیں (حق اور اہل حق کے خلاف، کیا وہ نڈر اور) بے خوف ہو گئے اس بات سے کہ اللہ دھنسا دے ان کو زمین میں؟ یا آپہنچے ان پر عذاب جہاں سے اس کے آنے کا ان کو وہم و گمان بھی نہ ہو،

۴۶.	یا وہ پکڑے لے ان کو چلتے پھرتے، سو یہ ایسے نہیں کہ (اس کی گرفت و پکڑ سے نکل کر) عاجز کر دیں،

۴۷.	یا وہ ان کو پکڑے لے ایسے حال میں کہ یہ خوف پر خوف کھا رہے ہوں، سو بیشک تمہارا رب بڑا ہی شفقت والا انتہائی مہربان ہے،

۴۸.	کیا یہ لوگ اللہ کی پیدا کی ہوئی کسی بھی چیز کو نہیں دیکھتے؟ کہ (کس طرح) جھکتے ہیں اس کے سائے، دائیں اور بائیں سجدہ کرتے ہوئے اللہ کے حضور، سراپا عجز (و نیاز) بن کر،

۴۹.	اور اللہ ہی کے لئے سجدہ کرتی ہے ہر جاندار چیز خواہ وہ آسمان میں ہو، یا زمین میں، اور سب فرشتے بھی، درآنحالیکہ وہ اپنی بڑائی کا کوئی گھمنڈ نہیں رکھتے،

۵۰.	وہ ڈرتے رہتے ہیں اپنے رب سے، جو کہ ان کے اوپر ہے، اور وہ (برضا و رغبت) بجالاتے ہیں ان احکام کو جو ان کو دیئے جاتے ہیں،

۵۱.	اور فرمایا اللہ نے کہ تم نہیں بنانا دو معبود (اے انسانو! کہ) سوائے اس کے نہیں کہ وہ (معبود برحق) ایک ہی معبود ہے، پس تم سب مجھ ہی سے ڈرو،

۵۲.	اور اسی (وحدہٗ لاشریک) کا ہے وہ سب کچھ جو کہ آسمانوں اور زمین کے اندر (موجود) ہے اور اسی کا حق ہے لازمی اطاعت (و فرمانبرداری) تو کیا پھر بھی تم لوگ اللہ کے سوا اوروں سے ڈرتے ہو؟

۵۳۔ اور جو بھی کوئی نعمت تمہیں حاصل ہے، (اے لوگو) یہ سب اللہ ہی کی طرف سے ہے، پھر جب تمہیں کوئی تکلیف پہنچتی ہے، تو تم سب اسی کی طرف دوڑتے ہو چلاتے (اور فریاد کرتے) ہوئے،

۵۴۔ مگر جب وہ دور کر دیتا ہے اس تکلیف کو تم سے (اپنے کرم سے) تو یکایک تم میں سے ایک گروہ اپنے رب کے ساتھ شریک ٹھہرانے لگتا ہے (دوسروں کو)

۵۵۔ تاکہ (اس طرح) وہ ناشکری کریں ان نعمتوں کی جو ہم نے ان کو دی ہوتی ہیں، سو مزے کر لو تم لوگ کچھ عرصہ کے لئے، آگے چل کر تمہیں خود معلوم ہو جائے گا،

۵۶۔ اور یہ لوگ حصہ مقرر کرتے ہیں ان چیزوں کے لئے جن کے بارے میں یہ کچھ نہیں جانتے، ان نعمتوں میں سے جو ہم نے بخشی ہوئی ہیں ان کو (اپنے کرم سے)، اللہ کی قسم تم سے ضرور پوچھ ہونی ہے (اے افتراء پردازو!) ان تمام افتراء پردازیوں کے بارے میں جو تم لوگ کرتے رہے تھے،

۵۷۔ اور یہ لوگ خدا کے لئے بیٹیاں تجویز کرتے ہیں، سبحان اللہ (کیسی بے ہودہ بات کا ارتکاب کرتے ہیں یہ لوگ) اور (اس پر طرہ یہ کہ) ان کے لئے وہ کچھ ہے جو یہ خود چاہیں،

۵۸۔ اور (ان کا اپنا حال یہ ہے کہ) جب ان میں سے کسی کو لڑکی کی خبر دی جاتی ہے تو اس کا چہرہ سیاہ پڑ جاتا ہے اور اس کا دم گھٹنے لگتا ہے

۵۹. وہ چھپتا پھرتا ہے اس خبر کی برائی سے جو اس کو دی گئی، (پھر سوچتا ہے کہ) کیا وہ اسے زندہ رکھے ذلت کے ساتھ، یا اس کو گاڑ دے مٹی میں، آگاہ رہو کہ بڑے ہی برے ہیں وہ فیصلے جو یہ لوگ کرتے ہیں،

۶۰. بڑی بری مثال ہے ان لوگوں کی جو ایمان نہیں رکھتے آخرت پر، اور سب سے برتر مثال تو اللہ ہی کے شایان شان ہے، اور وہی ہے زبردست، نہایت حکمت والا،

۶۱. اور اگر اللہ لوگوں کو ان کے ظلم (و زیادتی) پر فوری پکڑنے لگتا، تو زمین پر کسی حرکت کرنے والے (جاندار) کو باقی نہ چھوڑتا، لیکن وہ انھیں ڈھیل (پر ڈھیل) ہی دئیے جا رہا ہے، ایک مقررہ وقت تک، پھر جب آ پہنچتا ہے ان کا وقت مقرر تو (وہ ان کو ایسے پکڑتا ہے کہ) یہ نہ اس سے پیچھے ہو سکتے ہیں، اور نہ آگے بڑھ سکتے ہیں

۶۲. اور (ان کی گستاخی تو دیکھو کہ) یہ لوگ اللہ کے لئے وہ چیزیں تجویز کرتے ہیں جو انھیں خود اپنے لئے ناپسند ہیں، اور اس پر ان کی زبانیں یہ جھوٹ بھی الاپتی ہیں کہ (آخرت کی) وہ بھلائی بھی انہی کے لئے مقرر ہے، (ہرگز نہیں، وہاں تو) ان کے لئے لازمی طور پر دوزخ کی وہ آگ ہی ہوگی، جس میں ان کو سب سے پہلے جھونکا جائے گا،

۶۳۔ (اور ان کا یہ بغض و عناد کوئی نئی اور انوکھی بات نہیں، بلکہ) اللہ کی قسم ہم آپ سے پہلے بھی کتنی ہی امتوں کی طرف رسول بھیج چکے ہیں، مگر شیطان نے ان کے لئے ان کے اعمال کو ایسا خوشنما بنا دیا (کہ انہوں نے رسولوں کی بات کو مان کر نہ دیا) سو وہی آج ان کا بھی دوست ہے، اور ان لوگوں کے لئے بھی ایک بڑا ہی دردناک عذاب طے ہے،

۶۴. اور ہم نے آپ پر (اے پیغمبر!) یہ کتاب تو صرف اس لئے اتاری ہے کہ آپ ان کے سامنے کھول کر بیان کر دیں وہ سب باتیں جن کے بارے میں یہ لوگ اختلاف میں پڑے ہوئے ہیں، اور تاکہ (اس عام فائدے کے علاوہ یہ کتاب بطور خاص) ان لوگوں کے لئے سراسر ہدایت اور عین رحمت ہو، جو ایمان رکھتے ہیں،

۶۵. اور اللہ ہی آسمان سے پانی برساتا ہے (ایک بڑے ہی حکیمانہ نظام کے تحت) پھر اس کے ذریعے وہ زندہ کرتا ہے زمین کو اس کے مر چکنے کے بعد، بیشک اس میں بڑی بھاری نشانی ہے ان لوگوں کے لئے جو سنتے ہیں

۶۶. اور تمہارے لئے (اے لوگو!تمہارے) مویشیوں میں بھی بڑا سامان عبرت ہے (ذرا دیکھو تو سہی کہ کس طرح) ہم ان کے پیٹوں سے تمہارے پینے کے لئے گوبر اور خون کے (مادے کے عین) درمیان سے ایسا خالص دودھ پیدا کرتے ہیں، جو نہایت (مفید اور) خوشگوار ہوتا ہے پینے والوں کے لئے،

۶۷. اور (اسی طرح) کھجوروں اور انگوروں کے پھلوں سے بھی (تمہارے لئے) کھانے اور پینے کا بندوبست کرتے ہیں، مگر تم لوگ اس سے نشہ آور چیز بھی بناتے ہو، اور اچھی غذا بھی، بلاشبہ اس میں بھی بڑی بھاری نشانی ہے ان لوگوں کے لئے جو عقل سے کام لیتے ہیں،

٦٨. اور (دیکھو کس طرح) تمہارے رب نے شہد کی مکھی کے جی میں یہ بات ڈال دی، کہ تو گھر (یعنی اپنے چھتے) بنا پہاڑوں میں بھی، درختوں میں بھی، اور ان چھتوں میں بھی جو یہ لوگ (اس غرض کے لئے) بناتے ہیں،

٦٩. پھر تو کھا ہر قسم کے پھلوں سے (اور ان کے رس چوس)، پھر چل نکل اپنے رب کی ہموار کردہ راہوں پر (سو اس کے نتیجے میں) اس کے پیٹ سے پینے کی ایک ایسی (عظیم الشان) چیز نکلتی ہے جس کے مختلف رنگ ہوتے ہیں اور اس میں شفاء ہے لوگوں کے لئے، بلاشبہ اس میں بڑی بھاری نشانی ہے ان لوگوں کے لئے جو غور و فکر سے کام لیتے ہیں،

٧٠. اور (تم لوگ خود اپنی حالت پر بھی تو غور و کرو کہ کس طرح) اللہ ہی تمہیں پیدا فرماتا ہے، پھر وہی تمہیں موت بھی دیتا ہے اور تم میں سے کسی کو لوٹا دیا جاتا ہے بدترین عمر کی طرف، تاکہ وہ کچھ نہ جانے سب کچھ جاننے کے بعد، بیشک اللہ سب کچھ جانتا، ہر چیز پر پوری قدرت رکھتا ہے،

٧١. اور (دیکھو) اللہ نے تم میں سے بعض کو بعض پر فضیلت (و فوقیت) بخشی رزق (و روزی) میں، پھر وہ لوگ جن کو یہ فضیلت دی گئی ہے ایسے نہیں کہ وہ پھیر دیں اپنے رزق (و روزی) کو اپنے غلاموں کی طرف، اس طور پر کہ وہ سب اس میں برابر ہو جائیں، تو کیا یہ لوگ پھر بھی اللہ کی نعمتوں کا انکار کرتے ہیں؟

٧٢. اور اللہ (کے کرم و احسان کے بارے میں مزید سنو کہ اس) نے پیدا فرمائیں تمہارے لئے بیویاں خود تمہاری ہی جنس میں سے، اور اسی (قادر مطلق) نے تمہاری

بیویوں سے (تمہارے لئے) بیٹے بھی پیدا فرمائے اور پوتے بھی، اور اسی نے تمہیں کھانے (پینے) کے لئے (طرح طرح کی اور عمدہ سے عمدہ) پاکیزہ چیزیں عطا فرمائیں، تو کیا پھر بھی یہ لوگ باطل (اور بے حقیقت و بے بنیاد چیزوں) پر ایمان رکھتے ہیں، اور اللہ کی نعمتوں کا انکار کرتے ہیں،

۷۳۔ اور پوجا کرتے ہیں یہ لوگ اللہ کے سوا ایسی (بے حقیقت) چیزوں کی جو نہ تو آسمانوں سے ان کے لئے کسی طرح کی روزی رسانی کا اختیار رکھتی ہیں، اور نہ ہی زمین سے، اور نہ ہی وہ اس کی کچھ سکت رکھتے ہیں،

۷۴۔ پس تم لوگ از خود اللہ کے لئے مثالیں مت بیان کرو، بیشک اللہ جانتا ہے (سب کچھ) اور تم لوگ نہیں جانتے،

۷۵۔ اللہ (ابطال شرک کے لئے) ایک مثال بیان فرماتا ہے کہ (فرض کرو کہ) ایک غلام ہے جو دوسرے کا ایسا مملوک ہے کہ (اپنے مالک کی اجازت کے بغیر) وہ کچھ بھی نہیں کر سکتا، اور دوسرا وہ شخص ہے۔ جس کو ہم نے اپنی طرف سے دے رکھی ہو عمدہ روزی، اور وہ اس میں سے (اپنی مرضی کے مطابق) پوشیدہ بھی خرچ کرتا ہو، اور ظاہراً بھی، تو کیا یہ دونوں آپس میں برابر ہو سکتے ہیں؟ (پس ثابت ہوا کہ معبود حقیقی بھی اللہ ہی ہے اور) ہر تعریف کا حقدار بھی اللہ ہی ہے، مگر لوگوں کی اکثریت ہے کہ وہ جانتے نہیں (حق اور حقیقت کو)،

۷۶. اور اللہ (مزید توضیح کے لئے) ایک اور مثال بیان فرماتا ہے کہ (فرض کرو کہ) دو شخص ہوں، جن میں سے ایک ایسا گوں گا (بہرا) ہے کہ کچھ بھی نہیں کر سکتا، وہ اپنے آقا پر ایک بوجھ ہے، وہ اسے جدھر بھی بھیجے اس سے کوئی بھلا کام نہ بن آئے، تو کیا یہ اور دوسرا وہ شخص برابر ہو سکتے ہیں جو انصاف کا حکم دیتا ہے، اور وہ خود بھی عین سیدھی راہ پر ہے؟

۷۷. اور اللہ ہی کے لئے خاص ہے غیب آسمانوں کا اور زمین کا، (یہ تو شان ہے اس کے کمال علم کی) اور اس کی صفت قدرت کے کمال کا عالم یہ ہے کہ اس کے یہاں قیامت برپا کرنے کا معاملہ تو محض پلک جھپکنے کے برابر ہے، یا اس سے بھی قریب تر، بلاشبہ اللہ ہر چیز پر پوری قدرت رکھتا ہے،

۷۸. اور اللہ ہی نے باہر نکالا ہے تم سب کو (اے لوگو) تمہاری ماؤں کے پیٹوں سے، اس حال میں کہ تم کچھ بھی نہ جانتے تھے، پھر اس نے تم کو (نور علم سے نوازنے کے لئے) کان بخشے، آنکھیں عطا فرمائیں، اور دل دیئے تاکہ تم لوگ شکر ادا کرو،

۷۹. کیا یہ لوگ ان اڑتے پھرتے پرندوں کو نہیں دیکھتے، جو کہ اس وحدہٗ لاشریک کے حکم کے بندھے فضائے آسمانی میں موجود ہیں، ان کو اس طرح روک (اور تھام) سکتا ہے سوائے اللہ کے؟ بیشک اس میں بھی بڑی بھاری نشانیاں ہیں، ان لوگوں کے لئے جو ایمان رکھتے ہیں،

۸۰. اور اللہ ہی نے رکھ دیا تمہارے لئے گھروں میں سکون (اطمینان) کا سامان اور اسی نے تمہارے لئے جانوروں کی کھالوں کے ایسے گھر بنا دیئے، جن کو تم لوگ ہلکا پاتے ہو

اپنے سفر کے دوران بھی، اور اپنے ٹھہراؤ کے دوران بھی، اور اس نے (ان جانوروں میں سے) بھیڑوں کی اون، اونٹوں کی روؤں اور بکریوں کے بالوں سے تمہارے لئے گھروں کا سامان اور (قسما قسم کے) فائدے کی دوسری چیزیں پیدا فرمائیں، ایک مدت مقررہ تک

۸۱. اور اللہ نے اپنی پیدا کردہ بہت سی چیزوں سے تمہارے لئے طرح طرح کے سایوں کا بھی بندوبست کر دیا، اور اسی نے تمہارے لئے پہاڑوں سے (مضبوط) پناہ گاہیں بھی بنا دیں، اور تمہارے لئے ایسی پوشاکیں بھی مہیا فرما دیں، جو تمہیں بچاتی ہیں گرمی (اور سردی) سے، اور ایسی پوشاکیں بھی، جو تمہاری آپس کی لڑائی کے دوران تمہاری حفاظت کرتی ہیں، اللہ اسی طرح تم پر اپنی نعمتوں کی تکمیل کرتا ہے تاکہ تم لوگ فرمانبردار بن جاؤ،

۸۲. پھر بھی اگر یہ لوگ (راہ حق سے) پھرے ہی رہیں تو یقیناً (اس میں اے پیغمبر! آپ کا کوئی قصور نہیں کہ) آپ کے ذمے تو بس پہنچا دینا ہے (حق کو) کھول کر، (اور بس)

۸۳. یہ لوگ پہچانتے ہیں اللہ کی بخشی ہوئی نعمتوں کو، پھر بھی ان کا انکار کرتے ہیں، اور اکثر لوگ تو ہیں ہی کفر (اور ناشکری) کا ارتکاب کرنے والے،

۸۴. اور (وہ دن بھی یاد کرو، اے لوگو! جس دن کہ ہم ہر امت سے ایک گواہ کھڑا کریں گے پھر ان لوگوں کو جو کہ (زندگی بھر) اڑے رہے ہوں گے اپنے کفر (و باطل) پر، نہ ان کو (کسی عذر و معذرت کی) کوئی اجازت دی جائے گی، اور نہ ہی ان سے (اپنے رب کو) راضی کرنے کا کوئی مطالبہ کیا جائے گا،

۸۵. اور جب وہ لوگ جو کہ (دنیا میں) اپنے ظلم پر ہی کمربستہ رہے تھے دیکھ لیں گے (دوزخ کے اس ہولناک) عذاب کو، تو نہ وہ ان سے ہلکا کیا جائے گا، اور نہ ہی ان کو (کوئی) مہلت دی جائے گی

۸۶. اور جب دیکھیں گے مشرک لوگ اپنے (خودساختہ) شریکوں کو، تو وہ (چھوٹتے ہی) کہیں گے، اے ہمارے رب، یہی ہیں ہمارے وہ شریک جنہیں ہم (دنیا میں پوجا) پکارا کرتے تھے تیرے سوا، تو اس پر وہ (شرکاء) پھینک ماریں گے بات ان پر کہ تم لوگ سراسر جھوٹے ہو،

۸۷. اور سب جھک جائیں گے اس روز اللہ کے حضور، (اور ختم ہو جائے گی ان کی سب اکڑفوں) اور رفوچکر ہو جائیں گی ان کی وہ سب افتراء پردازیں (اور حجت بازیاں) جن سے یہ لوگ (دنیا میں)، کام لیا کرتے تھے،

۸۸. جن لوگوں نے کفر کیا ہو گا (دنیا میں) اور انہوں نے روکا ہو گا اللہ کی راہ سے، انھیں ہم عذاب پر عذاب دیں گے، اس فساد (اور فتنہ انگیزی) کے بدلے میں جو وہ (دنیا میں) برپا کرتے رہے تھے،

۸۹. اور (وہ ہولناک دن بہر حال یاد رکھنے کا ہے کہ) جس دن ہم اٹھا کھڑا کریں گے ہر امت میں ایک گواہ ان (کے کئے کرائے) پر گواہی دینے کے لئے خود انہی میں سے، اور ہم آپ کو (اے پیغمبر) کتاب کو، کامل بیان بنا کر (ضروریات دین سے متعلق) ہر چیز کے

لیۓ، اور سراسر ہدایت، عین رحمت، اور عظیم الشان خوشخبری کے طور پر، (اس کے
حضور) سر تسلیم خم کر دینے والوں کے لیۓ،

۹۰. بیشک اللہ حکم فرماتا ہے عدل (وانصاف) کا، احسان کرنے اور رشتہ داروں کو
دینے کو، اور وہ روکتا ہے بے حیائی، برائی اور زیادتی سے، وہ نصیحت فرماتا ہے تمہیں تاکہ
تم لوگ سبق لو،

۹۱. اور پورا کرو تم لوگ اللہ کے عہد کو، جب کہ تم آپس میں کوئی عہد کرو، اور اپنی
قسموں کو توڑنا نہیں، ان کو پکا کرنے کے بعد، درآنحالیکہ تم لوگ خود اللہ کو اپنے اوپر گواہ بنا
چکے ہو، بیشک اللہ خوب جانتا ہے وہ سب کچھ جو تم لوگ کرتے ہو،

۹۲. اور مت ہوجانا تم اس عورت کی طرح جو ٹکڑے ٹکڑے کر ڈالتی تھی اپنے سوت
کو، مضبوط کاتنے کے بعد، کہ تم اپنی قسموں کو آپس میں فساد (اور مکرو فریب) کا ذریعہ
بنانے لگو، محض اس وجہ سے کہ ایک گروہ بڑھ جائے دوسرے گروہ سے، بات صرف یہ
ہے کہ اللہ اس طرح آزمائش میں ڈالتا ہے تم سب کو، اور اللہ ضرور بالضرور کھول کر بیان کر
دے گا تمہارے لیۓ قیامت کے روز ان سب چیزوں کو جن (کے بارے) میں تم لوگ باہم
اختلاف کیا کرتے تھے،

۹۳. اور اگر اللہ چاہتا (کہ تمہارے اندر کوئی اختلاف ہو ہی نہ) تو وہ یقیناً (بڑی آسانی
سے) تم سب کو ایک ہی امت بنا دیتا، مگر وہ (اپنے دستور عدل و حکمت کے مطابق) جسے
چاہتا ہے گمراہ کر دیتا ہے اور جسے چاہتا ہے ہدایت (کی دولت) سے نواز دیتا ہے، اور (یاد

رکھنا کہ تمہیں یونہی چھٹی نہیں ملی رہے گی، بلکہ) تم سب سے ضرور باز پرس ہونی ہے، ان سب کاموں کے بارے میں جو تم لوگ کرتے رہے تھے (اپنی زندگیوں میں)

۹۴. اور اپنی قسموں کو آپس میں فساد کا ذریعہ بنا لینا کہ کہیں اس سے کوئی قدم ڈگمگا جائے اس کے جمنے کے بعد، اوراس کے نتیجے میں تمہیں بھگتنا پڑے برا انجام، اس بنا پر کہ تم نے روکا اللہ کی راہ سے، اور (اس طرح آخرکار) تمہارے لئے ایک بہت بڑا عذاب قرار پا جائے،

۹۵. اور (یاد رکھنا کہ) کہیں تم لوگ اللہ کے عہد کے بدلے میں (دنیائے دوں کا) کوئی گھٹیا مول نہ اپنا لینا، بیشک جو کچھ اللہ کے پاس ہے، وہ تمہارے لئے کہیں بہتر ہے اگر تم جانو

۹۶. جو کچھ تمہارے پاس ہے (اے لوگو) وہ بہر حال (ایک نہ ایک دن) ختم ہو کر رہیگا اور جو کچھ اللہ کے پاس ہے وہ (ہمیشہ) باقی رہنے والا ہے اور جو لوگ (راہ حق پر) ثابت قدم رہے ہم ان کو ضرور بالضرور بدلہ دیں گے ان کے ان بہترین اعمال کے مطابق جو وہ کرتے رہے تھے

۹۷. جو بھی کوئی نیک کام کریگا خواہ وہ کوئی مرد ہو یا عورت، بشرطیکہ وہ ایمان رکھتا ہو، تو ہم اسے (دنیا میں) ضرور ایک پاکیزہ زندگی سے نوازیں گے اور (قیامت کے روز) ہم ایسے

لوگوں کو ضرور ان کا اجر عطا کریں گے ان کے ان بہترین اعمال کے مطابق جو وہ (زندگی بھر) کرتے رہے تھے،

۹۸. پس جب تم قرآن پڑھنے لگو، تو اللہ کی پناہ مانگ لیا کرو، شیطان مردود (اور اس کے شر) سے،

۹۹۔ (کیونکہ) اس کا ان لوگوں پر کوئی زور نہیں چلتا جو ایمان رکھتے ہیں، اور وہ اپنے رب پر بھروسا کرتے ہیں،

۱۰۰. اس کا زور تو بس انھیں لوگوں پر چلتا ہے جو اسے اپنا دوست بناتے ہیں، اور وہ اس کے (بہکانے کے) باعث شرک کرتے ہیں،

۱۰۱. اور جب ہم کسی آیت کی جگہ اس کے بدلے میں کوئی دوسری آیت اتارتے ہیں، اور اللہ خوب جانتا ہے جو کچھ کہ وہ اتارتا ہے، تو یہ لوگ کہتے ہیں کہ سوائے اس کے نہیں کہ تم خود ہی گھڑ کر لے آتے ہو (نہیں) بلکہ (اصل حقیقت یہ ہے کہ) ان میں سے اکثر لوگ جانتے نہیں

۱۰۲. کہو کہ اس کو تو بتدریج اتارتی ہے وہ پاکیزہ روح تمہارے رب کی جانب سے حق کے ساتھ تاکہ وہ ثابت قدم رکھے (اس کے ذریعے) ایمان والوں کو، اور تاکہ یہ ایک عظیم الشان ہدایت اور خوشخبری ہو فرمانبرداروں کے لے

۱۰۳. اور ہمیں خوب معلوم ہے کہ یہ لوگ (آپ کے بارے میں) کہتے ہیں کہ سوائے اس کے نہیں کہ اس شخص کو سکھاتا ہے ایک انسان، حالانکہ جس شخص کی طرف یہ لوگ اس

بات کی نسبت کرتے ہیں اس کی زبان (ہی عربی نہیں، بلکہ) عجمی ہے، جبکہ یہ (قرآن حکیم) کھلی عربی زبان ہے،

۱۰۴۔ حقیقت یہ ہے کہ جو لوگ ایمان نہیں رکھتے اللہ کی آیتوں پر اللہ ان کو ہدایت (کی دولت) سے نہیں نوازتا اور ان کے لئے ایک بڑا ہی دردناک عذاب ہے،

۱۰۵۔ (پیغمبر کبھی جھوٹ نہیں گھڑتا بلکہ) جھوٹ تو وہی لوگ گھڑتے ہیں، جو ایمان نہیں رکھتے اللہ کی آیتوں پر، اور ایسے لوگ پرلے درجے کے جھوٹے ہیں،

۱۰۶۔ جو کوئی اللہ کے ساتھ کفر کرے گا اپنے ایمان کے بعد، مگر جس کو مجبور کر دیا جائے بشرطیکہ اس کا دل ایمان پر مطمئن ہو (تو اس پر کوئی گناہ نہیں)، لیکن جس نے دل کھول کر کفر کا ارتکاب کیا تو ایسے لوگوں پر اللہ کا بھاری غضب بھی ہوگا، اور ان کے لئے ایک بہت بڑا عذاب بھی ہے،

۱۰۷۔ یہ اس لئے کہ انہوں نے پسند کیا دنیا کی (اس فانی) زندگی کو آخرت کے مقابلے میں، اور (اس لئے کہ) یہ ایک طے شدہ حقیقت ہے کہ اللہ ہدایت (کی دولت) سے نہیں نوازتا ایسے کافر لوگوں کو،

۱۰۸۔ یہ وہ لوگ ہیں کہ مہر لگا دی اللہ نے ان کے دلوں پر، (اور اس نے ڈاٹ رکھ دئے) ان کے کانوں میں، اور (پردے ڈال دئے) ان کی آنکھوں پر، (ان کی اپنی بد نیتی اور سوء اختیار کی بنا پر) اور یہی لوگ ہیں بے خبر (و بے فکر اپنی آخرت اور انجام سے،)

۱۰۹۔ لازمی بات ہے کہ یہ لوگ آخرت میں سراسر خسارہ اٹھانے والے ہیں،

۱۱۰. پھر بیشک تمہارا رب (بڑا ہی بخشنے والا، انتہائی مہربان ہے، خاص کر) ان لوگوں کے لئے جنہوں نے ہجرت کی (اس کی راہ میں) اس کے بعد کہ ان کو فتنہ (و آزمائش) میں مبتلا کیا گیا، پھر انہوں نے (راہِ حق میں) جہاد کیا، اور صبر سے کام لیا، بیشک تمہارا رب اس کے بعد بڑا ہی بخشنے والا، انتہائی مہربان ہے،

۱۱۱۔ (اور یاد کرو، اے لوگو، اس ہولناک دن کو، کہ) جس دن ہر شخص اپنے ہی لئے جھگڑتا ہوا آئے گا، ہر شخص کو اس کے کئے کا پورا بدلہ دیا جائے گا، اور ان پر (ذرہ برابر) کوئی ظلم نہ ہونے پائے گا،

۱۱۲. اور اللہ نے مثال بیان فرمائی ایک ایسی بستی کی، جو ہر طرح سے امن و چین میں تھی، اسے اس کی روزی ہر جگہ سے بفراغت چلی آ رہی تھی، مگر اس (کے باشندوں) نے کفر کیا اللہ کی نعمتوں کے ساتھ، جس کے نتیجے میں اللہ نے چکھایا ان کو لباس بھوک اور خوف کا، بوجہ (ان لوگوں کے) ان کاموں کے جو یہ کرتے رہے تھے،

۱۱۳. اور بلاشبہ آ چکے ان کے پاس ایک عظیم الشان رسول خود انہی میں سے، پھر انہوں نے (اس کو غنیمت جان کر ایمان لانے کی بجائے الٹا) ان کو جھٹلایا، تو آخر کار پکڑا ان کو اس عذاب نے (جس کے وہ مستحق ہو چکے تھے)، درآنحالیکہ وہ کمر بستہ تھے اپنے ظلم پر،

۱۱۴. پس کھاؤ (پیو) تم لوگ ان چیزوں میں سے جو بخشی ہیں تم کو اللہ نے حلال، پاکیزہ، اور شکر (ادا) کرو تم اللہ کی نعمتوں کا، اگر واقعی تم لوگ اسی (وحدہٗ لاشریک) کی بندگی کرتے ہو،

۱۱۵. سوائے اس کے نہیں کہ اس نے حرام فرمایا تم پر مردار، خون، خنزیر کا گوشت، اور اس (نذرو نیاز) کو جس پر نام لیا گیا ہو اللہ کے سوا کسی اور کا، پھر جو کوئی مجبور ہو گیا (بھوک وغیرہ کی وجہ سے، اور اس نے ان چیزوں میں سے کچھ کھا لیا) بشرطیکہ نہ تو وہ طالب لذت ہو اور نہ ہی حد ضرورت سے بڑھنے والا، (اس پر کوئی گناہ نہیں کہ) بیشک اللہ بڑا ہی بخشنے والا، نہایت مہربان ہے،

۱۱۶. اور مت کہو تم لوگ ان چیزوں کے بارے میں جن کو تمہاری زبانیں جھوٹ بیان کرتی ہیں کہ یہ حلال اور یہ حرام، تاکہ اس طرح تم افتراء باندھو اللہ پر جھوٹا، بیشک جو لوگ اللہ پر جھوٹا افتراء باندھتے ہیں وہ کبھی فلاح نہیں پا سکتے،

۱۱۷۔ (ان کے لئے زندگی میں) فائدے کا تھوڑا سا سامان ہے اور (آخرت میں) ان کے لئے ایک بڑا ہی دردناک عذاب ہے،

۱۱۸. اور ان لوگوں پر جو کہ یہودی بن گئے ہم نے حرام کر دیا تھا ان سب چیزوں کو جن کا ذکر ہم آپ سے کر چکے ہیں اس سے پہلے، اور ہم نے ان پر (کسی طرح کا) کوئی ظلم نہیں کیا تھا، مگر وہ لوگ خود ہی اپنی جانوں پر ظلم کر رہے تھے،

۱۱۹. پھر آپ کا رب یقینی طور پر ان لوگوں کے لئے جنہوں نے ارتکاب کر لیا برائی کا جہالت کی بناء پر، پھر انہوں نے (صدقِ دل سے) توبہ کر لی، اور اصلاح کر لی (اپنے فساد و بگاڑ کی) بیشک تمہارا رب اس کے بعد بڑا ہی بخشنے والا، نہایت ہی مہربان ہے،

۱۲۰.	بیشک ابراہیم اپنی ذات میں ایک پوری امت تھا، اللہ کا فرمانبردار، و یکسو، اور اس کا کوئی لگاؤ نہیں تھا مشرکوں سے،

۱۲۱.	وہ شکرادا کرنے والا تھا اپنے رب کی نعمتوں کا، اس کو اللہ نے چن لیا تھا، اور ڈال دیا تھا اس کو سیدھی راہ پر

۱۲۲.	اور ہم نے اسے دنیا میں بھی بھلائی دی تھی اور آخرت میں بھی وہ یقیناً (ہمارے قرب خاص کے) سزاواروں میں سے ہوگا،

۱۲۳۔ (اور) پھر ہم نے آپ کی طرف بھی یہ وحی بھیجی (اے پیغمبر!) کہ آپ بھی پیروی کریں ابراہیم کی ملت کی، جو کہ (ہر باطل سے) یکسو (اور بیزار) تھا، اور اس کو کوئی لگاؤ نہیں تھا مشرکوں سے،

۱۲۴.	سوائے اس کے نہیں کہ ہفتے کا دن تو انہی لوگوں پر مقرر کیا گیا تھا، جنہوں نے اس کے بارے میں اختلاف کیا تھا، اور یقیناً تمہارا رب (عملی اور آخری طور پر)، فیصلہ فرما دے گا ان لوگوں کے درمیان ان تمام باتوں کا جن کے بارے میں یہ اختلاف میں پڑے ہوئے تھے،

۱۲۵.	بلاتے رہو آپ اپنے رب کی راہ کی طرف، دانش مندی اور عمدہ نصیحت کے ساتھ، اور (بوقت ضرورت) ان سے بحث کرو اس طریقے کے ساتھ جو کہ سب سے اچھا ہو، بیشک آپ کا رب خوب جانتا ہے اس شخص کو بھی جو بھٹکا ہوا ہے اس (اللہ) کی راہ سے، اور وہی خوب جانتا ہے ان سب کو بھی جو سیدھی راہ پر ہیں،

۱۲۶۔ اور اگر (حسب موقع) بدلہ لینا ہو (اے مسلمانو!) تو تم اسی قدر بدلہ لو جس قدر کہ تم پر زیادتی کی گئی ہو، لیکن اگر تم صبر سے کام لو تو یقیناً یہ بہت ہی اچھا ہے، صبر کرنے والوں کے لئے،

۱۲۷۔ اور آپ (اے پیغمبر!) صبر ہی سے کام لیتے رہیں اور آپ کا صبر اللہ ہی کی توفیق سے ہے، اور کسی طرح کی تنگی میں نہیں پڑنا ان چالبازوں کی بناء پر، جن سے یہ لوگ کام لے رہے ہیں،

۱۲۸۔ بیشک اللہ ساتھ ہے ان لوگوں کے جو تقویٰ (و پرہیزگاری) کو اپنائے رکھتے ہیں، اور جو نیکوکار ہیں۔

٭٭٭

۱۷۔ الاسراء

بِسۡمِ اللّٰہِ الرَّحۡمٰنِ الرَّحِیۡمِ

اللہ کے نام سے جو رحمان ورحیم ہے

۱۔ پاک ہے وہ ذات، جو راتوں رات لے گئی اپنے بندہ خاص کو مسجد حرام سے مسجد اقصیٰ تک، جس کے آس پاس کو ہم نے نواز رکھا ہے طرح طرح (کی خیرات) و برکات سے، تاکہ ہم دکھائیں اس کو اپنی نشانیوں میں سے (کچھ نشانیاں)، بیشک وہ (اللہ) ہی ہے سننے والا، دیکھنے والا،

۲۔ اور (اس سے پہلے) ہم نے موسیٰ کو بھی وہ کتاب دی تھی اور اسے ہم نے ذریعہ ہدایت بنایا تھا بنی اسرائیل کے لئے، (اس تاکید کے ساتھ) کہ میرے سوا کسی کو اپنا کارساز نہیں قرار دینا،

۳۔ اے اولاد ان لوگوں کی، جن کو ہم نے اٹھایا نوح کے ساتھ (ان کی کشتی میں تم بھی اپنے اجداد کی پیروی میں شکر گزاری کو اپناؤ کہ) بلاشبہ وہ بڑا ہی شکر گزار بندہ تھا،

۴۔ اور ہم نے بنی اسرائیل کو اپنے اس فیصلے سے اپنی کتاب میں آگاہ کر دیا تھا، کہ تم لوگ زمین میں بڑا سخت فساد پھیلاؤ گے دو مرتبہ، اور سرکشی کرو گے بہت بڑی سرکشی،

۵. پھر جب ان دونوں میں سے پہلا موقع آپہنچے گا تو ہم تم پر اپنے ایسے بندے مسلط کر دیں گے جو بڑے سخت جنگجو ہوں گے پھر وہ گھس (گھس) جائیں گے تمہارے گھروں میں، یہ (اللہ کا) ایک وعدہ ہے جس نے بہرحال پورا ہو کر رہنا ہے،

۶. پھر (اس کے بعد تمہاری ندامت و توبہ پر) ہم تمہیں دوبارہ غلبہ عطا کر دیں گے ان پر، اور تمہاری مدد کریں گے طرح طرح کے مالوں اور بیٹوں (کی کثرت) سے، اور بڑھا دیں گے ہم تمہاری (تعداد اور) نفری کو،

۷. (سو) اگر تم نے اچھا کیا تو اپنے ہی لئے کرو گے، اور اگر تم نے برائی کی تو اس کا وبال بھی خود تم ہی لوگوں پر ہوگا، پھر جب دوسرے وعدے کا وقت آئے گا (تو ہم تم پر دوبارہ اپنے ایسے بندے مسلط کر دیں گے) تاکہ وہ حلیہ بگاڑ کر رکھ دیں تمہارے چہروں کا، اور تاکہ وہ داخل ہو جائیں مسجد میں، جیسا کہ وہ اس میں داخل ہو گئے تھے پہلی مرتبہ، اور تاکہ وہ تمہیں تہس نہس کر کے رکھ دیں، ہر اس چیز کو جس پر ان کا قابو چلے (اور ہاتھ پڑے)

۸. ہو سکتا ہے تمہارا رب تم پر رحم فرما دے اور اگر تم نے پھر وہی کچھ کیا (جو اس سے پہلے کیا تھا) تو ہم بھی وہی کچھ کریں گے (جس کے تم مستحق ہوؤ گے)، اور ہم نے بنا رکھا ہے جہنم کو کافروں کے لئے ایک بڑا ہی ہولناک قید خانہ،

۹. بیشک یہ قرآن راہنمائی کرتا ہے اس راستے کی جو سب سے زیادہ سیدھا ہے، اور یہ خوشخبری سناتا ہے ان ایمانداروں کو جو نیک کام کرتے ہیں، کہ ان کے لئے ایک بڑا ہی عظیم الشان اجر (و ثواب) ہے،

۱۰.	اور یہ کہ بیشک جو لوگ ایمان نہیں رکھتے آخرت پر، ان کے لئے ہم نے ایک بڑا ہی (ہولناک اور) دردناک عذاب تیار کر رکھا ہے،

۱۱.	اور انسان برائی اس طرح مانگتا ہے جس طرح کہ اسے بھلائی مانگنی چاہیے، اور انسان بڑا ہی جلد باز واقع ہوا ہے،

۱۲.	اور ہم نے بنایا رات اور دن کو (اپنی قدرت کاملہ اور حکمت بالغہ سے) دو عظیم الشان نشانیاں، پھر رات کی نشانی کو تو ہم نے دھندلا (اور مدہم) رکھا، اور دن کی نشانی کو روشن بنا دیا تاکہ تم لوگ تلاش کر سکو اپنے رب کا فضل، اور تاکہ تم لوگ معلوم کر سکو سالوں کی گنتی اور حساب، اور ہر چیز کو ہم نے بیان کر دیا پوری تفصیل سے،

۱۳.	اور ہم نے مڑھ دیا ہر انسان کے شگون کو اس کے گلے میں، اور نکال دکھائیں گے ہم اس کو قیامت کے روز ایک ایسی کتاب (اس کے کئے کرائے کی) جسے وہ اپنے سامنے کھلا پائے گا، (اور اس سے کہا جائے گا کہ لے)

۱۴.	خود پڑھ لے تو اپنے نامہ اعمال کو، آج تو اپنا حساب لینے کے لئے خود کافی ہے،

۱۵۔ (پس) جو کوئی سیدھی راہ پر چلا تو وہ اپنے ہی لئے چلا، اور جو کوئی بھٹک گیا تو اس کا نقصان بھی خود اسی کو اٹھانا ہو گا، اور کوئی بھی بوجھ اٹھانے والا کسی دوسرے کا بوجھ نہیں اٹھائے گا، اور ہم کبھی سزا نہیں دیتے جب تک ہم نہ بھیج دیں کسی رسول کو،

۱۶۔ اور جب ہم کسی بستی کو ہلاک کرنا چاہتے ہیں تو (پہلے) وہاں کے خوشحال لوگوں کو (ایمان واطاعت) کا حکم دیتے ہیں، پھر جب وہ اس میں نافرمانیاں کرنے لگتے ہیں، تو ان پر حجت تمام ہو جاتی ہے، تب ہم اسے تباہ و برباد کر کے رکھ دیتے ہیں،

۱۷۔ اور (اسی قانون کے مطابق) ہم نے کتنی ہی قوموں کو ہلاک کر دیا نوح کے بعد، اور کافی ہے تمہارا رب اپنے بندوں کے گناہوں سے باخبر رہنے والا، دیکھنے والا

۱۸۔ جو کوئی (صرف) دنیا ہی چاہتا ہے، ہم اس کو یہیں دے دیتے ہیں جو کچھ ہمیں دینا ہوتا ہے، جس کو دینا ہوتا ہے، پھر جہنم ہی کو اس کا مقسوم بنا دیتے ہیں، جس میں اسے داخل ہونا ہو گا بدحال اور خوار ہو کر،

۱۹۔ اور (اس کے برعکس) جو کوئی آخرت کا طلب گار ہو گا، اور اس کے لئے وہ ایسی کوشش بھی کرے گا جیسی کوشش کہ اس کے لئے کرنی چاہیے، بشرطیکہ وہ ایماندار بھی ہو، تو ایسے لوگوں کی کوشش مقبول ہو گی،

۲۰۔ (رہی دنیا تو اس میں) ہم (اپنی پروردگاری اور بخشش سے) ہر فریق کو مدد دئیے جا رہے ہیں، ان کو بھی اور ان کو بھی، اور تمہارے رب کی بخشش (ان دونوں میں سے کسی فریق پر بھی) بند نہیں،

۲۱۔ دیکھو (دنیا میں) ہم نے ان میں سے ایک کو دوسرے پر کس طرح فضیلت دے رکھی ہے، اور آخرت تو یقیناً اپنے درجات کے اعتبار سے بھی اس سے کہیں بڑی ہے، اور اس کی فضیلت بھی اس سے کہیں بڑھ چڑھ کر ہو گی،

۲۲.	اللہ کے ساتھ کوئی دوسرا معبود نہ بنانا کہ اس کے نتیجے میں تمہیں بیٹھنا پڑے بدحال اور بے یارومددگار ہو کر،

۲۳.	اور تمہارا رب یہ فیصلہ کر چکا کہ تم نے بندگی نہیں کرنی مگر اسی کی، اور اپنے ماں باپ کے ساتھ اچھا سلوک کرنا ہے، اگر تمہارے سامنے ان میں سے کوئی ایک بڑھاپے کو پہنچ جائے، یا دونوں، تو تم انھیں اف بھی نہ کہنا، اور انھیں جھڑکنا بھی نہیں، اور ان سے بات بھی پورے احترام سے کرنا،

۲۴.	اور جھکائے رکھنا اس کے سامنے عاجزی کے بازو و نیازمندی کی بناء پر، اور (ان کے حق میں) یہ دعاء بھی کرتے رہنا کہ اے میرے رب، رحم فرما ان دونوں پر، جیسا کہ انہوں نے مجھے پالا پوسا بچپن میں،

۲۵.	تمہارا رب جانتا ہے وہ سب کچھ جو کہ تمہارے دلوں کے اندر (موجود) ہے، اگر تم نیک کردار ہوئے تو (بتقاضائے بشریت سرزد ہو جانے والی کسی ناشدنی سے مایوس نہیں ہو جانا کہ) بیشک وہ سچی توبہ کرنے والوں کے لئے بڑا ہی بخشنے والا ہے

۲۶.	اور رشتہ دار کو اس کا حق دے دیا کرو، اور مسکین اور مسافر کو بھی، پر بے جا خرچ نہیں کرنا،

۲۷.	کہ بے جا خرچ کرنے والے یقینی طور پر شیطانوں کے بھائی ہیں، اور شیطان اپنے رب کا بڑا ہی ناشکرا ہے،

۲۸۔ اور اگر کبھی تمہیں ان (اہل حقوق) سے پہلو تہی کرنا پڑے، اپنے رب کی کسی ایسی رحمت کی تلاش میں جس کی تمہیں امید ہو، تو تم ان سے نرم (اور آسان) بات کہہ دیا کرو،

۲۹۔ اور نہ تو تم اپنے ہاتھ کو اپنی گردن سے باندھ رکھو، اور نہ ہی اسے اس طرح پورا کھول دو کہ اس کے نتیجے میں تم الزام خوردہ اور تنگ دست ہو کر رہ جاؤ،

۳۰۔ بیشک تمہارا رب روزی کشادہ کرتا ہے جس کے لئے چاہتا ہے، اور تنگ فرماتا ہے (جس کے لئے چاہتا ہے)، بیشک وہ اپنے بندوں سے پوری طرح باخبر بھی ہے، اور سب کچھ دیکھتا (سنتا) بھی،

۳۱۔ اور اپنی اولاد کو قتل نہیں کرنا تنگ دستی کے خوف سے، کہ روزی ہم ہی دیتے ہیں ان کو بھی، اور تم کو بھی، بلاشبہ (بے گناہوں) کا قتل کرنا بڑا بھاری گناہ ہے

۳۲۔ اور (خبردار!) زنا کے قریب بھی نہ پھٹکنا بیشک وہ ایک بڑی بے حیائی اور بہت ہی بری راہ ہے،

۳۳۔ اور قتل نہیں کرنا کسی ایسی جان کو جسے اللہ نے حرام کر رکھا ہو، مگر حق کے ساتھ، اور جس کو قتل کیا گیا ظلم (و زیادتی) کے ساتھ، تو اس کے وارث کو ہم نے ایک بڑا زور (اور غلبہ) دیا ہے، پس وہ قتل میں حد سے نہ گزرے، یقیناً اس کی مدد کی جائے گی

۳۴۔ اور یتیم کے مال کے قریب بھی نہ پھٹکنا، مگر اس طریقے سے جو کہ سب سے اچھا ہو، یہاں تک کہ وہ پہنچ جائے اپنی (جوانی کی) قوتوں کو، اور پورا کیا کرو تم لوگ اپنے عہد کو، بیشک عہد کی باز پرس ہوگی

۳۵.	اور جب تم ناپو تو پورا ناپو، اور (جب تولو تو) ٹھیک ترازو سے تولو، کہ یہ (فی نفسہ بھی) اچھی بات ہے، اور اس کا انجام بھی اچھا ہے،

۳۶.	اور ایسی بات کے پیچھے نہ پڑا کرو جس کا تمہیں علم نہ ہو، کہ بلاشبہ کان، آنکھ اور دل، سب ہی کے بارے میں بازپرس ہوگی،

۳۷.	اور اکڑ کر نہیں چلنا (اللہ کی) زمین میں، بیشک نہ تو تم پھاڑ سکتے ہو اس زمین کو (ایڑیاں مار مار کر)، اور نہ ہی تم پہنچ سکتے ہو پہاڑوں کی بلندی کو (اپنی گردن کو تان کر)،

۳۸.	ان سب باتوں میں سے ہر ایک کا برا پہلو تمہارے رب کے یہاں ناپسندیدہ ہے،

۳۹.	یہ سب باتیں ہیں اس حکمت (لایزال) کی، جس کی وحی فرمائی ہے تمہاری طرف تمہارے رب نے (اپنے کرم سے) اور مت ٹھہرانا اللہ کے ساتھ کوئی اور معبود، کہ اس کے نتیجے میں تم کو پھینک دیا جائے جہنم میں ملامت زدہ اور راندہ (و محروم کر کے)،

۴۰.	تو کیا تمہارے رب نے تمہیں تو چن لیا بیٹوں کے ساتھ، اور خود اپنے لئے فرشتوں کو بیٹیاں بنا دیا؟ یقیناً تم لوگ ایک بڑی بھاری بات منہ سے نکالتے ہو

۴۱.	اور یقیناً ہم نے طرح طرح سے بیان کیا ہے اس قرآن میں (حق اور حقیقت کو)، تاکہ کہ لوگ سمجھیں، مگر اس سے ان (بدبخت ہٹ دھرموں) کی نفرت (اور محرومی) ہی میں اضافہ ہوتا گیا،

۴۲۔ (ان سے) کہو کہ اگر اس (وحدہ ، لاشریک) کے ساتھ اور بھی معبود ہوتے ، جیسا کہ ان کا کہنا ہے ، تو یقیناً انہوں نے عرش والے تک پہنچنے کے لئے ضرور کوئی نہ کوئی راستہ ڈھونڈ لیا ہوتا،

۴۳۔ پاک ہے وہ (اللہ) اور بہت ہی بلند اور بالا، ان تمام باتوں سے جو یہ لوگ اس (کی شان اقدس) کے بارے میں بنا رہے ہیں

۴۴۔ اسی کی پاکی بیان کرتے (اور اس کی عظمت کے گن گاتے) ہیں یہ ساتوں آسمان اور زمین، اور اس کے اندر کی سب مخلوق، (خواہ زبان حال سے خواہ زبان قال سے)، اور کوئی بھی چیز ایسی نہیں جو تسبیح نہ کرتی ہو، اس کی حمد (وثناء) کے ساتھ، مگر تم لوگ ان کی تسبیح کو سمجھ نہیں سکتے، یقیناً وہ نہایت ہی بردبار، بڑا ہی بخشنے والا ہے،

۴۵۔ اور جب تم قرآن پڑھتے ہو تو ہم تمہارا اور ان لوگوں کے درمیان جو کہ ایمان نہیں رکھتے آخرت پر، ایک مخفی پردہ حائل کر دیتے ہیں،

۴۶۔ اور ہم نے ان کے دلوں پر پردے ڈال دیے (ان کی اپنی بد نیتی کی بنا پر) اس بات سے کہ وہ اسے سمجھیں اور ان کے کانوں میں بھاری ڈاٹ رکھ دئے (اس سے کہ یہ اسے سنیں)، اور جب تم قرآن میں صرف اپنے رب ہی کا ذکر کرتے ہو، تو یہ لوگ نفرت سے پیٹھ پھیر کر بھاگ کھڑے ہوتے ہیں،

۴۷.　ہمیں خوب معلوم ہے وہ غرض جس کے لئے یہ لوگ کان لگا کر سنتے ہیں، جب کہ یہ تمہاری طرف کان لگائے ہوتے ہیں، اور جب یہ آپس میں سرگوشیاں کر رہے ہوتے ہیں، جب کہ یہ ظالم کہتے ہیں کہ تم لوگ تو محض ایک جادوزدہ شخص کی پیروی کرتے ہو،

۴۸.　دیکھو تو سہی (عقل کے دشمن اور نصیب کے کھوٹے) یہ لوگ آپ کے لئے کیسی کیسی مثالیں بیان کرتے ہیں، سو یہ ایسے بھٹکے کہ اب انھیں کوئی راہ دکھائی ہی نہیں دیتی

۴۹.　اور کہتے ہیں کہ کیا جب ہم (مر کر) ہڈیاں اور چورا ہو جائیں گے، تو کیا پھر ہم نئے سرے سے پیدا کر کے اٹھائے جائیں گے؟

۵۰.　کہو کہ (ہڈیاں اور چورا تو کیا) تم پتھر یا لوہا ہو جاؤ،

۵۱.　یا اور کوئی ایسی مخلوق بن جاؤ جس کا زندہ ہونا تمہارے خیال میں بہت مشکل بات ہو، (پھر بھی تم نے اٹھ کر رہنا ہے)، اس پر یہ کہیں گے کہ (اچھا تو) وہ کون ہے جو ہمیں (اس حالت پر بھی) دوبارہ زندہ کر دے گا؟ کہو وہ وہی ہے جس نے تم کو پہلی مرتبہ پیدا کیا، (جب کہ تمہارا کوئی نام و نشان تک بھی نہ تھا) اس پر یہ لوگ سر ہلاتے ہوئے یہ سوال کریں گے کہ (اچھا تو) یہ کب ہو گا؟ جواب دو کہ کیا عجب کہ وہ وقت تمہارے قریب ہی آ گیا ہو،

۵۲.　جس روز وہ تمہیں پکارے گا تو تم اس کی پکار پر (بلا کسی چوں چرا کے فوراً) چلے آؤ گے اس کی حمد (ثناء) کرتے ہوئے، اور (آج جلدی مچانے والے منکرو، اس روز) تم یہ خیال کرو گے کہ تم بہت ہی کم (مدت اس دنیا میں) رہے تھے،

۵۳۔ اور کہو میرے بندوں سے (اے پیغمبر!) کہ وہ بات ہمیشہ وہی کریں جو ہر لحاظ سے اچھی ہو، کہ شیطان (ناروا بات کے ذریعے) ان کے درمیان فساد ڈلوانے کی کوشش میں رہتا ہے، بلاشبہ شیطان انسان کا کھلم کھلا دشمن ہے،

۵۴۔ تمہارا رب تمہیں خوب جانتا ہے (کہ تم میں سے کون کس قابل ہے، پس) وہ اگر چاہے تو تم پر رحم فرمادے، اور اگر چاہے تو تم کو عذاب میں ڈال دے، اور ہم نے آپ کو (اے پیغمبر!) ان کا ذمہ دار بنا کر نہیں بھیجا،

۵۵۔ اور آپ کا رب خوب جانتا ہے ان سب کو جو کہ آسمانوں اور زمین (کی اس وسیع کائنات) میں موجود ہیں، اور بلاشبہ ہم نے فضیلت بخشی بعض نبیوں کو بعض پر، اور ہم ہی نے داؤد کو زبور عطا کی تھی،

۵۶۔ (ان سے) کہو کہ تم لوگ پکار دیکھو اپنے ان (خود ساختہ) معبودوں کو جن کا تم گھمنڈ رکھتے ہو، اس (معبود حق) کے سواء وہ نہ تمہاری تکلیف کو دور کر سکتے ہیں اور نہ ہی اس کو کچھ پھیر سکتے ہیں،

۵۷۔ وہ ہستیاں جن کو یہ لوگ (اپنی حاجت روائی و مشکل کشائی، اور وسیلہ جوئی کے لئے) پکارتے ہیں، وہ (ان کے کام کیا آتے وہ تو) خود اپنے رب کے حضور پہنچنے کے لئے (نیکیوں کے ذریعے) قرب ڈھونڈنے میں لگے رہتے ہیں، کہ کون اس کا زیادہ مقرب بنتا ہے وہ اپنے رب کی رحمت کی امید رکھتے اور اس کے عذاب سے ڈرتے رہتے ہیں، بلاشبہ آپ کے رب کا عذاب ہے ہی ڈرنے کی چیز،

۵۸. اور کوئی بستی ایسی نہیں، جسے ہم ہلاک (اور تباہ و برباد) کر دیں قیامت سے پہلے، یا اسے کوئی سخت عذاب نہ دے دیں، یہ بات اس کتاب میں لکھی ہوئی ہے،

۵۹. اور ہمیں ایسی نشانیاں (یعنی فرمائشی معجزات) بھیجنے سے نہیں روکا مگر اس بات نے کہ اس طرح کی نشانیوں کو جھٹلا چکے ہیں پہلے لوگ، چنانچہ (نمونے کے طور پر دیکھ لو کہ) ہم نے قوم ثمود کو وہ اونٹنی بخشی آنکھیں کھول دینے والی ایک عظیم الشان نشانی کے طور پر، مگر انہوں نے اس پر ظلم کیا، اور ہم اپنی نشانیاں نہیں بھیجتے مگر ڈرانے کے لئے،

۶۰. اور (وہ بھی یاد کرو کہ) جب ہم نے آپ سے کہا تھا کہ آپ کے رب نے گھیر رکھا ہے، ان لوگوں کو (اپنے علم اور قدرت سے)، اور (ان عجائب قدرت کا) وہ دیکھنا جو کہ ہم نے آپ کو دکھایا تھا (اپنی قدرت و عنایت سے) اور اس درخت کو جس پر لعنت وارد ہوئی ہے قرآن میں، (نہیں بنایا ہم نے اس سب کو) مگر آزمائش کا سامان لوگوں کے لئے، اور ہم انھیں برابر ڈراتے (اور تنبیہ کرتے) رہتے ہیں، (تاکہ یہ لوگ باز آجائیں)، مگر اس سب سے ان کی اس بڑی سرکشی ہی میں اضافہ ہوتا جاتا ہے،

۶۱. اور (وہ بھی یاد کرو کہ) جب ہم نے فرشتوں سے کہا کہ تم سجدہ کرو آدم کے لئے، تو وہ سب سجدے میں گر پڑے بجز ابلیس کے (کہ اس نے سجدہ نہ کیا)، کہنے لگا کیا میں اس کو سجدہ کروں جس کو تو نے پیدا کیا ہے مٹی سے؟

۶۲.	مزید کہا کہ بھلا دیکھ تو سہی، یہ جس کو تو نے مجھ پر فوقیت دی ہے اگر تو نے مجھے مہلت دے دی قیامت کے دن تک، تو میں جڑ نکال کر رکھ دوں گا اس کی سب نسل کی، بجز تھوڑے سے لوگوں کے

۶۳.	ارشاد ہوا کہ جا (اور جو کچھ تجھ سے ہو سکے کر گزر، پر یاد رکھنا کہ) ان میں سے جو بھی کوئی تیرے پیچھے چلا، تو یقینی طور پر جہنم ہی بدلہ ہو گا تم سب کا پورا پورا بدلہ،

۶۴.	اور پھسلا لے تو ان میں سے جس کو بھی پھسلا سکتا ہے، اپنی آواز (اور چیخ و پکار) سے، اور دوڑا لے ان پر اپنے سوار اور پیادہ (لشکر)، اور ساجھا کر لے تو ان کے ساتھ ان کے مالوں میں بھی، اور ان کی اولادوں میں، اور پھانستا جا ان کو اپنے (جھوٹے) وعدوں کے جال میں، اور شیطان کے وعدے کچھ نہیں ہوتے سوائے دھوکے کے سامان کے،

۶۵۔ (پر واضح رہے کہ) میرے خاص بندوں پر یقیناً تیرا کوئی زور نہیں چل سکے گا، اور کافی ہے تمہارا رب کارسازی کے لئے،

۶۶.	تمہارا رب ہی تو ہے جو تمہارے (طرح طرح کے فائدوں کے) لئے کشتیاں (اور جہاز) چلاتا ہے سمندر میں، تاکہ تم لوگ تلاش کر سکو اس کا فضل، (اور اس کی روزی)، بیشک وہ تم پر بڑا ہی مہربان ہے

۶۷.	اور جب تم لوگوں کو سمندر (کی ان ہولناک موجوں) میں کوئی تکلیف پہنچتی ہے تو گم ہو جاتے ہیں (تمہارے وہ سب خود ساختہ حاجت روا و مشکل کشا) جن کو تم لوگ پکارا کرتے

تھے، سوائے اس (معبود برحق) کے، پھر جب وہ تمہیں بچا کر خشکی پر پہنچا دیتا ہے، تو تم اس سے منہ موڑ لیتے ہو، واقعی انسان بڑا ہی ناشکرا ہے

۶۸. اچھا تو کیا تم لوگ نڈر (اور بے خوف) ہو گئے ہو اس بات سے کہ وہ کبھی تم کو خشکی کی جانب ہی زمین میں دھنسا دے یا وہ بھیج دے تم پر پتھر برسانے والی کوئی آندھی، پھر تم نہ پا سکو اپنے لئے کوئی کارساز

۶۹. کیا تم لوگ نڈر (اور بے خوف) ہو گئے اس سے کہ وہ کبھی تم کو پھر لے جائے سمندر میں، اور تم پر کوئی سخت طوفانی ہوا بھیج کر تم سب کو اس میں غرق کر دے، تمہارے کفر (و ناشکری) کی پاداش میں، پھر تم نہ پا سکو اپنے لئے ہم سے کوئی پوچھنے والا،

۷۰. اور بلاشبہ ہم نے عزت بخشی بنی آدم کو، اور ان کو طرح طرح کی سواریوں سے نوازا خشکی میں بھی اور تری میں بھی اور ہم نے ان کو روزی کا سامان کیا طرح طرح کی پاکیزہ چیزوں سے، اور ان کو اپنی بہت سی مخلوق پر طرح طرح کی فضیلت (و بزرگی) بخشی،

۷۱. (اور یاد کرو اس ہولناک دن کو کہ) جس دن ہم بلائیں گے لوگوں کے ہر گروہ کو اس کے پیشوا کے ساتھ پھر جن کو ان کا نامہ اعمال ان کے دائیں ہاتھ میں دیا جائے گا تو وہ (خوش ہو ہو کر) اپنے نامہ اعمال کو پڑھیں گے، اور ان پر ذرہ برابر کوئی ظلم نہیں ہو گا،

۷۲. اور جو کوئی اندھا بن کر رہا ہو گا، اس (دنیا کی زندگی) میں تو وہ آخرت میں بھی اندھا ہی رہے گا، بلکہ اس سے بھی زیادہ گمراہ،

۷۳. اور (اے پیغمبر!) ان لوگوں نے اپنی اس کوشش میں کوئی کسر اٹھا نہیں رکھی تھی کہ آپ کو فتنے میں ڈال کر پھیر دیں اس وحی سے جو ہم نے بھیجی ہے آپ کی طرف، تاکہ آپ اس کے خلاف ہماری طرف کسی اور بات کی نسبت کر دیں، اور اگر ایسا ہو جاتا تو یہ لوگ یقیناً آپ کو اپنا گہرا دوست بنا لیتے،

۷۴. اور اگر ہم نے آپ کو ثابت قدم نہ رکھا ہوتا، تو بلاشبہ آپ کسی قدر ان کی طرف جھکنے کے قریب ہو جاتے،

۷۵. اور اگر ایسے ہو جاتا تو ہم یقیناً آپ کو دوہرا عذاب چکھاتے، دنیاوی زندگی میں بھی، اور موت کے بعد بھی، پھر آپ ہمارے مقابلے میں کوئی مددگار نہ پا سکتے

۷۶. اور انہوں نے اس میں بھی کوئی کسر اٹھا نہیں رکھی کہ آپ کے قدم اکھاڑ دیں اس سرزمین سے، تاکہ آپ کو اس سے نکال باہر کر دیں، (خواہ جبر سے خواہ مکر سے) اور اگر ایسا ہو جاتا تو یہ لوگ بھی آپ کے بعد یہاں نہ ٹھہر سکتے مگر بہت کم،

۷۷. اپنے اس دستور کے مطابق جو ہمارا ان تمام رسولوں کے بارے میں رہا ہے جن کو ہم آپ سے پہلے بھیج چکے ہیں، اور آپ ہمارے دستور میں کوئی تبدیلی نہیں پائیں گے،

۷۸. نماز قائم رکھو سورج ڈھلنے سے لے کر رات کے اندھیرے تک اور خاص کر فجر کے قرآن پڑھنے کو، بلاشبہ فجر کے قرآن پڑھنے کا وقت حضوری کا وقت ہوتا ہے،

۷۹. اور رات کے کچھ حصے میں تہجد بھی پڑھا کرو، جو کہ آپ کے لئے ایک زائد عبادت ہے، بعید نہیں کہ آپ کا رب آپ کو سرفراز فرما دے مقام محمود سے،

۸۰.	اور یہ دعاء کرتے رہا کرو کہ میرے رب! مجھے (جہاں بھی لے جانا ہو) سچائی کے ساتھ لے جانا، اور (جہاں سے بھی نکالنا ہو) سچائی کے ساتھ نکالنا اور مجھے اپنی طرف سے ایسا غلبہ عطا فرما جس کے ساتھ (تیری دائمی) نصرت شامل ہو،

۸۱.	اور اعلان کر دو (اے پیغمبر!) کہ حق آ گیا اور باطل مٹ گیا، اور بلاشبہ باطل ہے ہی مٹنے کی چیز

۸۲.	اور ہم اس قرآن کے ذریعے وہ کچھ نازل کرتے ہیں جو سراسر شفاء اور عین رحمت ہے ایمانداروں کے لئے، مگر ظالموں کے لئے اس سے خسارے کے سوا اور کسی چیز کا اضافہ نہیں ہوتا،

۸۳.	اور جب ہم انسان پر کوئی انعام کرتے ہیں تو وہ منہ موڑ لیتا ہے، اور پیٹھ پھیر لیتا ہے، اور جب اسے کوئی تکلیف پہنچتی ہے تو وہ مایوس ہو جاتا ہے،

۸۴۔	(ان سے) کہو کہ ہر کوئی اپنے طریقے پر کام کئے جا رہا ہے، پر آپ کے رب کو خوب معلوم ہے کہ کون سب سے زیادہ سیدھی راہ پر ہے،

۸۵.	اور پوچھتے ہیں آپ سے (اے پیغمبر!) روح کے بارے میں، تو انھیں بتا دو کہ روح تو میرے رب کے حکم سے ہے، اور تمہیں جو کچھ بھی علم دیا گیا ہے (اے لوگو) بہت ہی تھوڑا ہے،

۸۶.	اور اگر ہم چاہیں تو چھین لیں آپ سے (اے پیغمبر!) وہ سب کچھ جو ہم نے آپ کو بذریعہ وحی عطا کیا ہے، پھر آپ کو ہمارے مقابلے میں کوئی حمایتی بھی نہ مل سکے،

۸۷. مگر (یہ صرف) آپ کے رب کی مہربانی ہے (کہ ایسے نہیں ہوا) بیشک اس کی عنایت آپ پر بہت ہی بڑی ہے،

۸۸. (اور عظمت قرآن کے اظہار و بیان کے لئے) کہو کہ اگر سارے انسان اور جن مل کر بھی اس قرآن جیسا کوئی کلام لانا چاہیں تو (ہرگز ہرگز) نہیں لا سکیں گے، اگرچہ وہ سب ایک دوسرے کے مددگار بھی بن جائیں،

۸۹. اور بلاشبہ ہم نے لوگوں کے لئے اس قرآن میں عمدہ مضمون کو طرح طرح سے بیان کیا، مگر لوگوں کی اکثریت (پھر بھی) انکار ہی پر کمر بستہ رہی،

۹۰. اور (قرآن حکیم کے اس عظیم معجزے کے باوجود) یہ لوگ کہتے ہیں کہ ہم ہرگز آپ پر ایمان نہیں لائیں گے، یہاں تک کہ آپ پھاڑ نکالیں ہمارے لئے (مکہ کی) اس زمین سے ایک عظیم الشان چشمہ،

۹۱. یا خود آپ کے لئے ایک عظیم الشان باغ ہو کھجوروں اور انگوروں کا، پھر آپ جاری کر دیں اس میں طرح طرح کی نہریں،

۹۲. یا گرا دیں آپ ہم پر آسمان کو ٹکڑے ٹکڑے کرکے، جیسا کہ آپ کا دعویٰ ہے، یا ہمارے سامنے لے آئیں آپ اللہ اور اس کے فرشتوں کو،

۹۳. یا آپ کے لئے ایک عظیم الشان گھر ہو سونے کا، یا آپ چڑھ جائیں آسمان پر، اور آپ کے چڑھنے کا بھی ہم یقین نہیں کریں گے، یہاں تک کہ آپ اتار دیں ہم پر ایک

کتاب، جس کو ہم خود پڑھیں، سو آپ (اے پیغمبر! اس کے جواب میں) کہو کہ پاک ہے میرا رب، میں تو صرف ایک بشر (اور انسان) ہوں بھیجا ہوا،

۹۴. اور لوگوں کے پاس جب بھی کبھی ہدایت آئی تو ان کو اس پر ایمان لانے سے اس بات کے سوا اور کسی چیز نے نہیں روکا کہ کیا اللہ نے ایک بشر (اور انسان) ہی کو رسول بنا کر بھیجنا تھا؟

۹۵. (ان سے) کہو کہ اگر زمین میں (انسانوں کی بجائے) فرشتے ہوتے جو یہاں اطمینان سے (رہتے بستے اور) چل پھر رہے ہوتے، تو ہم ضرور ان پر آسمان سے کسی فرشتہ ہی کو رسول بنا کر بھیج دیتے،

۹۶. (اور ان سے آخری بات کے طور پر) کہہ دو کافی ہے اللہ، میرے اور تمہارے درمیان گواہی دینے کو، بیشک وہ اپنے بندوں سے پوری طرح باخبر اور سب کچھ دیکھتا ہے

۹۷. جسے اللہ ہدایت بخشے وہی ہے ہدایت پانے والا اور جسے وہ گمراہی میں ڈال دے تو آپ ایسوں کے لئے حمایتی (اور مددگار) نہیں پا سکیں گے، اس (وحدہ، لاشریک) کے سوا، اور ایسے لوگوں کو ہم قیامت کے روز ان کے مونہوں کے بل کھینچ لائیں گے، اندھے، گونگے اور بہرے کر کے، ان کا ٹھکانا جہنم ہوگا، جب کبھی اس کی آگ بجھنے لگے گی تو ہم اسے اور بھڑکا دیں گے،

۹۸. ان کی یہ سزا اس وجہ سے ہوگی کہ انہوں نے کفر (وانکار) کا ارتکاب کیا تھا ہماری آیتوں کے ساتھ، اور یہ کہا کرتے تھے کہ کیا جب ہم ہڈیاں اور خاک ہو کر رہ جائیں گے تو ہمیں نئے سرے سے زندہ کر کے اٹھایا جائے گا؟

۹۹. کیا انہوں نے یہ نہ دیکھا کہ جس اللہ نے آسمانوں اور زمین کو پیدا کیا ہے وہ ان جیسے انسانوں کے دوبارہ پیدا کر دینے پر بھی یقیناً قدرت رکھتا ہے، اور اس نے ان کے لئے ایک ایسی مدت مقرر کر رکھی ہے جس میں کوئی شک نہیں، مگر ظالم پھر بھی انکار ہی کئے جا رہے ہیں،

۱۰۰۔ (ان سے) کہو کہ اگر کہیں تم لوگ مالک ہو گئے ہوتے میرے رب کی رحمت کے خزانوں کے، تو یقیناً تم ان کو روک رکھتے خرچ ہو جانے کے اندیشے سے، واقعی انسان بڑا ہی تنگ دل ہے،

۱۰۱. اور بلاشبہ ہم نے موسیٰ کو عطا کی تھیں نو کھلی نشانیاں، پس تم پوچھ لو بنی اسرائیل سے کہ جب موسیٰ ان کے پاس آیا تو فرعون نے ان سے کہا کہ اے موسیٰ میں تو تجھے یقینی طور پر ایک جادو کا مارا ہوا انسان سمجھتا ہوں،

۱۰۲. موسیٰ نے جواب میں کہا کہ تجھے اچھی طرح معلوم ہے کہ ان بصیرت افروز نشانیوں کو آسمانوں اور زمین کے مالک کے سوا اور کسی نے نہیں اتارا اور میں تجھے اے فرعون، قطعی طور پر ایک ہلاک ہونے والا انسان سمجھتا ہوں،

۱۰۳. سو فرعون نے چاہا تھا کہ اکھاڑ پھینکے ان سب کو اس سرزمین سے، مگر اس کے نتیجے میں ہم نے غرق کر دیا خود فرعون کو اور ان سب کو جو اس کے ساتھ تھے یکجا طور پر،

۱۰۴. اور اس کے بعد ہم نے بنی اسرائیل سے کہا کہ اب تم لوگ رہو بسو، اس زمین میں، پھر جب آ پہنچے گا آخرت کے وعدے کا وقت، تو ہم لے آئیں گے تم سب کو اکٹھا کر کے،

۱۰۵. اور حق ہی کے ساتھ اتارا ہے ہم نے اس (قرآن حکیم) کو اور حق ہی کے ساتھ نازل ہوا ہے یہ، اور ہم نے نہیں بھیجا آپ کو (اے پیغمبر!) مگر خوشخبری سنانے والا، اور خبردار کرنے والا بنا کر

۱۰۶. اور ہم نے قرآن کو تھوڑا تھوڑا کر کے اتارا، تاکہ آپ اسے ٹھہر ٹھہر کر لوگوں کو سنائیں، اور ہم نے اسے (موقع بموقع) ایک خاص تدریج سے اتارا ہے،

۱۰۷. کہو کہ تم لوگ اس پر ایمان لاؤ یا نہ لاؤ (اے لوگو! یہ بہر حال حق ہے) بلاشبہ جن لوگوں کو اس سے پہلے علم دیا گیا ہے جب یہ انھیں سنایا جاتا ہے، تو وہ ٹھوڑیوں کے بل سجدے میں گر پڑتے ہیں،

۱۰۸. اور وہ پکار اٹھتے ہیں کہ پاک ہے ہمارا رب، بیشک ہمارے رب کے وعدے نے بہر حال پورا ہو کر ہی رہنا تھا،

۱۰۹. اور وہ گر جاتے ہیں ٹھوڑیوں کے بل روتے ہوئے اور اس سے ان کے خشوع (اور عاجزی) میں اور اضافہ ہو جاتا ہے،

۱۱۰.　کہو کہ تم (اے لوگو! اپنے رب کو) اللہ کہہ کر پکارو، یا رحمان کہہ کر، جس نام سے بھی پکارو (خیر ہی خیر ہے کہ یہ) سب اچھے نام اسی (وحدہ، لاشریک) کے ہیں، اوراپنی نماز میں نہ تو تم بہت بلند آواز سے پڑھو، اور نہ بالکل پست آواز سے، بلکہ ان دونوں کے درمیان کاراستہ اختیار کرو

۱۱۱.　اور کہو سب تعریفیں اس اللہ ہی کے لئے ہیں جس کی نہ کوئی اولاد ہے، نہ اس کی سلطنت میں اس کا کوئی شریک، اور نہ ہی اس کا کوئی حمایتی (مددگار) ہے عاجزی (اور کمزوری) کی بنا پر، اوراسی کی بڑائی بیان کرو، کمال درجے کی بڑائی۔

***

۱۸۔ الکہف

بِسۡمِ اللّٰہِ الرَّحۡمٰنِ الرَّحِیۡمِ

اللہ کے نام سے جو رحمان ورحیم ہے

۱. سب تعریفیں اس اللہ ہی کے لئے ہیں جس نے اتارا اپنے بندہ خاص پر اس (عظیم الشان) کتاب کو، اور اس میں اس نے کسی طرح کی کوئی کجی (اور ٹیڑھ) نہیں رکھی،

۲. ٹھیک ٹھیک سیدھی بات کہنے والی تاکہ وہ خبردار کرے (لوگوں کو) اپنی طرف سے ہونے والے ایک بڑے ہی سخت عذاب سے، اور تاکہ خوشخبری دے ان ایمان والوں کو جو نیک کام کرتے ہیں کہ ان کے لئے ایک بہت بڑا اجر ہے،

۳. جس میں ان کو ہمیشہ رہنا نصیب ہو گا

۴. اور تاکہ (خاص طور پر) وہ خبردار کرے ان لوگوں کو جنہوں نے کہا کہ اللہ کی کوئی اولاد ہے،

۵. (حالانکہ) ان کے پاس اس کا کوئی علم نہیں، اور نہ ہی ان کے باپ دادا کے پاس تھا، بڑی ہی بھاری بات ہے یہ جو ان لوگوں کے مونہوں سے نکلتی ہے، یہ لوگ بالکل ہی نرا جھوٹ بک رہے ہیں،

٦. تو کیا آپ (اے پیغمبر!) ان لوگوں کے پیچھے غم کے مارے اپنی جان کو ہلاک کر دیں گے؟ اگر یہ لوگ اس کلام (معجز نظام) پر ایمان نہیں لائے؟

۷. بیشک ہم نے اس سب کچھ کو جو کہ اس زمین پر موجود ہے اس کے لئے اس کی زینت کا سامان بنایا ہے، تاکہ ہم ان کو آزمائیں کہ ان میں سے کون زیادہ اچھا عمل کرتا ہے،

۸. اور بلاشبہ ہم نے وہ سب کچھ جو کہ اس (زمین) پر ہے (ایک دن بالکل مٹا کر) اسے ایک چٹیل میدان بنا دینا ہے،

۹. کیا تم نے (اے مخاطب) یہ سمجھ رکھا ہے کہ غار اور رقیم والے ہماری (قدرت کی) نشانیوں میں سے کچھ زیادہ تعجب کی چیز تھے؟

۱۰. جب کہ ان چند نوجوانوں نے اس غار میں جا کر پناہ لی، اور انہوں نے دعاء کی کہ اے ہمارے رب، ہمیں نواز دے اپنی خاص رحمت سے، اور ہمارے لئے ہمارے معاملے میں درستی کا سامان مہیا فرما دے،

۱۱. سو ہم نے ان کے کانوں پر تھپکی دے کر ان کو اسی غار میں سلا دیا برسہا برس کے لئے،

١٢. پھر ہم نے انھیں اٹھایا تا کہ ہم دیکھیں کہ ان کے دونوں گروہوں میں سے کون اس مدت کو زیادہ ٹھیک بتاتا ہے جو انہوں نے وہاں گزاری تھی،

١٣. (اس اجمال تذکرے کے بعد اب) ہم آپ کو ان کا قصہ ٹھیک ٹھیک سناتے ہیں وہ چند نوجوان تھے جو اپنے رب پر ایمان لائے تھے، اور ہم نے ان کو ہدایت میں اور ترقی بخش دی تھی،

١٤. اور ہم نے اس وقت ان کے دل مضبوط کر دیئے جب کہ انہوں نے (آپس میں یا بادشاہ وقت کے سامنے) کھڑے ہو کر اعلان کر دیا، کہ ہمارا رب تو وہ ہے جو آسمانوں اور زمین کا رب ہے، ہم اس کے سوا اور کسی بھی معبود کو ہرگز نہیں پکاریں گے، ورنہ ہم یقیناً ایک بڑی ہی بے جا بات کا ارتکاب کریں گے،

١٥. یہ جو ہماری قوم ہے انہوں نے اس (وحدہٗ لاشریک) کے سوا طرح طرح کے معبود بنا رکھے ہیں، یہ لوگ کیوں نہیں لاتے ان پر کوئی واضح دلیل، سو اس سے بڑھ کر ظالم اور کون ہو سکتا ہے جو اللہ پر جھوٹ باندھے؟

١٦. اور اب جب کہ تم الگ ہو گئے ہو ان سے بھی، اور ان کے ان (باطل) معبودوں سے بھی، جن کو یہ لوگ پوجتے (اور پکارتے) ہیں اللہ کے سوا، تو اب تم (سیدھے) چل کر پناہ لے لو فلاں غار میں، تمہارا رب پھیلا دے گا تم پر اپنی رحمت (کی چادر) اور مہیا فرما دے گا تمہارے معاملے میں آسانی (اور کامیابی) کا سامان،

۱۷. اور تم (اگر انھیں غار میں دیکھتے تو) سورج کو دیکھتے کہ جب وہ نکلتا ہے تو کنی کترا جاتا ہے ان کے غار سے داہنی طرف کو اور جب ڈوبتا ہے تو ان کے بائیں جانب سے کنی کتراتا ہوا گزر جاتا ہے، جب کہ وہ اس غار کے اندر ایک کھلی جگہ میں پڑے تھے، یہ اللہ کی نشانیوں میں سے ایک ہے، جسے اللہ ہدایت دے وہی ہے ہدایت پانے والا، اور جسے وہ گمراہ کر دے، تو تم اس کے لئے نہیں پا سکو گے کوئی حمایتی راہ دکھانے والا،

۱۸. اور تم (اگر دیکھتے تو) ان کو جاگتا ہوا خیال کرتے، حالانکہ وہ سوئے پڑے تھے، ہم انھیں دائیں بائیں کروٹ دلواتے رہتے تھے، اور ان کا کتا غار کے دھانے پر اپنے بازو پھیلائے بیٹھا تھا اگر تم کہیں جھانک کر انھیں دیکھتے تو الٹے پاؤں بھاگ کھڑے ہوتے، اور تم پر ان کی ایک دہشت چھا جاتی،

۱۹. اور (جس عجیب طریقے سے ہم نے انھیں سلا دیا تھا) اسی طرح ہم نے انھیں اٹھا بٹھایا، تاکہ وہ آپس میں ایک دوسرے سے پوچھ گچھ کریں، (چنانچہ) ان میں سے ایک نے پوچھا کہ تم کتنی دیر اس حال میں رہے ہو؟ تو دوسروں نے جواب دیا دن بھر، یا اس سے بھی کچھ کم ہی رہے ہوں گے، پھر انہوں نے کہا (اس بحث سے کیا فائدہ؟) تمہارا رب ہی خوب جانتا ہے کہ تم کتنا عرصہ رہے ہو۔ پس اب تم اپنے میں سے کسی کو یہ روپیہ دے کر شہر بھیجو تاکہ وہ (وہاں جا کر سب سے پہلے تو یہ) دیکھے کہ سب سے پاکیزہ (اور ستھرا) کھانا کہاں ملتا ہے، پھر وہ وہاں سے تمہارے کھانے کو کچھ لے آئے، اور وہ بڑی خوش اسلوبی سے کام لے کہ تمہارے بارے میں کسی کو خبر تک نہ ہونے پائے،

۲۰.	کیونکہ اگر کہیں ان لوگوں نے تم پر قابو پالیا وہ تمہیں سنگسار کر دیں گے، یا پھر وہ تم کو اپنے دین میں لوٹالیں گے، اور اس صورت میں تم کبھی بھی فلاح نہیں پاسکو گے،

۲۱.	اور (جس عجیب طریقے سے ہم نے انھیں سلایا، جگایا) اسی طرح ہم نے ان لوگوں کو ان کے حال پر مطلع کر دیا، تاکہ وہ یقین جان لیں کہ اللہ کا وعدہ واقعی سچا ہے، اور یہ کہ قیامت کا آنا اس قدر یقینی ہے کہ اس میں کسی شک کی کوئی گنجائش نہیں، (اور وہ بھی ان کو سناؤ کہ) جب وہ لوگ آپس میں جھگڑ رہے تھے ان کے معاملے میں، سو انہوں نے کہا کہ ان (کے غار) پر کوئی عمارت بنوا دو، ان کا رب ان (کے معاملے) کو خوب جانتا ہے، (بالآخر) ان لوگوں نے جو ان کے معاملے پر غالب تھے انہوں نے کہا کہ ہم تو ان پر ایک مسجد بنائیں گے،

۲۲.	اب کچھ لوگ کہیں گے کہ وہ تین تھے، چوتھا ان کا کتا تھا، اور کچھ دوسرے کہیں گے کہ وہ پانچ تھے اور چھٹا ان کا کتا تھا، یہ سب بن دیکھے تیر پھینک رہے ہیں، اور کچھ کہیں گے کہ وہ سات تھے آٹھواں ان کا کتا تھا، (ان سے) کہو کہ میرا رب ہی بہتر جانتا ہے کہ وہ کتنے تھے، (لوگوں میں سے) ان کا صحیح حال کوئی نہیں جانتا مگر بہت تھوڑے، پس تم ان کے بارے میں ان (اہل کتاب وغیرہ) میں سے کسی سے بھی کوئی بحث مت کرو مگر سرسری طور پر، اور ان کے بارے میں ان میں سے کسی سے بھی کچھ مت پوچھو،

۲۳.	اور کسی بھی چیز کے بارے میں یوں مت کہو کہ میں اسے کل کر دوں گا

۲۴.   مگر یہ کہ اللہ چاہے، اور جب بھول جاؤ تو (یاد آنے پر) اپنے رب کا ذکر کر لیا کرو، اور یوں کہو کہ امید ہے کہ میرا رب مجھے اس سے بھی زیادہ رشد کے قریب تر بات کی راہنمائی سے نوازے گا،

۲۵.   اور وہ لوگ اپنی غار میں رہے تین سو برس، اور نو برس مزید برآں،

۲۶.   (ان سے) کہو کہ اللہ ہی بہتر جانتا ہے کہ وہ کتنی مدت رہے، اسی کے لئے ہے غیب آسمانوں اور زمین کا کیا ہی خوب دیکھنے والا اور سننے والا ہے وہ (اپنی مخلوق کے احوال کو) ان کے لئے اس کے سوا نہ کوئی حمایتی (و کارساز) ہے اور نہ ہی وہ اپنے حکم میں شریک کرتا ہے کسی کو،

۲۷.   اور پڑھتے (اور سناتے) جاؤ (اے پیغمبر!) اس وحی کو جو بھیجی گئی ہے آپ کی طرف، آپ کے رب کی جانب سے، کوئی نہیں جو بدل سکے اس کے فرمودات کو، اور (اگر آپ نے کسی کی خاطر اس میں کوئی کمی و بیشی کر دی تو) آپ اس کے سوا ہرگز کوئی پناہ گاہ نہیں پا سکو گے،

۲۸.   اور روکے رکھو اپنے آپ کو ان (بندگان صدق و صفا) کے ساتھ جو پکارتے ہیں اپنے رب کو صبح و شام، اس کی رضا چاہتے ہوئے اور ہٹنے نہ پائیں آپ کی نگاہیں ان سے دنیاوی زندگی کی زینت چاہتے ہوئے، اور کبھی کان نہ دھرنا کسی ایسے شخص کی (چکنی چپڑی) باتوں پر جس کے دل کو ہم نے غافل کر دیا ہو اپنی یاد (دلشاد) سے، (اس کے سواء اختیارات بد کی بناء پر)، اور وہ پیچھے لگ گیا ہو اپنی خواہشات کے، اور اس کا معاملہ حد سے گزر چکا ہو،

۲۹. اور (ان سے صاف) کہہ دو کہ حق تمہارے رب ہی کی طرف سے ہے، سو جس کا جی چاہے ایمان لے آئے اور جس کا جی چاہے کفر کرے (ہمارا نہ کوئی نفع نہ نقصان، پر یہ واضح رہے کہ) ہم نے یقیناً تیار کر رکھی ہے ظالموں کے لئے ایک ایسی ہولناک آگ، جس کی لپیٹوں نے ان کو اپنے گھیرے میں لے رکھا ہے، اور اگر یہ (پیاس کے مارے) پانی مانگیں گے تو ان کی تواضع ایک ایسے پانی سے کی جائے گی جو (بد شکل میں تو) تیل کی تلچھٹ کی طرح ہوگا (مگر کھولتا ہوا گرم اس قدر ہوگا کہ) بھون کر رکھ دے گا ان کے چہروں کو، کیسا برا پانی ہوگا وہ، اور کیسی بری رہائش گاہ ہوگی وہ،

۳۰. (اس کے برعکس) بیشک جو لوگ ایمان لائے اور انہوں نے کام بھی نیک کئے ہوں گے (ان کے لئے بڑا ہی عمدہ اجر ہے کہ) بیشک ہم کسی بھی ایسے شخص کا اجر ضائع نہیں کرتے جس نے اچھی طرح کام کیا ہوگا،

۳۱. ایسے (خوش نصیب) لوگوں کیلئے سدا بہار جنتیں ہوں گی ان کے نیچے سے بہہ رہی ہوں گی طرح طرح کی (عظیم الشان) نہریں، ان کو وہاں پر پہنائے جائیں گے کنگن سونے کے، اور سبز رنگ کے لباس باریک اور دبیز ریشم کے، (نہایت سکون و اطمینان سے) تکئے لگائے بیٹھے ہوں گے، یہ وہاں پر اونچی (اور عالی شان) مسندوں پر، کیا ہی خوب بدلہ ہوگا وہ، اور کیسی ہی عمدہ آرام گاہ ہوگی وہ،

۳۲. اور بیان کرو ان (کی عبرت پذیری) کے لئے ایک مثال، کہ دو شخص تھے جن میں سے ایک کو ہم نے دو باغ دئیے تھے انگوروں کے، اور گھیر دیا تھا ہم نے ان دونوں کو

کھجور کی ایک عمدہ باڑ سے، اور ان دونوں کے درمیان ہم نے کھیتی (کے قابل زمین) بھی رکھ دی تھی، یہ دونوں باغ خوب پھلے پھولے،

۳۳. اور پھل لانے میں انہوں نے کوئی کسر نہیں چھوڑی، اور ہم نے ان دونوں کے درمیان ایک نہر بھی جاری کر دی تھی،

۳۴. اور اس کا کچھ اور بھی مال تھا تو (ایک مرتبہ ترنگ میں آ کر) وہ اپنے ساتھی سے بات کرتے ہوئے کہنے لگا کہ میں تجھ سے مال میں بھی بہت زیادہ ہوں، اور جتھے کے اعتبار سے بھی تجھ سے کہیں زیادہ طاقتور ہوں،

۳۵. اور (ایک مرتبہ اسی نشے میں چور) وہ اپنے باغ میں داخل ہوا اس حال میں کہ وہ (کبر و غرور سے) خود اپنے ہی اوپر ظلم کر رہا تھا، اور اس نے (تکبر بھرے انداز میں) کہا کہ میں نہیں سمجھتا کہ یہ باغ بھی کبھی برباد ہو جائے گا

۳۶. اور نہ ہی یہ ماننے کو تیار ہوں کہ قیامت قائم ہونے والی ہے، اور اگر (بالفرض) میں اپنے رب کی طرف لوٹایا بھی گیا تو یقیناً میں (وہاں پر) اس سے بھی کہیں بڑھ کر اچھی جگہ پاؤں گا،

۳۷. اس کے ساتھی نے اس سے باتیں کرتے ہوئے (فہمائش اور تنبیہ کے طور پر) اس سے کہا کہ کیا تو اسی ذات کے ساتھ کفر کرتا ہے جس نے تجھے پیدا فرمایا مٹی سے، پھر نطفہ سے، پھر تجھے بنا کھڑا کیا ایک صحیح و سالم انسان کے طور پر؟

۳۸. (تو پھر بھی اگر کفر ہی کرتا ہے تو کیا کر باقی) رہا میں، تو میرا رب تو بہر حال وہی اللہ ہے، اور میں اس کے ساتھ کسی کو بھی شریک نہیں ٹھہراتا (کسی بھی حال میں)،

۳۹. اور ایسے کیوں نہ ہوا کہ جب تو داخل ہوا تھا اپنے باغ میں تو تو (دل و جان سے) سے پکار اٹھتا ''ماشاء اللہ لا قوۃ الا باللہ'' اور اگر تو مجھے اپنے سے کمتر دیکھتا ہے مال اور اولاد کے اعتبار سے،

۴۰. تو (یاد رکھ کہ) بعید نہیں کہ میرا رب مجھے تیرے باغ سے بھی کہیں بڑھ کر اچھا باغ دے دے، اور تیرے اس باغ پر آسمان سے کوئی ایسی آفت بھیج دے کہ یہ چٹیل میدان بن کر رہ جائے،

۴۱. یا اس کا پانی ہی زمین میں ایسا اتر جائے کہ تو اسے کسی بھی طرح تلاش کر کے نہ لا سکے،

۴۲. آخر کار گھیر لیا گیا اس کے سارے پھل کو (ایک ناگہانی آفت سے) جس سے وہ اپنے ہاتھ ملتا رہ گیا، اپنے اس خرچ پر جو اس نے اس باغ پر کیا تھا، جب کہ وہ گرا پڑتا تھا اپنی چھتریوں پر، اور وہ (مارے حسرت کے) کہہ رہا تھا کہ اے کاش میں نے شریک نہ ٹھہرایا ہوتا اپنے رب کے ساتھ کسی کو،

۴۳. اور نہ کوئی جماعت ایسی تھی جو اس کی مدد کرتی اللہ کے سوا، اور نہ وہ خود بدلہ لینے کے قابل تھا،

۴۴. یہاں (سے واضح ہو گیا کہ کارسازی کا) سب اختیار خدائے برحق ہی کے لئے ہے، اسی کا بخشا ہوا انعام بھی سب سے اچھا ہے، اور اسی کا دکھایا ہوا انجام بھی سب سے بہتر،

۴۵. اور ان (کی عبرت) کے لئے دنیا کی زندگی کی مثال بھی بیان کر دو کہ جیسے ہم نے آسمان سے پانی برسایا، جس سے خوب گھنی ہو کر نکلی اس کی انگوری، پھر (چندے بعد) وہ اس طرح چورا بن کر رہ گئی کہ اڑائے پھریں اس کو ہوائیں، اور واقعہ یہ ہے کہ اللہ ہر چیز پر پوری طرح قابو رکھنے والا ہے،

۴۶. مال و اولاد تو دراصل زیب و زینت ہیں اس (چند روزہ) دنیاوی زندگی کی، (اور بس) اور (سدا) باقی رہنے والی نیکیاں ہی ہیں جو تمہارے رب کے یہاں ثواب کے لحاظ سے بھی سب سے اچھی ہیں، اور امیدیں وابستہ کرنے کے اعتبار سے بھی سب سے عمدہ،

۴۷. اور (یاد کرواے لوگو، اس دن کو کہ) جس دن چلا دیں گے ہم ان (بھاری بھر کم اور فلک بوس) پہاڑوں کو، اور تم بالکل کھلا (اور برہنہ) دیکھو گے اس زمین کو، (ایک چٹیل میدان کی شکل میں) اور اکٹھا کر لائیں گے ہم ان سب کو اس طور پر کہ ان میں سے کسی کو بھی نہیں چھوڑیں گے،

۴۸. اور پیش کر دیا جائے گا ان سب کو آپ کے رب کے حضور صف در صف (اور ان سے کہا جائے گا کہ) آخر آ گئے ناں تم لوگ ہمارے پاس، جیسا کہ ہم نے تم کو پیدا کیا تھا پہلی مرتبہ، مگر تم نے سمجھ رکھا تھا کہ ہم تمہارے (لوٹنے کے) لئے کوئی وقت ہی مقرر نہ کریں گے،

۴۹۔   اور (ان کے سامنے) رکھ دیا جائے گا نامہ اعمال کو، تب تم دیکھو گے مجرموں کو کہ وہ ڈر (کے مارے کانپ) رہے ہوں گے، ان مندرجات سے جو اس کے اندر موجود ہوں گے، اور (مارے افسوس کے) وہ کہہ رہے ہوں گے کہ ہائے ہماری کم بختی، یہ کیسی کتاب ہے کہ اس نے کسی چھوٹی بات کو چھوڑا اور نہ کسی بڑی بات کو، جس کو درج نہ کیا ہو، اور وہ حاضر (و موجود) پائیں گے وہ سب کچھ جو انہوں نے (زندگی بھر) کیا ہو گا، اور آپ کا رب کسی پر ظلم نہیں کرتا،

۵۰۔   (اور وہ بھی یاد کرو کہ) جب ہم نے فرشتوں سے کہا کہ تم سجدہ کرو آدم کو، تو وہ سب کے سب (فوراً) سجدے میں گر پڑے، بجز ابلیس کے، وہ جنوں میں سے تھا، اس لئے اس نے سر تابی کی اپنے رب کے حکم سے، تو کیا تم لوگ پھر بھی دوست بناتے ہو اس کو اور اس کی اولاد کو مجھے چھوڑ کر؟ حالانکہ وہ تمہارے (اصلی اور پکے) دشمن بھی ہیں، کیا ہی برا بدل ملا ظالموں کو،

۵۱۔   میں نے تو ان کو آسمانوں اور زمین کے پیدا کرنے کے وقت بلایا تھا، اور نہ ہی خود ان کو پیدا کرتے وقت، اور نہ ہی یہ میری شان ہے کہ میں گمراہ کرنے والوں کو دست و بازو (اور مددگار) بناؤں،

۵۲۔   اور (کیا حال ہو گا مشرکوں کا اس دن) جس دن کہ حق تعالیٰ (ان سے فرمائے گا کہ) پکارو تم لوگ میرے ان شریکوں کو جن کا تم گھمنڈ رکھتے تھے، پھر وہ ان کو پکاریں گے، مگر

وہ ان کو اس کا کوئی جواب نہ دیں گے، اور ہم ان کے درمیان ہلاکت (وتباہی) کا ایک ہولناک گڑھا حائل کردیں گے،

۵۳. اور مجرم لوگ آگ کو دیکھتے ہی یقین کرلیں گے کہ انھیں قطعی طور پر اس میں گرنا ہے، اور وہ اس سے بچ نکلنے کی کوئی راہ نہ پائیں گے،

۵۴. اور ہم نے لوگوں (کو سمجھانے) کے لئے اس قرآن میں ہر عمدہ مضمون طرح طرح سے بیان کیا ہے، مگر انسان سب سے بڑھ کر جھگڑالو واقع ہوا ہے،

۵۵. اور لوگوں کے پاس جب ہدایت آ چکی تو انھیں ایمان لانے اور اپنے رب سے معافی چاہنے سے کوئی چیز مانع نہیں ہوئی سوائے اس کے کہ ان کے ساتھ بھی وہی کچھ ہو جو اگلوں کے ساتھ ہو چکا ہے، یا نمودار ہو جائے عذاب الٰہی ان کے سامنے،

۵۶. اور ہم نہیں بھیجتے رسولوں کو مگر خوشخبری دینے والے، اور خبرداری کرنے والے بنا کر، اور کافر لوگ لڑتے ہیں باطل کے (ہتھیاروں کے) ساتھ، تاکہ وہ نیچا دکھا سکیں اس کے ذریعے حق کو، اور انہوں نے ٹھہرا رکھا ہے میری آیتوں اور ان تنبیہات کو جو ان کو کی گئیں (ٹھٹھا اور) مذاق،

۵۷. اور اس شخص سے بڑھ کر ظالم اور کون ہو سکتا ہے جس کو نصیحت کی جائے اس کے رب کی آیتوں کے ذریعے، بیشک ہم نے ایسے لوگوں کے دلوں پر پردے ڈال دیئے ہیں اس سے کہ وہ سمجھیں اس (پیغام وصداقت) کو، اور ان کے کانوں میں ڈاٹ لگا دیئے

ہیں (اس سے کہ وہ اس کو سنیں)، اور اگر تم ان کو ہدایت کی طرف بلاؤ تو ایسی صورت میں وہ کبھی بھی ہدایت نہیں پاسکیں گے،

۵۸. اور (تاخیر عذاب سے کہیں دھوکہ میں نہیں پڑنا کہ) تمہارا رب بڑا ہی درگزر کرنے والا، انتہائی مہربان ہے، (ورنہ) وہ اگر ان کو ان کے کئے کرائے پر فوراً پکڑنے لگتا، تو ان کو کبھی کا عذاب دے چکا ہوتا مگر ان کے لئے وعدے کا ایک وقت مقرر ہے جس سے ورے (بچنے کے لیے) یہ کوئی پناہ گاہ نہیں پاسکیں گے،

۵۹. اور یہ بستیاں جن (کے باشندوں) کو ہم نے ہلاک کیا جب کہ انہوں نے ظلم ہی کو روا رکھا اور ہم نے ان کی ہلاکت کے لئے بھی ایک وقت مقرر کر رکھا تھا،

۶۰. اور (ان کو وہ بھی سنا دو کہ) جب موسیٰ نے اپنے خادم سے کہا کہ میں اپنا سفر ختم نہیں کروں گا یہاں تک کہ میں پہنچ جاؤں دونوں دریاؤں کے سنگم پر، یا چلتا رہوں گا برسہا برس تک،

۶۱. پھر جب وہ دونوں پہنچ گئے ان دونوں دریاؤں کے سنگم پر، تو وہ بھول گئے اپنی مچھلی کو، اور اس نے دریا میں ایک سرنگ کی طرح کا راستہ بنا لیا،

۶۲. پھر جب وہ دونوں وہاں سے آگے چلے گئے، تو موسیٰ نے اپنے خادم سے کہا کہ لاؤ ہمارا ناشتہ، ہم تو اس سفر میں بری طرح تھک گئے ہیں،

۶۳. خادم نے عرض کیا (اوہو!) دیکھا آپ نے (حضرت، یہ کیا ہوا) کہ جب ہم ٹھہرے تھے اس چٹان کے پاس تو میں بھول گیا مچھلی (کے معاملہ) کو، اور شیطان نے مجھے

ایسا بھلا دیا کہ میں (آپ سے) اس کا ذکر بھی نہ کر سکا، اور (قصہ اس کا یہ ہوا کہ) وہ (زندہ ہو کر) دریا میں چلی گئی ایک عجیب سا (سرنگ نما) راستہ بناتی ہوئی،

۶۴. موسیٰ نے فرمایا کہ یہی تو وہ جگہ تھی جس کی ہم تلاش میں تھے، چنانچہ وہ دونوں واپس لوٹے اپنے نقش قدم دیکھتے ہوئے

۶۵. آخر کار انہوں نے (وہاں پہنچ کر) ہمارے بندوں میں سے ایک ایسے بندے کو پا لیا، جس کو ہم نے اپنی ایک خاص رحمت سے نوازا تھا، اور اسے اپنے یہاں سے ایک خاص علم سے سرفراز فرمایا تھا،

۶۶. موسیٰ نے (وہاں پہنچ کر ان سے) عرض کیا کہ کیا میں آپ کے ساتھ رہ سکتا ہوں اس بناء پر کہ آپ مجھے بھی سکھا دیں کچھ (تکوینی) راہنمائی کے اس علم میں سے جو کہ آپ کو دیا گیا ہے،

۶۷. اس نے جواب دیا کہ آپ میرے ساتھ رہ کر صبر نہ کر سکیں گے،

۶۸. اور اس چیز پر بھلا آپ صبر کر بھی کیسے سکتے ہیں جس کی آپ کو پوری واقفیت نہ ہو،

۶۹. موسیٰ نے کہا انشاء اللہ آپ مجھے صابر پائیں گے، اور میں کسی معاملے میں آپ کی نافرمانی نہیں کروں گا،

۷۰. اس نے کہا اچھا تو اگر آپ نے میرے ساتھ چلنا ہے تو پھر کسی بھی چیز کے بارے میں مجھ سے اس وقت تک کچھ پوچھنا نہیں، یہاں تک کہ میں خود ہی اس کے بارے میں آپ سے کوئی ذکر نہ کروں،

۷۱.	چنانچہ (اس قرارداد کے بعد) وہ دونوں چل پڑے، یہاں تک کہ وہ دونوں سوار ہو گئے ایک کشتی میں، پھر (اس سے اترتے وقت) اس شخص نے اس میں شگاف ڈال دیا، اس پر موسیٰ نے اس سے کہا کیا آپ نے اس میں شگاف ڈال دیا تاکہ آپ اس کے لوگوں کو غرق کردیں، بلاشبہ آپ نے ایک بڑی ہی عجیب حرکت کا ارتکاب کیا ہے،

۷۲.	اس نے کہا کیا میں نے تم سے نہیں کہا تھا کہ تم میرے ساتھ صبر نہ کرسکو گے؟

۷۳.	موسیٰ نے کہا کہ جو میں بھول گیا اس پر آپ میری گرفت نہ کریں، اور میرے معاملے میں سختی سے کام نہ لیں،

۷۴.	پھر وہ دونوں چل پڑے یہاں تک کہ ان کو ایک لڑکا ملا، تو اس شخص نے اس کو قتل کردیا، تو اس پر موسیٰ (غضبناک اور مشتعل ہوکر) بول اٹھے کہ کیا آپ نے ایک بے گناہ جان کو بغیر کسی جان کے بدلے کے (یونہی ناحق) قتل کردیا؟ بلاشبہ آپ نے ایک بہت ہی برا کام کردیا۔

۷۵.	اس نے کہا کیا میں نے تم سے نہیں کہا تھا کہ تم میرے ساتھ صبر نہیں کرسکو گے ؟

۷۶.	موسیٰ نے کہا اگر میں نے اس کے بعد آپ سے کچھ پوچھا تو آپ مجھے اپنے ساتھ نہ رکھیے گا کہ بلاشبہ آپ میری طرف سے معذوری تک پہنچ گئے،

۷۷.	پھر وہ دونوں چل دئیے یہاں تک کہ جب وہ دونوں پہنچے ایک بستی والوں کے پاس، تو ان سے کھانا مانگا، مگر انہوں نے ان کی مہمان نوازی سے انکار کردیا۔ اسی اثنا میں

انہوں نے اس بستی میں ایک دیوار دیکھی جو کہ گرا چاہتی تھی، تو اس (بندہ خدا) نے اس دیوار کو سیدھا کر دیا، اس پر موسیٰ پھر بول اٹھے کہ اگر آپ چاہتے تو اس کام پر کوئی اجرت ہی لے لیتے،

۷۸. اس پر اس شخص نے کہا کہ یہ جدائی کا وقت ہے میرے اور آپ کے درمیان اب میں آپ کو حقیقت بتائے دیتا ہوں ان سب چیزوں کی جن پر آپ سے صبر نہ ہو سکا۔

۷۹. سو وہ کشتی جو تھی، اس کا معاملہ یہ تھا کہ وہ کچھ غریب لوگوں کی تھی جو (اس کے ذریعے) اس سمندر میں محنت مزدوری کرتے تھے تو میں نے چاہا کہ میں اسے عیب دار کر دوں، کیونکہ ان کے آگے ایک ایسا (ظالم) بادشاہ تھا جو ہر کشتی کو زبردستی چھین لیتا تھا۔

۸۰. رہا وہ لڑکا تو اس کا قصہ یہ تھا کہ اس کے والدین ایماندار تھے تو ہمیں اندیشہ ہوا کہ کہیں یہ بڑا ہو کر ان کو بھی سرکشی اور کفر میں بتلا نہ کر دے،

۸۱. تو ہم نے چاہا کہ ان کا رب انھیں اس کے بدلے میں ایسی اولاد دے جو پاکیزگی میں بھی اس سے بہتر ہو اور محبت میں بھی اس سے کہیں بڑھ کر ہو،

۸۲. رہی وہ دیوار تو اس کا معاملہ بھی یہ تھا کہ وہ شہر کے دو یتیم لڑکوں کی تھی اس کے نیچے ان کا ایک خزانہ مدفون تھا، اور ان کا باپ ایک نیک آدمی تھا اس لیے تمہارے رب نے محض اپنی مہربانی سے چاہا کہ وہ دونوں جوان ہو کر اپنی قوتوں کو پہنچ جائیں اور اپنا دفینہ خود نکال لیں اور یہ سب کچھ میں نے اپنی رائے سے نہیں کیا، سو یہ ہے حقیقت ان سب باتوں کی جن پر آپ سے صبر نہ ہو سکا

۸۳.	اور پوچھتے ہیں یہ لوگ آپ سے (اے پیغمبر) ذوالقرنین کے بارے میں تو ان سے کہو کہ میں تم کو سنائے دیتا ہوں اس کا کچھ حال،

۸۴.	بلاشبہ ہم نے اس کو زمین میں بڑا اقتدار بخشا تھا اور اس کو ضرورت کے مطابق ہر قسم کے سازوسامان سے نوازا تھا

۸۵.	تو اس نے (پہلے مغرب کی طرف) ایک مہم کا سامان کیا،

۸۶.	یہاں تک کہ جب وہ سورج کے ڈوبنے کے مقام تک پہنچ گیا تو اس نے دیکھا کہ وہ ڈوب رہا ہے ایک سیاہ چشمے میں اور وہاں اسے ایک قوم ملی تو اس کے بارے میں ہم نے اس سے کہا اے ذوالقرنین، تم یہ بھی کر سکتے ہو کہ ان کو سزا دو اور یہ بھی کہ ان سے نیک سلوک کرو،

۸۷.	اس نے عرض کیا کہ ان میں سے جس نے ظلم کیا تو اسے تو ہم ضرور سزا دیں گے پھر اس کو لوٹایا جائے گا اس کے رب کی طرف تب تو وہ ان کو اور بھی سخت سزا دے گا،

۸۸.	اور جو کوئی ایمان لا کر نیک عمل کرے گا تو اسے بہر حال اچھا بدلہ ملے گا اور ہم بھی اس سے اپنے معاملے میں آسان اور نرم بات کہیں گے

۸۹.	پھر اس نے ایک دوسری مہم کے لیے اور سامان کیا

۹۰. یہاں تک کہ جب وہ طلوع آفتاب کے مقام کو پہنچ گیا تو وہاں اس نے سورج کو ایک ایسی قوم پر طلوع ہوتے پایا جس کے لیے ہم نے سورج کے ادھر کوئی آڑ نہیں رکھی تھی،

۹۱. یہ قصہ اسی طرح ہے کہ اس کے پاس جو کچھ بھی تھا ہمیں اس کی پوری خبر ہے

۹۲. پھر اس نے ایک اور مہم کا سامان کیا۔

۹۳. یہاں تک کہ جب وہ پہنچ گیا دو پہاڑوں کے درمیان تو اسے کچھ ایسے لوگ ملے جو کوئی بات سمجھنے کے قریب بھی نہ لگتے تھے

۹۴. (پھر شاید کسی ترجمان وغیرہ کے واسطے سے) انہوں نے کہا اے ذوالقرنین واقعہ یہ ہے کہ یاجوج ماجوج اس ملک میں بڑا فساد مچاتے ہیں۔ تو کیا ہم آپ کے لیے کچھ محصول مقرر کر دیں اس شرط پر کہ آپ ہمارے اور ان کے درمیان ایک دیوار بنا دیں؟

۹۵. اس نے کہا مجھے میرے رب نے جو قدرت دے رکھی ہے وہ بہت ہے، اس لیے مجھے تمہارے چندے وغیرہ کی تو ضرورت نہیں البتہ تم لوگ محنت سے میری مدد کرو تاکہ میں تمہارے اور ان کے درمیان ایک مضبوط دیوار بنا دوں

۹۶. تم مجھے لوہے کی چادریں لا کر دو، یہاں تک کہ جب اس نے پاٹ دیا ان دونوں پہاڑوں کے درمیان کو، تو کہا کہ اب تم آگ دہکاؤ، یہاں تک کہ جب اسے لال انگارا کر دیا تو اس نے کہا لاؤ اب میں اس پر انڈیلتا ہوں پگھلا ہوا تانبا،

۹۷. سو اس طرح یہ ایسی عظیم الشان دیوار تیار ہو گئی کہ یاجوج ماجوج نہ تو اس پر چڑھ سکتے تھے اور نہ ہی اس میں نقب لگانا ان کے بس میں تھا۔

۹۸. ذوالقرنین نے کہا یہ ایک خاص رحمت ہے میرے رب کی جانب سے، پھر جب آ جائے گا میرے رب کے وعدے کا وقت تو وہ اس سب کو پاش پاش کر دے گا اور میرے رب کا وعدہ بہر حال برحق ہے

۹۹. اور اس روز ہم ان کو اس حال میں چھوڑ دیں گے کہ وہ سمندر کی موجوں کی طرح ایک دوسرے میں موجیں مار رہے ہوں گے اور پھونک ماردی جائے گی صور میں، پھر اکٹھا کر لائیں گے ہم ان سب کو چن چن کر

۱۰۰. اور پیش کر دیں گے ہم اس روز دوزخ کو ان کافروں کے روبرو

۱۰۱. جن کی آنکھوں پر پردہ پڑا ہوا تھا میری یاد دلشاد سے، اور وہ سننے کے لیے تیار نہ تھے میری نصیحت کو۔

۱۰۲. تو کیا کافر لوگ پھر بھی یہ سمجھے بیٹھے ہیں کہ وہ مجھے چھوڑ کر میرے بندوں کو اپنا کارساز و حاجت روا بنا لیں گے؟ بلاشبہ ہم نے تیار کر رکھا ہے دوزخ کو کافروں کی مہمانی کے لیے

۱۰۳. ان سے کہو کہ کیا ہم تمہیں ان لوگوں کے بارے میں نہ بتا دیں جو سب سے زیادہ خسارے میں ہیں اعمال کے لحاظ سے؟

۱۰۴۔ وہ جن کی ساری کوشش اکارت چلی گئی دنیا کی زندگی میں اور وہ سمجھ رہے ہیں کہ وہ سب کچھ ٹھیک کر رہے ہیں

۱۰۵۔ یہ وہ لوگ ہیں جنھوں نے انکار کر دیا اپنے رب کی آیتوں کا اور اس کے حضور پیشی کا جس کے نتیجے میں اکارت چلے گئے ان کے سب عمل، پس ان کے لیے ہم قیامت کے روز قائم نہ کریں گے کسی طرح کا کوئی وزن۔

۱۰۶۔ یہ ہے ان کی جزا جہنم، اس کفر کے سبب جو وہ کرتے رہے تھے اور اس مذاق کے عوض جو وہ میری آیتوں اور میرے رسولوں کے ساتھ روا رکھے ہوئے تھے

۱۰۷۔ اس کے برعکس بیشک جو لوگ ایمان لائے اور وہ کام بھی نیک کرتے رہے ان کی مہمانی کے لیے فردوس کے وہ باغ ہوں گے

۱۰۸۔ جن میں وہ ہمیشہ رہیں گے اور ان سے نکل کر کہیں جانے کو ان کا جی بھی نہیں چاہے گا

۱۰۹۔ کہو ان ابنائے دنیا سے کہ میرے رب کی شان یہ ہے کہ اگر میرے رب کی باتیں لکھنے کے لیے سمندر سیاہی بن جائے تو یقیناً وہ ختم ہو جائے قبل اس سے کہ میرے رب کی باتیں ختم ہونے کو آئیں، اگرچہ اس کی مدد کے لیے ہم ایسا ہی ایک اور سمندر لے آئیں۔

۱۱۰۔ اور کج فہموں سے یہ بھی کہو کہ سوائے اس کے نہیں کہ میں ایک بشر اور انسان ہوں تم ہی جیسا فرق صرف یہ ہے کہ میری طرف وحی بھیجی جاتی ہے اس مرکزی مضمون کی کہ معبود تم سب لوگوں کا بہرحال ایک ہی معبود ہے پس جو کوئی امید و آرزو رکھتا ہوا اپنے رب

سے ملنے کی تو اس کو چاہیے کہ وہ نیک کام کرتا رہے اور کسی بھی طور پر وہ شریک نہ ٹھہرائے اپنے رب کی عبادت و بندگی میں کسی کو۔

***

۱۹۔ مریم

بِسۡمِ اللّٰہِ الرَّحۡمٰنِ الرَّحِیۡمِ

اللہ کے نام سے جو رحمان ور حیم ہے

۱. کھیعص

۲. یہ ذکر ہے تیرے رب کی اس رحمت کا جو اس نے اپنے ایک خاص بندے زکریا پر فرمائی

۳. جب کہ اس نے پکارا اپنے رب کو چپکے سے

۴. اور عرض کیا اے میرے پروردگار میری ہڈیاں تک گھل گئی ہیں اور بڑھاپے سے میرا سر بھڑک اٹھا ہے۔ اور میں کبھی آپ سے دعا مانگنے میں نامراد و ناکام نہیں ہوا

۵. اور میں ڈرتا ہوں اپنے پیچھے اپنے رشتہ داروں سے اور میری بیوی بانجھ ہے پس تو اے میرے مالک! مجھے اپنے یہاں سے ایک ایسا جانشین عطا فرما دے

۶.   جو میرا بھی وارث ہو اور یعقوب کے خاندان کا بھی اور اے میرے رب اس کو ایک پسندیدہ انسان بنا۔

۷.   جواب ملا اے زکریا ہم تمہیں ایک ایسے لڑکے کی خوشخبری دیتے ہیں جس کا نام یحییٰ ہوگا اور ہم نے اس سے پہلے اس کا کوئی ہم نام پیدا نہیں کیا۔

۸.   عرض کیا اے میرے رب میرے یہاں لڑکا کیسے ہوگا، جب کہ میری بیوی بانجھ ہے، اور میں خود پہنچ چکا ہوں بڑھاپے کی انتہا کو؟

۹.   جواب ملا ایسے ہی ہوگا، تمہارے رب نے کہا کہ یہ میرے لیے بڑا آسان ہے آخر میں اس سے پہلے خود تمہیں بھی پیدا کر چکا ہوں، جب کہ تم کچھ بھی نہ تھے،

۱۰.   اس پر زکریاؑ نے عرض کیا اچھا تو اے میرے رب، میرے لیے اس پر کوئی نشانی مقرر فرما دیجئے، ارشاد ہوا تمہارے لیے نشانی یہ ہے کہ تم تین دن رات تک لوگوں سے بات نہیں کر سکو گے جب کہ تم صحیح سالم ہوگے،

۱۱.   چنانچہ وہ اپنے حجرے سے نکل کر اپنی قوم کے پاس آئے، تو انھیں اشارے سے کہا کہ تم لوگ تسبیح کرو اپنے رب کی صبح و شام،

۱۲.   پھر جب یحییٰ پیدا ہو کر سن شعور کو پہنچ گئے تو ان کو حکم ہوا اے یحییٰ مضبوطی سے تھام لو تم ہماری کتاب کو اور ہم نے انھیں بچپن ہی میں نواز دیا تھا حکم سے

۱۲.   اور نہیں ہم نے اپنی طرف سے ایک عظیم رحمدلی بھی عطا کی تھی اور پاکیزگی بھی اور وہ بڑے پرہیزگار تھے

۱۴۔ اور وہ بڑے نیکوکار اور خدمت گزار تھے اپنے ماں باپ کے ساتھ، اور ان میں کسی بھی طرح کی نہ کوئی سرکشی تھی نہ نافرمانی،

۱۵۔ سلام ہو اس پر، جس دن کہ وہ پیدا ہوا اور جس دن وہ مرے گا، اور جس دن اس کو اٹھایا جائے گا زندہ کر کے۔

۱۶۔ اور اس کتاب میں ان کو مریم (علیہا السلام) کا قصہ بھی پڑھ کر سنا دو، جب کہ وہ اپنے گھر والوں سے علیحدہ ہو کر مشرقی جانب کی ایک جگہ میں جا بیٹھیں

۱۷۔ پھر انہوں نے ان لوگوں کے سامنے ایک پردہ ڈال لیا، اس وقت ہم نے اپنا فرشتہ ان کے پاس بھیجا تو وہ ایک پورے انسان کی شکل میں ان کے سامنے نمودار ہوا

۱۸۔ تب مریم (علیہا السلام) اسے ایک انسان سمجھ کر فوراً بول اٹھیں کہ میں تجھ سے خدائے رحمان کی پناہ مانگتی ہوں اگر تو کوئی خدا ترس انسان ہے،

۱۹۔ اس نے کہا ڈرو نہیں کہ میں کوئی انسان نہیں بلکہ میں تو تمہارے رب کا فرستادہ ہوں اور اس لیے بھیجا گیا ہوں کہ تاکہ تمہیں ایک پاکیزہ لڑکا دوں،

۲۰۔ مریم (علیہا السلام) نے کہا کہ میرے یہاں لڑکا کیسے ہوگا، جب کہ مجھے کسی انسان نے چھوا تک نہیں، اور نہ ہی میں کوئی بدکار عورت ہوں؟

۲۱۔ کہا ایسے ہی ہوگا تمہارے رب نے فرمایا ہے کہ یہ میرے لیے بہت آسان ہے اور یہ بھی فرمایا کہ ہم یہ اس لیے کریں گے تاکہ ہم اس لڑکے کو ایک نشانی بنا دیں اپنی

قدرت و عنایت کی سب لوگوں کے لیے اور ایک رحمت اپنی طرف سے ، اور یہ ایک طے شدہ بات ہے ،

۲۲. سو مریم (علیہا السلام) کو اس بچے کا حمل ہو گیا ، تو وہ اسے لے کر ایک دور جگہ چلی گئیں ،

۲۲. پھر پہنچا دیا ان کو دردِ زہ کی شدت نے کھجور کے درخت کے نیچے ، تب انہوں نے حسرت بھرے انداز میں کہا اے کاش کہ میں مر گئی ہوتی اس سے پہلے ، اور میرا کوئی نام و نشان بھی باقی نہ رہ گیا ہوتا ،

۲۴. تب فرشتے نے ان کو ان کے ایک نشیبی مقام سے پکار کر کہا ، غم نہ کر ، تمہارے رب نے تمہارے نیچے ایک چشمہ رواں کر دیا ہے

۲۵. اور ہلاؤ تم اپنی طرف کھجور کے اس تنے کو ، یہ گرائے گا تم پر ترو تازہ کھجوریں ،

۲۶. پس تم کھاؤ پیو اور ٹھنڈا کرو اپنی آنکھوں کو ، پھر اگر تمہیں کوئی آدمی نظر آئے اور اعتراض کرے تو تو اس کو اشارے سے کہہ دو کہ میں نے خدائے رحمان کے لیے نہ بولنے کے روزے کی نذر مان رکھی ہے لہذا میں آج کسی انسان سے بات نہیں کروں گی ،

۲۷. پھر وہ اس بچے کو لیے اپنی قوم کے پاس آئیں تو وہ لوگ بچے کو دیکھتے ہی بول پڑے کہ اے مریم ، تو نے تو بڑے غضب کا کام کر ڈالا ،

۲۸. اے ہارون کی بہن ، نہ تو تیرا باپ کوئی برا آدمی تھا اور نہ ہی تیری ماں کوئی بدکار عورت تھی

۱۹. تو پھر تو نے یہ غضب کس طرح ڈھایا ہے؟ اس کے جواب میں مریم (علیہا السلام) نے اس بچے کی طرف اشارہ کر دیا، اس پر ان لوگوں نے کہا کہ ہم گھوارے میں پڑے ہوئے ایک بچے سے کیونکر بات کر سکتے ہیں؟

۲۰. اتنے میں وہ معصوم بچہ خود بول اٹھا کہ بیشک میں اللہ کا بندہ ہوں، اس نے مجھے کتاب بخشی ہے اور مجھے نبی بنایا ہے

۲۱. اور مجھے برکت والا بنایا ہے، جہاں کہیں بھی میں ہوں گا اور مجھے تاکید فرمائی نماز اور زکوٰۃ کی جب تک میں زندہ رہوں

۲۲. اس نے مجھے نیک سلوک کرنے والا بنایا اپنی والدہ کے ساتھ، اور مجھے کوئی سرکش اور بدبخت انسان نہیں بنایا،

۲۳. اور سلام ہو مجھ پر جس دن کہ میں پیدا ہوا اور جس دن میں مروں گا، اور جس دن مجھے اٹھایا جائے گا زندہ کر کے۔

۲۴. یہ ہے عیسیٰؑ بیٹا مریم کا، ہم عین حق کہتے ہیں اس بات کے بارے میں جس میں کہ یہ لوگ جھگڑ رہے ہیں،

۲۵. اللہ کے شایان نہیں کہ وہ کسی کو اپنا بیٹا بنائے، وہ پاک ہے، اس کو جب کوئی کام کرنا ہوتا ہے تو وہ صرف اتنا فرماتا ہے کہ ہو جا پس وہ ہو چکا ہوتا ہے

۲۶. اور عیسیٰؑ نے یہ بھی کہا کہ بلاشبہ اللہ ہے رب میرا بھی اور تمہارا بھی، پس تم لوگ اسی کی بندگی کرو کہ خالص توحید والا یہی ہے سیدھا راستہ۔

۳۷.   پھر بھی مختلف جماعتیں آپس میں اختلاف میں پڑ گئیں۔ سو بڑی خرابی ہے ان لوگوں کے لیے جنھوں نے کفر وانکار کیا ایک بڑے دن کے آنے سے

۳۸.   کیا ہی خوب سنتے اور دیکھتے ہوں گے یہ لوگ اس دن جس دن کہ یہ ہمارے پاس آئیں گے مگر آج یہ ظالم حق سے آنکھ اور کان بند کر کے کھلی گمراہی میں پڑے ہوئے ہیں

۳۹.   اور خبر دار کرتے رہوان کو اے پیغمبر! حسرت کے اس دن سے جب کہ فیصلہ کر دیا جائے گا معاملے کا عملی اور آخری طور پر اور یہ ہیں کہ غفلت میں پڑے ایمان نہیں لاتے۔

۴۰.   اور بلا شبہ آخر کار ہماری ہی ہو کر رہے گی یہ زمین اور وہ سب بھی جو اس کے اوپر ہیں اور ہماری ہی طرف لوٹ کر آنا ہے ان سب نے،

۴۱.   اور ان کو اے پیغمبر اس کتاب میں ابراہیم کا قصہ بھی پڑھ کر سناؤ، بیشک وہ بڑے ہی راست باز اور عظیم الشان پیغمبر تھے

۴۲.   اور خاص کر یاد کرو کہ جب انہوں نے درد بھرے انداز میں اپنے باپ سے کہا، ابا جان آپ کیوں ایسی چیزوں کی پوجا کرتے ہیں جو نہ سنتی ہیں نہ دیکھتی ہیں اور نہ ہی وہ آپ کے کچھ کام آسکتی ہیں؟

۴۳.   ابا جان، میرے پاس ایسا علم آگیا ہے جو آپ کے پاس نہیں آیا، لہذا آپ میرے کہنے پر چلیں، میں آپ کو سیدھا راستہ بتاؤں گا،

۴۴.   ابا جان، آپ شیطان کی بندگی مت کریں، کیونکہ شیطان تو بلا شبہ خدائے رحمان کا نافرمان ہے،

۴۵.	ابا جان مجھے تو اس بات کا سخت ڈر ہے کہ کہیں آپ پر خدائے رحمان کی طرف سے کوئی ایسا عذاب آ پڑے کہ آپ ہمیشہ کے لیے شیطان کے ساتھی بن کر رہ جائیں

۴۶.	یہ سب کچھ سن لینے کے بعد اس نے کہا ابراہیم کیا تم میرے معبودوں سے پھر رہے ہو؟ سن لو اگر تم باز نہ آئے تو میں تمہیں سنگسار کر دوں گا اور تم دور ہو جاؤ مجھ سے ہمیشہ کے لیے۔

۴۷.	ابراہیم نے کہا اچھا تو سلام ہو آپ پر البتہ میں آپ کے لیے اپنے رب سے بخشش کی دعا کرتا رہوں گا کہ میرا رب بلاشبہ وہ مجھ پر بڑا ہی مہربان ہے

۴۸.	اور میں آپ لوگوں سے بھی کنارہ کشی اختیار کرتا ہوں اور ان سب چیزوں سے بھی جن کو تم لوگ پوجتے پکارتے ہو اللہ کے سوا، اور میں تو بہر حال اپنے رب کو ہی پکارتا رہوں گا، امید ہے کہ میں اپنے رب کو پکار کر کبھی محروم نہیں رہوں گا،

۴۹.	پھر جب وہ الگ ہو گئے ان سے اور ان کے ان تمام معبودان باطلہ سے جن کو وہ پوجتے پکارتے تھے خدا کے سوا، تو ہم نے انھیں اسحاق جیسا بیٹا بھی عطا کیا اور یعقوب جیسا پوتا بھی اور ان میں سے ہر ایک کو ہم نے نبوت سے سرفراز کیا

۵۰.	ہم نے ان سب کو اپنی رحمت سے نوازا اور ان کو سرفراز کیا سچی ناموری سے،

۵۱.	اور اس کتاب میں اے پیغمبر ان کو موسیٰ کا قصہ بھی سناؤ بیشک وہ بھی ہمارے ایک چنے ہوئے بندے اور بھیجے ہوئے پیغمبر تھے،

۵۲. اور ہم نے ان کو پکارا طور کی دائیں جانب سے اور ان کو اپنے قرب سے نوازا راز کی باتیں کرنے کے لیے،

۵۲. اور ہم نے ان کی مدد کے لیے ان کے بھائی ہارونؑ کو بھی اپنی مہربانی سے نبی بنا دیا،

۵۴. اور اس کتاب میں ان کو اسماعیلؑ کا ذکر بھی سناؤ، بلاشبہ وہ بھی وعدے کے سچے اور ہمارے بھیجے ہوئے پیغمبر تھے۔

۵۵. وہ اپنے گھر والوں کو خاص طور پر حکم دیا کرتے تھے نماز اور زکوٰۃ کا، اور وہ اپنے رب کے یہاں ایک پسندیدہ انسان تھے۔

۵۶. اور اس کتاب میں ان کو ادریس کا ذکر بھی سناؤ بلاشبہ وہ بھی ایک بڑے ہی سچے پیغمبر تھے

۵۷. اور ہم نے انھیں ایک بڑے بلند مرتبے تک پہنچا دیا تھا،

۵۸. یہ حضرات جن کا ذکر ہوا وہ لوگ ہیں جن پر اللہ نے خاص انعام فرمایا اولاد آدم کے پیغمبروں میں سے اور ان لوگوں کی نسل میں سے جن کو ہم نے سوار کیا تھا نوح کے ساتھ ان کی کشتی میں اور ابراہیمؑ اور اسرائیلؑ کی اولاد میں سے اور یہ سب ان لوگوں میں سے تھے جن کو ہم نے ہدایت سے نوازا تھا اور ان کو چن لیا تھا مگر اس قدر مرتبہ و مقام کے باوجود ان کی شان عبدیت و بندگی کا عالم یہ تھا کہ جب ان کو پڑھ کر سنائی جاتیں خدائے رحمان کی آیتیں، تو یہ سنتے ہی اس کے حضور سجدے میں گر پڑتے روتے ہوئے

۵۹.	پھر ان کے بعد ان کے ایسے ناخلف جانشین ہوئے جنہوں نے ضائع کر دیا نماز کو، اور وہ پیچھے لگ گئے اپنی خواہشات کے، سو وہ پا کر رہیں گے انجام اپنی گمراہی کا،

۶۰.	ہاں مگر جنہوں نے توبہ کرلی، اور وہ ایمان لے آئے سچے دل سے اور انہوں نے کام بھی اچھے کیے تو وہ داخل ہوں گے جنت میں اور ان کی ذرہ برابر کوئی حق تلفی نہ ہوگی،

۶۱.	یعنی ہمیشہ رہنے والی ان عظیم الشان جنتوں میں جن کا وعدہ فرما رکھا ہے خدائے رحمان نے اپنے بندوں سے بن دیکھے، بلاشبہ اس کے وعدہ نے بہر حال پورا ہو کر رہنا ہے۔

۶۲.	وہاں یہ خوش نصیب کوئی بے ہودہ بات نہ سننے پائیں گے۔ بجز سلامتی کی دلنواز صداؤں کے اور وہاں ان کو ان کا رزق صبح و شام ملتا رہے گا۔

۶۲.	یہ ہے وہ جنت جس کا وارث بنا دیں گے ہم اپنے بندوں میں سے ان لوگوں کو جو پرہیزگار رہے ہوں گے۔

۶۴.	اور اے پیغمبر ﷺ ہم فرشتے تو آپ کے رب کے حکم کے بغیر نہیں اتر سکتے اسی کا ہے وہ سب کچھ جو کہ ہمارے سامنے ہے اور وہ سب کچھ بھی جو کہ ہمارے پیچھے ہے اور جو اس کے درمیان ہے اور آپ کا رب بھولنے والا نہیں

۶۵.	وہ رب ہے آسمانوں اور زمین کا اور ان سب چیزوں کا جو کہ ان دونوں کے درمیان ہیں پس تم اسی کی بندگی کرو اور پکے رہو اس کی عبادت و بندگی پر کیا تمہارے علم میں ہے کوئی ایسی ہستی جو اس کی ہم پایہ ہو؟

٦٦. اور آخرت کا منکر انسان کہتا ہے کہ کیا واقعی جب میں مر چکوں گا تو پھر زندہ کر کے نکال لایا جاؤں گا؟

٦٧. کیا ایسے انسان کو خود اپنے بارے میں یہ حقیقت یاد نہیں کہ ہم اس سے پہلے خود اس کو پیدا کر چکے ہیں جب کہ یہ کچھ بھی نہ تھا؟

٦٨. پس سن لیں یہ لوگ کہ قسم ہے تمہارے رب کی ہم ضرور بالضرور اکٹھا کر لائیں گے ان سب کو بھی، اور ان کے شیطانوں کو بھی پھر ہم حاضر کریں گے ان سب کو جہنم کے گرد گھٹنوں کے بل گھسٹتا ہوا

٦٩. پھر ہم چھانٹ کر نکال لائیں گے ہر گروہ میں سے ہر ایسے شخص کو جو خدائے رحمان کے مقابلے میں سب سے زیادہ سرکش بنا ہوا تھا

٧٠. پھر یہ نہیں کہ اس چھانٹی کے سلسلہ میں ہمیں کسی تحقیق کی ضرورت ہوگی کہ ہم خود ہی خوب جانتے ہیں ان لوگوں کو جو سب سے زیادہ حق دار ہوں گے دوزخ میں جھونک دیئے جانے کے

٧١. اور تم میں سے کوئی بھی نہیں جس کا دوزخ پر سے گزر نہ ہو، تمہارے رب کے ذمے ایک لازم اور طے شدہ امر ہے

٧٢. پھر اس گزرنے کے دوران ان لوگوں کو تو ہم بچا لیں گے جو دنیا میں پرہیزگار رہے ہوں گے اور ظالموں کو اسی میں پڑا ہوا چھوڑ دیں گے گھٹنوں کے بل

۷۳. اور جب ان لوگوں کو پڑھ کر سنائی جاتی ہیں، ہماری آیتیں کھلی کھلی تو وہ لوگ جو اڑے ہوئے ہیں اپنے کفر و باطل پر اپنے دنیاوی مال واسباب کے بل بوتے پر ایسے لوگ ایمان والوں سے کہتے ہیں کہ ذرا یہ تو بتاؤ کہ ہم دونوں گروہوں میں سے کس کی حالت زیادہ اچھی ہے؟ اور کس کی مجلس زیادہ شاندار ہے؟

۷۴. حالانکہ ان سے پہلے ہم کتنی ہی ایسی قوموں کو ملیامیٹ کر چکے ہیں جو دنیاوی ساز و سامان اور ظاہری شان و شوکت میں ان سے بھی کہیں بڑھ کر تھیں

۷۵. (ان سے) کہو کہ جو شخص گمراہی میں مبتلا ہوتا ہے (خدائے) رحمان اسے ڈھیل دئیے چلا جاتا ہے، یہاں تک کہ جب ایسے لوگ اس چیز کو دیکھ لیتے ہیں جس کا ان سے وعدہ کیا گیا ہوتا ہے، خواہ عذاب الٰہی ہو یا قیامت کی وہ گھڑی، تو اس وقت انھیں معلوم ہو جاتا ہے کہ کس کا حال سب سے برا ہے اور کس کا جتھا سب سے کمزور ہے،

۷۶. اس کے بر عکس، جو لوگ راہ راست اختیار کرتے ہیں، اللہ انھیں راست روی میں اور ترقی عطا فرماتا ہے، اور باقی رہ جانے والی نیکیاں ہی تیرے رب کے یہاں سب سے زیادہ اچھی ہیں ثواب کے اعتبار سے بھی، اور انجام کے لحاظ سے بھی

۷۷. پھر کیا تم نے اس شخص کو بھی دیکھا جو انکار کرتا ہے ہماری آیتوں کا، اور کہتا ہے کے مجھے (آخرت میں بھی اگر وہ ہوئی تو) ضرور نوازا جائے گا مال و اولاد سے،

۷۸. کیا اس نے غیب پر اطلاع پا لی؟ یا اس نے (خدائے) رحمان سے کوئی عہد لے رکھا ہے؟

۷۹. ہر گز نہیں، ہم لکھتے چلے جا رہے ہیں جو بھی کچھ وہ کہتا ہے اور (اس طرح) اس کے لئے ہم بڑھاتے جائیں گے (اپنا عذاب) اور بڑھانا، اور ہم ہی وارث ہوں اس (کے اس تمام سازوسامان اور لاؤ لشکر) کے

۸۰. جن کا یہ (اس قدر فخروغرور سے) ذکر کرتا ہے، اور اسے تن تنہا ہمارے پاس آنا ہوگا،

۸۱. اور ان لوگوں نے اللہ کے سوا اور معبود بنا رکھے ہیں تاکہ وہ ان کے مددگار ہوں،

۸۲. ہر گز نہیں، وہ تو ان کی عبادت ہی کا انکار کر دیں گے اور وہ الٹے ان کے مخالف بن جائیں گے،

۸۲. کیا تمہیں معلوم نہیں کہ ہم نے شیطانوں کو ان کافروں پر چھوڑ رکھا ہے جو انھیں طرح طرح سے اکساتے ہیں (حق اور اہل حق کی مخالفت پر)

۸۴. پس تم ان پر (نزول عذاب کے لئے) جلدی نہ کرنا، ہم خود ہی ان کے دن پوری طرح گن رہے ہیں،

۸۵. جس دن کہ ہم پرہیزگاروں کو تو اکٹھا کر لائیں گے (خدائے) رحمان کے حضور (معزز) مہمانوں کے طور پر،

۸۶. اور مجرموں کو ہم ہانک لائیں گے دوزخ کی طرف پیاسے جانوروں کی طرح،

۸۷. وہاں ان کو کسی سفارش کا بھی کوئی اختیار نہیں ہوگا سوائے اس شخص کے جس نے (خدائے) رحمان سے (اس بارے) کوئی اجازت لی ہو،

۸۸. اور کہتے ہیں کہ (خدائے) رحمان نے اولاد ٹھہرا رکھی ہے،

۸۹. (ظالمو!) تم نے ایک اتنی سخت بے جا اور بیہودہ بات کہہ دی ہے،

۹۰. کہ قریب ہے کہ پھٹ پڑیں اس سے آسمان شق ہو جائے زمین، اور گر پڑیں پہاڑ دھماکے سے،

۹۱. اس لئے کہ ان لوگوں نے (خدائے) رحمان کے لئے اولاد کا دعوی کیا ہے،

۹۲. حالانکہ (خدائے) رحمان کی یہ شان نہیں کہ وہ کسی کو اپنی اولاد بنائے،

۹۲. (کیونکہ) آسمانوں اور زمین (کی اس ساری کائنات) میں جو بھی کچھ ہے ان میں سے کوئی بھی ایسا نہیں جو (خدائے) رحمان کے حضور پیش نہ ہو بندہ (سرافگندہ) ہو کر،

۹۴. یقیناً اس نے احاطہ کر رکھا ہے ان سب کا، اور ان کو شمار کر رکھا ہے گن کر،

۹۵. اور ان سب کو قیامت کے دن اس (وحدۂ لاشریک) کے یہاں حاضر ہونا ہو گا فرداً فرداً،

۹۶. بلاشبہ جو لوگ ایمان لائے اور انہوں نے (اس کے مطابق) نیک کام بھی کئے، (خدائے) رحمان ان کو نواز دے گا (اپنے فضل و کرم سے) ایک خاص محبت سے،

۹۷. سو (آپ حق کی تبلیغ کرتے رہیں کہ) بلاشبہ ہم نے آسان کر دیا ہے اس (قرآن) کو آپ کی زبان میں، تاکہ آپ اس کے ذریعے بشارت (وخوشخبری) سنا سکیں پرہیزگاروں کو اور ڈرا سکیں ہٹ دھرم لوگوں کو،

۹۸.   اور (یہ بھی ان کو بتا دیں کہ) ہم ان سے پہلے کتنی ہی قوموں کو تباہ کر چکے ہیں، (اور اس طرح کہ ان کا نام و نشان مٹا کر رکھ دیا) کیا تم ان میں سے کسی کو بھی دیکھتے ہو؟ یا ان کی کوئی بھنک بھی سن سکتے ہو؟

***

۲۰۔ طٰہٰ

بِسۡمِ اللّٰهِ الرَّحۡمٰنِ الرَّحِیۡمِ

اللہ کے نام سے جو رحمان و رحیم ہے

۱. طٰہٰ

۲. ہم نے آپ پر (اے پیغمبر!) یہ قرآن اس لئے نہیں اتارا کہ آپ مشقت میں پڑ جائیں،

۳. بلکہ اسے تو ایک عظیم الشان نصیحت (اور یاددہانی) کے طور پر نازل کیا گیا ہے، ہر اس شخص کے لئے جو ڈرتا ہو،

۴. اتارا گیا ہے اس ذات کی طرف سے جس نے پیدا فرمایا زمین اور بلند آسمانوں (کی اس عظیم الشان کائنات) کو،

۵. رحمان جو کہ جلوہ فرما ہوا عرش پر،

۶. اسی کا ہے جو کچھ کہ آسمانوں میں ہے اور جو کچھ کہ زمین میں ہے، اور جو کچھ کہ ان دونوں کے درمیاں میں ہے، اور جو کچھ کہ اس گیلی مٹی کے نیچے ہے،

۷. اور اگر تم اپنی بات پکار کر کہو تو (جان رکھو کہ اس کو اس کی ضرورت نہیں کہ) وہ یقیناً (ایک برابر) جانتا ہے چپکے سے کہی ہوئی بات کو،

۸. اور اللہ وہ ہے جس کے سوا کوئی معبود نہیں، اسی کے ہیں سب اچھے نام،

۹. اور کیا تمہیں موسیٰ کی خبر بھی پہنچی ہے؟

۱۰. جب انہوں نے ایک آگ دیکھی، اور اپنے گھر والوں سے کہا کہ تم یہیں ٹھہرو، میں نے ایک آگ دیکھی ہے شاید میں (وہاں جا کر) اس میں سے تمہارے لئے کوئی انگارا لے آؤں، یا مجھے اس آگ پر (راستے سے متعلق) کوئی راہنمائی ہی مل جائے،

۱۱. پھر جب وہ وہاں پہنچ گئے تو انھیں آواز دی گئی اے موسیٰ،

۱۲. میں تو تمہارا رب ہوں، پس تم اپنے جوتے اتار دو، کیونکہ تم تو ایک پاک وادی یعنی طویٰ میں ہو،

۱۲. اور میں نے تمہیں چن لیا ہے، اس لئے اب تم غور سے سنو اس وحی کو جو تمہاری طرف بھیجی جاتی ہے

۱۴. (اور مرکزی کمزوری مضمون اس وحی کا یہ ہے کہ) قطعی طور پر میں ہی ہوں اللہ، کوئی بندگی کے لائق نہیں سوائے میرے، پس تم میری ہی بندگی کرنا، اور میری ہی یاد کے لئے نماز قائم کرنا،

۱۵.	(اور دوسرا اہم مضمون اس وحی کا یہ ہے کہ) قیامت یقیناً آنا ہے قریب ہے کہ میں اس (کے وقت) کو چھپائے رکھوں، (اور وہ آئے گی اس لئے کہ) تاکہ ہر شخص کو (پورا پورا) بدلہ دیا جائے اس کے (زندگی بھر کے) کئے کرائے کا،

۱۶.	پس (خبردار، کہیں روکنے نہ پائے آکر اس سے کوئی ایسا شخص جو اس پر ایمان نہ رکھتا ہو، اور وہ پیچھے لگ گیا ہو اپنی خواہشات کے، کہ پھر تم تباہ ہو جاؤ،

۱۷.	اور یہ تمہارے داہنے ہاتھ میں کیا ہے اے موسیٰ؟

۱۸.	عرض کیا یہ میری لاٹھی ہے، میں اس پر ٹیک لگاتا ہوں، اپنی بکریوں کے لئے پتے جھاڑ لیتا ہوں، اور اس میں میرے اور بھی کئی کام ہیں،

۱۹.	ارشاد ہوا، موسیٰ ڈال دو اس کو زمین پر،

۲۰.	پھر موسیٰ کا اس کو ڈالنا تھا کہ وہ یکایک ایک سانپ بن گئی جو دوڑ رہا تھا،

۲۱.	ارشاد ہوا اس کو پکڑ لو اور ڈرو نہیں، ہم اس کو ابھی لوٹائے دیتے ہیں اس کی پہلی حالت میں،

۲۲.	اور (اس کے بعد دوسرے معجزے کے لئے) اپنی بغل میں دے دو اپنے ہاتھ کو وہ چمکتا ہوا نکلے گا بغیر کسی عیب (اور بیماری) کے، (ہماری طرف سے) ایک اور عظیم الشان نشانی کے طور پر،

۲۲.	اور یہ اس لئے کہ) تاکہ ہم دکھائیں تمہیں اپنی بڑی نشانیوں میں سے،

۲۴.	جاؤ فرعون کے پاس کہ بیشک وہ حد سے بڑھ گیا ہے،

.۲۵ اس پر موسیٰ نے عرض کیا اے میرے پروردگار، میرا سینہ کھول دے،

.۲۶ میرے کام کو میرے لئے آسان فرما دے،

.۲۷ اور میری زبان کی گرہ کھول دے،

.۲۸ تاکہ وہ لوگ میری بات کو سمجھ سکیں،

.۲۹ اور میرے لئے میرے خاندان میں سے ایک وزیر (و معاون) بھی مقرر فرما دے،

.۲۰ یعنی میرے بھائی ہارونؑ کو

.۲۱ ان کے ذریعے میری کمر کو مضبوط کر دے

.۲۲ اوران کو میرے کام میں شریک فرما دے

.۲۲ تاکہ ہم دونوں مل کر تیری پاکی بیان کریں

.۲۴ اور تجھے خوب یاد کریں

.۲۵ بلاشبہ تو ہمیں اور ہمارے ہر حال کو اچھی طرح دیکھ رہا ہے

.۲۶ جواب ملا موسیٰ تمہاری مذکورہ بالا ہر دعا منظور کر لی گئی

.۲۷ اور ہم تو تمہاری درخواست کے بغیر اس سے پہلے ایک اور مرتبہ بھی تم پر ایک احسان کر چکے ہیں

.۲۸ جب کہ ہم نے تمہاری ماں کے دل میں وہ بات ڈال دی جو کہ ڈالنا تھی

۳۹. کہ تم اس بچے کو ایک صندوق میں رکھ کر اسے دریا میں ڈال دو پھر وہ دریا اسے خود ہی اس مطلوبہ کنارے پر ڈال دے گا جہاں سے اس کو وہ شخص اٹھالے گا جو دشمن ہے میرا بھی اور دشمن ہے اس کا بھی اور اے موسیٰ اس وقت میں نے تم پر اپنی طرف سے ایک محبت بھی ڈال دی تاکہ جو دیکھے وہ تم پر فریفتہ ہو جائے اور تاکہ تم میری خاص نگرانی میں پرورش پاؤ،

۴۰. جب کہ تمہاری بہن چلتی جا رہی تھی تمہاری خبر گیری کے لیے پھر وہ اجنبی بن کر کہنے لگی کیا میں آپ لوگوں کو ایک ایسے گھرانے کا پتہ نہ دوں جو اس بچے کی اچھی طرح پرورش کرے، سو اس طرح ہم نے تمہیں پھر تمہاری ماں کے پاس پہنچا دیا تاکہ ان کی آنکھیں ٹھنڈی ہوں اور انھیں غم نہ رہے اور بچپن کے اس احسان کے علاوہ جوانی کے دور میں بھی ہم نے تم پر ایک اور احسان کیا کہ تم نے ایک شخص کو جان سے مار ڈالا تو ہم نے تمہیں اس کے غم سے نجات دلائی اور اس کے بعد بھی ہم نے تمہیں کئی آزمائشوں سے گزارا، پھر تم کئی سال تک امن و امان کے ساتھ مدین کے لوگوں میں ٹھہرے پھر تم ٹھیک اپنے وقت پر آ گئے، اے موسیٰ

۴۱. اور میں نے تمہیں خاص اپنے لیے بنایا ہے

۴۲. پس اب جاؤ تم بھی اور تمہارے بھائی بھی میری آیتوں کے ساتھ اور سستی نہ کرنا تم دونوں میری یاد میں،

۴۲. تم دونوں جاؤ فرعون کے پاس کہ وہ بڑا سرکش ہو گیا ہے۔

۴۴. پھر بھی تم دونوں اس سے بات نرمی ہی سے کرنا کہ شاید وہ نصیحت قبول کر لے یا عذاب سے ڈر جائے

۴۵. اس پر ان دونوں نے عرض کیا پروردگار ہمیں اندیشہ ہے کہ وہ کہیں ہم پر زیادتی نہ کر دے، یا کہیں زیادہ سرکشی پر نہ اتر جائے،

۴۶. ارشاد ہوا ڈرو نہیں میں یقینی طور پر تمہارے ساتھ ہوں سنتا اور دیکھتا ہوں۔

۴۷. پس تم دونوں اس کے پاس جا کر اس سے کہو کہ ہم دونوں بھیجے ہوئے ہیں تمہارے رب کے، پس تو (ہماری اتباع کے علاوہ) بنی اسرائیل کو ہمارے ساتھ جانے کے لئے چھوڑ دے اور انھیں تکلیف نہ دے، ہم تیرے پاس ایک بڑی نشانی لے کر آئے ہیں تیرے رب کی طرف سے، اور سلام ہو اس شخص پر جو پیروی کرے (حق و ہدایت کی،

۴۸. بیشک ہماری طرف وحی کی گئی ہے اس بات کی کہ عذاب اس پر ہے جس نے جھٹلایا (حق کو) اور (اس سے) منہ موڑا،

۴۹. (چنانچہ ان دونوں نے حسب ہدایت جا کر فرعون سے یہ سب کچھ کہہ دیا تو) اس نے کہا کہ اچھا تو کون ہے رب تم دونوں کا اے موسیٰ؟

۵۰. انہوں نے جواب میں کہا ہمارا رب وہ ہے جس نے ہر چیز کو اس کی ساخت بخشی پھر اسے راہ دکھائی،

۵۱. کہا (اچھا تو) پھر کیا بنے گا ان نسلوں کا جو گزر چکی ہیں اس سے پہلے؟

۵۲. موسیٰ نے جواب دیا کہ ان کا علم تو میرے رب ہی کے پاس ہے ایک عظیم الشان کتاب میں، میرا رب نہ چوکتا ہے نہ بھولتا ہے،

۵۲. وہ جس نے بنا دیا تمہارے لئے اس زمین کو ایک عظیم الشان بچھونا، اور اس نے چلا دیئے اس میں تمہارے لئے طرح

طرح کے عظیم الشان راستے، اور اس نے اتارا آسمان سے پانی، پھر نکالیں ہم نے اس کے ذریعے قسما قسم کی انگوریاں

۵۴. (اور پیداواریں) (اور تمہیں اجازت و آزادی بخشی کہ قانون اور ضابطے کے اندر رہتے ہوئے ان سے) تم خود بھی کھاؤ اور اپنے جانوروں کو بھی چراؤ، یقیناً اس میں بڑی بھاری نشانیاں ہیں عقل مندوں کے لئے،

۵۵. (اور طرح طرح کی ان پیداواروں کی طرح) ہم نے خود تمہیں بھی (اے لوگو!) اسی زمین سے پیدا کیا، اسی میں ہم تمہیں دوبارہ لے جائیں گے اور اسی سے ہم تمہیں ایک مرتبہ پھر نکالیں گے،

۵۶. اور بلا شبہ ہم نے اس کو دکھلائیں اپنی نشانیاں سب کی سب، مگر وہ جھٹلاتا اور انکار ہی کرتا گیا،

۵۷. کہنے لگا اے موسیٰ! کیا تم ہمارے پاس اسی لئے آئے ہو کہ اپنے جادو کے زور سے ہمیں نکال باہر کرو ہمارے اپنے ملک سے ؟

۵۸. اچھا تو ہم بھی تمہارے مقابلہ میں ویسا ہی ایک زور دار جادو ضرور بالضرور لا کر رہیں گے، پس تم ٹھہرادو اپنے اور ہمارے درمیان ایک ایسا وعدہ کسی مقام اور جگہ کا، جس کی خلاف ورزی نہ ہم کریں نہ تم کرو، کسی کھلے میدان میں،

۵۹. موسیٰ نے جواب میں فرمایا کہ تمہارے (مطلوبہ) وعدے کا وقت جشن کا دن ہے، اور یہ کہ اکٹھا کر دیا جائے سب لوگوں کو دن چڑھے،

۶۰. پھر (کیا تھا کہ یہ سنتے ہی) فرعون پلٹ کر اپنے ہتھکنڈے جمع کرنے لگ گیا، اور آخر کار وہ مقابلے میں آگیا

۶۱. موسیٰ نے (ان جادوگروں سے) کہا کہ کم بختی کے مارو، مت جھوٹا افتراء باندھو تم اللہ پر، کہ اس کے نتیجے میں اللہ غارت کر دے تم سب کو کسی ہولناک عذاب سے، اور یقیناً ناکام و نامراد) ہوا وہ جس نے جھوٹ گھڑا،

۶۲. اس پر ان کے درمیان اختلاف پڑگیا، اور وہ باہم چپکے چپکے مشورے کرنے لگے،

۶۳. آخر کار انہوں نے کہا کہ یہ دونوں شخص محض جادوگر ہیں، جو یہ چاہتے ہیں کہ نکال باہر کریں تم سب کو تمہاری سرزمین سے، اپنے جادو کے زور سے، اور خاتمہ کر دیں تمہارے عمدہ (اور مثالی) طریقہ زندگی کا،

۶۴. پس تم پکا کر لو اپنی تدبیر کو پھر اتر آؤ تم (میدان میں) صف باندھ کر، اور یقین رکھو کہ جیت اسی کی ہے جو آج غالب رہا،

۶۵. کہنے لگے اے موسیٰ یا تم ڈالنے میں پہل کرو یا ہم ہی پہلے ڈالنے والے بنیں،

۶۶.	آپ نے فرمایا (نہیں) بلکہ تم ہی پہلے ڈال لو، (پھر کیا تھا) یکایک ان کی رسیاں اور ان کی لاٹھیاں، ان کے جادو کے زور سے موسیٰ کو دوڑتی ہوئی معلوم ہونے لگیں،

۶۷.	اس سے موسیٰ نے اپنے دل میں ایک طرح کا خوف محسوس کیا،

۶۸.	ہم نے کہا ڈرو مت کہ غلبہ تو یقینی طور پر تمہارا ہی ہو گا،

۶۹.	اور ڈال دو جو کچھ کہ تمہارے دائیں ہاتھ میں ہے، وہ اس سب کو نگل کر رکھ دے گا جو کچھ کہ یہ بنا کر لائے ہیں یہ جو کچھ بنا کر لائے ہیں وہ تو ایک جادوگر کا فریب ہے، اور جادوگر (معجزے کے مقابلے میں کبھی) کامیاب نہیں ہو سکتا، جہاں بھی وہ آئے،

۷۰.	پس (موسیٰ کا یہ معجزہ دیکھنا تھا کہ) سب جادوگر بے ساختہ سجدے میں گر پڑے، اور پکار اٹھے کہ ہم ایمان لے آئے موسیٰ اور ہارون کے رب پر،

۷۱.	اس پر فرعون نے ان سے کہا کہ تم موسیٰ پر ایمان لے آئے ہو، قبل اس سے کہ میں تم کو اس کی اجازت دیتا؟ واقعی وہی تمہارا سردار ہے جس نے تم کو جادوگری سکھائی، میں ابھی کٹوا دیتا ہوں تم سب کے ہاتھ پاؤں مخالف سمتوں سے، اور سولی پر لٹکائے دیتا ہوں تم سب کو کھجور کے تنوں میں (تاکہ تم دوسروں کے لئے نمونہ عبرت بن جاؤ) اور تمہیں پتہ چل جائے کہ ہم میں سے کس کا عذاب زیادہ سخت ہے اور دیرپا ہے،

۷۲.	انہوں نے کہا قسم ہے اس ذات کی جس نے ہمیں پیدا کیا، ہم تجھے ان نشانیوں کے مقابلے میں کبھی ترجیح نہیں دیں گے جو ہمارے پاس آ چکی ہیں، پس تو کر لے جو بھی کچھ کہ تجھے کرنا ہے، تو تو صرف اس دنیا کی زندگی ہی میں حکم چلا سکتا ہے اور بس،

۷۳. ہم تو بہر حال ایمان لا چکے اپنے رب پر تاکہ وہ ہمارے (گزشتہ) گناہ بھی معاف فرما دے، اور اس جادوگری کو بھی جس پر تو نے ہمیں مجبور کیا تھا، اور اللہ ہی سب سے اچھا اور سدا باقی رہنے والا،

۷۴. (اور اس کا قانون یہ ہے کہ) جو بھی کوئی مجرم بن کر اپنے رب کے پاس حاضر ہوگا اس کے لئے جہنم ہے، جس میں نہ وہ مرے گا، اور نہ جئیے گا۔

۷۵. اور جو کوئی اس کے حضور ایمان کی حالت میں آئے گا، جب کہ اس نے کام بھی نیک کئے ہوں گے تو ایسوں کے لئے بڑے بلند درجے ہوں گے،

۷۶. یعنی ہمیشہ رہنے کی وہ جنتیں جن کے نیچے سے بہہ رہی ہوں گی طرح طرح کی نہریں جن میں ان کو ہمیشہ رہنا نصیب ہوگا، اور یہ جزا ہے اس شخص کی جس نے پاکیزگی اختیار کی،

۷۷. اور (جب فرعون اس سب کے باوجود راہ حق پر نہ آیا تو) ہم نے موسیٰ کو وحی کی کہ تم راتوں رات چل نکلو میرے بندوں کو لے کر، پھر (آگے چل کر اپنے عصا کے ذریعے) سمندر میں ان کے لئے خشک راستہ بنا دینا، نہ پکڑے جانے کا کوئی اندیشہ رکھنا اور نہ (غرق وغیرہ کا) کوئی ڈر،

۷۸. ادھر فرعون بھی ان کے پیچھے پیچھے آ پہنچا، اپنے لشکر لے کر، پھر (کیا تھا سمندر میں گھستے ہی) ان پر چھا گیا سمندر سے وہ کچھ جس نے کہ ان پر چھانا تھا،

۷۹. اور فرعون نے اپنی قوم کو بری راہ پر ہی لگایا صحیح راہ اس نے ان کو نہ دکھائی،

۸۰. اے یعقوبؑ کی اولاد (ذرا ہماری ان نعمتوں کو تو یاد کرو کہ کس طرح) ہم نے تم کو نجات دی تمہارے دشمن (اور اس کے مظالم) سے، اور تمہارے لئے ایک وقت مقرر کیا حاضری کا طور کی دائیں جانب، اور ہم نے تم پر من و سلویٰ اتارا (تمہاری خوراک کے لئے)

۸۱. (اور تمہیں اجازت دی کہ) کھاؤ (پیو) تم ان پاکیزہ چیزوں میں سے جو ہم نے تم کو بخشی ہیں، پر اس میں حد سے نہیں بڑھنا، کہ پھر تم پر ٹوٹ پڑے میرا غضب، اور جس پر ٹوٹ پڑا میرا غضب تو یقیناً وہ گر گیا (ہلاکت و تباہی کے ہولناک گڑھے میں)

۸۲. اور یہ بھی یقین رکھو کہ میں بڑا ہی بخشنے والا ہوں ہر اس شخص کو جو توبہ کر لے اور وہ ایمان لے آئے، اور نیک کام کرے، پھر وہ (اسی راہ) ہدایت پر قائم رہے،

۸۲. اور (حق تعالیٰ کی طرف سے سوال ہوا کہ) کیا چیز تمہیں اپنی قوم سے پہلے لے آئی اے موسیٰ؟

۸۴. تو عرض کیا وہ تو یہ میرے پیچھے ہی آ رہے ہیں، اور میں نے آپ کے حضور پہنچنے میں، اے میرے پروردگار، جلدی اس لئے کی کہ آپ مجھ سے راضی ہو جائیں،

۸۵. ارشاد ہوا کہ ہم نے تو تمہاری قوم کو تمہارے بعد سخت آزمائش میں ڈال دیا اور ان کو گمراہ کر دیا سامری نے،

۸۶. اس پر موسیٰ غصے میں بھرے ہوئے اور افسوس کرتے ہوئے اپنی قوم کی طرف لوٹے، اور چھوٹتے ہی ان سے کہا اے میری قوم، کیا تمہارے رب نے تم سے وعدہ نہیں

کیا تھا ایک اچھا وعدہ؟ پھر کیا تم پر زیادہ زمانہ گزر گیا تھا؟ یا تم اس کے لیۓ تیار ہو گیۓ تھے کہ تم پر ٹوٹ پڑے غضب تمہارے رب کا؟ کہ تم نے مجھ سے وعدہ خلافی کا ارتکاب کیا؟

۸۷. کہنے لگے ہم نے آپ سے وعدہ خلافی کچھ اپنے اختیار سے نہیں کی، بلکہ (ہوا یہ کہ) ہم پر اس قوم کے زیورات کا بوجھ ڈال دیا گیا تھا، تو ہم نے اسے پھینک دیا، پھر اسی طرح سامری نے بھی کچھ ڈال دیا،

۸۸. پھر وہ ان کے لیۓ ایک بچھڑا سا نکال لایا، یعنی ایک بے جان دھڑ تھا جس میں گاۓ کی سی ایک آواز تھی، جس پر وہ پکار اٹھے کہ یہی ہے خدا تمہارا، اور خدا موسیٰ کا، پر وہ بھول گیا،

۸۹. کیا وہ لوگ اتنا بھی نہ دیکھتے تھے کہ وہ مصنوعی بچھڑا نہ تو ان کی بات کا جواب دے سکتا ہے، اور نہ ہی ان کے لیۓ کسی بھلے برے کا کوئی اختیار رکھتا ہے،

۹۰. اور اس سے پہلے ہارونؑ ان سے (صاف طور پر) کہہ چکے تھے کہ لوگو! تم اس کی وجہ سے فتنے میں پڑ گیۓ ہو، تمہارا رب بلاشبہ (خدائے) رحمان ہے، پس تم میری پیروی کرو اور میرا کہا مانو،

۹۱. انہوں نے کہا کہ ہم تو اسی (کی پرستش) پر جمے بیٹھے رہیں گے، یہاں تک کہ موسیٰ ہمارے پاس لوٹ آئے،

۹۲. (اور قوم کو جھنجھوڑنے کے بعد موسیٰ نے ہارونؑ کی طرف متوجہ ہو کر) کہا، اے ہارون، تمہیں کس چیز نے روکا تھا کہ جب تم نے ان کو دیکھا تھا کہ گمراہ ہو گیۓ؟

۹۲.	کہ تم میری پیروی کرتے ؟ کیا تم نے بھی میرے حکم کی خلاف ورزی کی ؟

۹۴.	ہارونؑ نے کہا اے میری ماں کے بیٹے، میری داڑھی مت پکڑو، اور نہ میرے سر (کے بالوں) کو (کھینچو اور میرا عذر بھی سن لو کہ) مجھے یہ ڈر تھا کہ تم آ کر مجھ سے کہو گے کہ تم نے بنی اسرائیل میں پھوٹ ڈال دی اور میرے فیصلے کا انتظار نہ کیا،

۹۵.	پھر موسیٰ نے سامری کی طرف متوجہ ہو کر اس سے کہا کیا معاملہ ہے تیرا، اے سامری ؟

۹۶.	تو اس نے کہا کہ میں نے وہ کچھ دیکھا جو ان لوگوں کو نظر نہ آ سکا، پس میں نے ایک مٹھی اٹھا لی رسول کے نقش قدم سے پھر میں نے اسے ڈال دیا، اور میرے نفس نے مجھے یہی سجھا دیا

۹۷.	موسیٰ نے فرمایا پس اب تو جا، تیرے لیے اس دنیاوی زندگی میں تو یہ سزا ہے کہ تو یوں کہتا پھرے کہ مجھے ہاتھ نہ لگانا اور اس کے علاوہ تیرے لیے ایک اور وعدہ ہے جو تجھ سے ہرگز نہیں ٹلے گا، اور اب تو اپنے اس معبود کے انجام کو بھی دیکھ لے جس پر تو ریجھا ہوا تھا۔ ہم اسے ابھی جلا کر خاکستر بنائے دیتے ہیں پھر اس کی خاکستر کو اڑا کر دریا میں بہائے دیتے ہیں

۹۸.	سوائے اس کے نہیں کہ معبود تم سب کا اے لوگو! صرف وہ اللہ ہے جس کے سوا کوئی بھی عبادت کے لائق نہیں، اس کا علم ہر چیز پر حاوی ہے۔

۹۹. اے پیغمبر! جس طرح ہم نے آپ کو حضرت موسیٰ کا تفصیلی قصہ سنایا اسی طرح ہم آپ کو گزشتہ قوموں کے حالات کی کچھ خبریں سناتے ہیں اور ہم نے آپ کو اپنے یہاں سے ایک عظیم الشان ذکر عطا فرمایا ہے،

۱۰۰. جو کوئی اس سے منہ موڑے گا تو یقیناً اس کو اٹھانا ہوگا قیامت کے روز ایک بڑا ہولناک بوجھ،

۱۰۱. ایسے لوگوں کو اس میں ہمیشہ رہنا ہوگا اور ان کے لیے قیامت کے دن وہ بڑا ہی برا بوجھ ہوگا،

۱۰۲. جس دن کہ صور میں پھونک دیا جائے گا اس روز ہم مجرموں کو اس حال میں اکٹھا کر لائیں گے، کہ ان کے چہرے سیاہ اور ان کی آنکھیں نیلی ہوں گی۔

۱۰۲. وہ آپس میں چپکے چپکے کہہ رہے ہوں گے کہ تم نے (دنیا میں) بمشکل دس ہی دن گزارے ہوں گے۔

۱۰۴. ہمیں خوب معلوم ہے وہ سب کچھ جو کہ وہ کہیں گے جب کہ ان میں سے سب سے بڑا سمجھ دار شخص کہے گا کہ تم لوگ تو صرف ایک ہی دن ٹھہرے ہو،

۱۰۵. اور پوچھتے ہیں آپ سے (اے پیغمبر!) ان پہاڑوں کے بارے میں، کہ قیامت میں ان کا کیا بنے گا؟ تو کہو کہ میرا رب ان کو اڑا دے گا ریزہ ریزہ کر کے،

۱۰۶. پھر اس زمین کو وہ ایک ایسا چٹیل میدان بنا کر رکھ دے گا

۱۰۷.	کہ تمہیں اس میں نہ کوئی کجی نظر آئے گی اور نہ تم اس میں کوئی ٹیلا دیکھنے پاؤ گے

۱۰۸.	اس روز یہ سب کے سب اس بلانے والے کی آواز پر ایسے سیدھے چلے آ رہے ہوں گے کہ کوئی کجی اور اکڑ نام کو نہ ہوگی، اور مارے ہیبت کے تمام آوازیں خدائے رحمان کے حضور ایسی ایسی دب جائیں گی کہ تم ہلکی آہٹ کے سوا کچھ سننے نہ پاؤ گے،

۱۰۹.	اس روز کسی کی سفارش کچھ کام نہ آئے گی، مگر اسی کی جس کو خدائے رحمان نے اجازت دی ہوگی اور اس کی بات کو اس نے پسند بھی کیا ہوگا،

۱۱۰.	اسے معلوم ہے وہ سب کچھ جو ان کے آگے ہے اور وہ سب کچھ جو ان کے پیچھے ہے اور ان کا علم اس کا احاطہ نہیں کر سکتا،

۱۱۱.	اور جھک جائیں گے اس روز سب چہرے اس حی و قیوم کے آگے، اور اس وقت بڑا خسارے میں رہے گا وہ شخص جس نے بوجھ اٹھایا ہوگا ظلم کا۔

۱۱۲.	اور اس کے برعکس جس نے نیک کام کیے ہوں گے، اور وہ ایمان بھی رکھتا ہوگا تو اسے نہ کسی زیادتی کا کوئی اندیشہ ہوگا اور نہ کسی کمی کا کوئی خوف

۱۱۲.	اور اے پیغمبر! جس طرح ہم نے آپ کو یہ مضامین سنائے ہیں اسی طرح ہم نے اس پورے قرآن کو اتارا ہے قرآن عربی بنا کر اور اس میں ہم نے تنبیہ کے مضامین کو طرح طرح سے بیان کیا کہ تاکہ یہ لوگ بچ جائیں یا اس قرآن کے ذریعے ان میں کچھ سمجھ پیدا ہو جائے۔

۱۱۴.	سو بڑا ہی بالا و برتر ہے وہ اللہ جو کہ بادشاہ حقیقی ہے۔ اور آپ قرآن پڑھنے میں جلدی نہ کیا کریں اے پیغمبر قبل اس سے کہ پوری کر دی جائے آپ کی طرف اس کی وحی اور یوں دعا کرتے رہا کریں کہ میرے رب میرے علم میں اور اضافہ فرما

۱۱۵.	اور بلاشبہ ہم نے اس سے پہلے آدم سے بھی عہد لیا تھا پر وہ بھول گیا اور ہم نے اس میں عزم نہ پایا

۱۱۶.	اور وہ بھی یاد کرو کہ جب ہم نے فرشتوں کو حکم دیا کہ تم آدم کو سجدہ کرو تو وہ سب سجدے میں گر گئے سوائے ابلیس کے کہ اس نے انکار کر دیا

۱۱۷.	پھر ہم نے آدمؑ سے کہہ دیا کہ دیکھو یہ قطعی طور پر دشمن ہے تمہارا بھی اور تمہاری بیوی کا بھی سو کہیں ایسا نہ ہو کہ یہ تمہیں جنت سے نکلوا دے،

۱۱۸.	پھر تم مصیبت میں پڑ جاؤ کہ یہاں تو تمہیں یہ آسائشیں ہیں کہ نہ تمہیں بھوک لگے

۱۱۹.	اور نہ تم ننگے ہوؤ، پیاس تنگ کرے اور نہ ہی دھوپ کی تکلیف اٹھانا پڑے

۱۲۰.	اور دنیا میں یہ آسائشیں کہاں؟ پس خیال رکھنا پھر شیطان نے اس کو بہکانے کے لیے کہا آدم کیا میں تمہیں ابدی زندگی کے درخت اور ایسی بادشاہی کا پتہ نہ دے دوں جسے کبھی زوال نہ آئے

۱۲۱.	سو آخر کار جب اس کے بہکاوے میں آ کر وہ دونوں اس درخت سے کھا بیٹھے تو اس کے کھاتے ہی ایک دوسرے کے سامنے کھل گئے ستر ان دونوں کے اور وہ دونوں

اپنے اوپر جنت کے پتے چپکانے لگے اس طرح آدم سے اپنے رب کے حکم کی نافرمانی ہو گئی اور وہ بھٹک گئے

۱۲۲.	پھر ان کے رب نے انھیں چن لیا، ان کی توبہ قبول فرمالی اور انھیں راہ پر ڈال دیا

۱۲۳.	اور فرمایا تم دونوں اکٹھے یہاں سے اتر جاؤ، اس حال میں کہ تم میں سے بعض بعض کا دشمن ہوگا پھر یاد رکھنا کہ اگر آ جائے تمہارے پاس کوئی ہدایت میری طرف سے تو اس بارے میں میرا ضابطہ یہ ہوگا کہ جس نے میری ہدایت کی پیروی کی تو وہ نہ گمراہ ہوگا اور نہ بدبختی میں مبتلا ہوگا

۱۲۴.	اور جس نے ہماری اس نصیحت سے منہ موڑا تو بیشک اس کے لیے دنیا میں تنگ گزران ہوگی، اور قیامت کے دن ہم اسے اندھا کر کے اٹھائیں گے

۱۲۵.	وہ کہے گا میرے رب تو نے مجھے اندھا کر کے کیوں اٹھایا؟ حالانکہ دنیا میں تو میں بینا تھا،

۱۲۶.	ارشاد ہوگا اسی طرح جب ہماری آیتیں تیرے پاس آئی تھیں تو تو نے ان کو بھلا دیا تھا اسی طرح آج تجھے بھلایا جا رہا ہے

۱۲۷.	اور اس طرح ہم بدلہ لیں گے ہر اس شخص کو جو کہ حد سے گزر گیا ہوگا اور وہ اپنے رب کی آیتوں پر ایمان نہیں لایا ہوگا اور آخرت کا عذاب تو یقیناً انتہائی سخت بھی ہوگا اور سب سے بڑھ کر دیرپا بھی۔

۱۲۸۔ تو کیا ان لوگوں کو عظیم درس تاریخ سے بھی کوئی ہدایت نہ مل سکی؟ کہ ہم ان سے پہلے کتنی ہی قوموں کو ہلاک کر چکے ہیں، جن کی تباہ حال بستیوں میں یہ لوگ خود چلتے پھرتے بھی ہیں بلاشبہ اس میں بڑی بھاری نشانیاں ہیں عقل مندوں کے لیے

۱۲۹۔ اور منکرین و جرائم پیشہ لوگوں کی فوری پکڑ نہ ہونے پر کسی کو دھوکہ نہ ہو کیونکہ اگر تیرے رب کی طرف سے ایک طے شدہ بات اور ایک مقرر کردہ مدت نہ ہوتی تو وہ عذاب یقیناً ان پر کبھی کا چپک کر رہ گیا ہوتا

۱۳۰۔ پس آپ صبر ہی سے کام لیتے رہیں ان باتوں پر جو یہ لوگ بناتے ہیں اور اپنے رب کی حمد و ثناء کے ساتھ اس کی تسبیح کرتے رہو، سورج کے نکلنے سے پہلے بھی اور اس کے ڈوبنے سے پہلے بھی، اور رات کی کچھ گھڑیوں میں بھی اس کی پاکی بیان کرتے رہیں اور دن کے کناروں میں بھی تاکہ آپ کو خوشی حاصل ہو

۱۳۱۔ اور کبھی آنکھ اٹھا کر بھی نہ دیکھنا اس (سامان عیش و عشرت) کی طرف جو کہ ہم نے ان لوگوں کے مختلف گروہوں کو دنیاوی زندگی کی رونق کے طور پر دے رکھا ہے تاکہ اس میں ہم ان کی آزمائش کریں اور تیرے رب کا عطیہ تو بہر حال اس سے کہیں بڑھ کر عمدہ بھی ہے اور دیرپا بھی

۱۳۲۔ اپنے گھر والوں کو نماز کی تلقین کرتے رہو اور خود بھی اس کے پابند رہو ہم تم سے کوئی روزی نہیں مانگتے روزی تو تم کو بھی ہم ہی دیتے ہیں اور انجام کی بھلائی تو بہر حال تقویٰ ہی کے لیے ہے

244

۱۲۲.	اور کہتے ہیں کہ کیوں نہیں لے آتا یہ رسول ہمارے پاس اپنے رب کی طرف سے کوئی نشانی تو کیا ان کے پاس واضح بیان نہیں آ گیا ان تعلیمات کا جو کہ پہلے صحیفوں میں تھیں؟

۱۲۴.	اور اگر کہیں ہم ان کو اس کے آنے سے پہلے ہی ہلاک کر دیتے تو اس وقت یہ لوگ یوں کہتے کہ اے ہمارے رب تو نے ہمارے پاس کوئی رسول کیوں نہیں بھیجا؟ کہ ہم تیری آیتوں کی پیروی کرتے قبل اس سے کہ ہمیں اس طرح ذلت اٹھانا پڑتی؟ اور ہمیں اس رسوائی سے دوچار ہونا پڑتا

۱۲۵.	کہو کہ اب ہم میں سے ہر ایک انتظار میں ہے سو تم بھی راہ دیکھتے رہو پس عنقریب تمہیں خود ہی معلوم ہو جائے گا کہ کون ہیں سیدھی راہ والے اور کون ہیں نور حق و ہدایت والے۔

***

۲۱. الأنبياء

بِسْمِ اللّٰهِ الرَّحْمٰنِ الرَّحِيْمِ

اللہ کے نام سے جو رحمان و رحیم ہے

۱. قریب آ لگا ہے لوگوں سے ان کے حساب کا وقت، اور وہ ہیں کہ غفلت میں پڑے منہ موڑے بیٹھے ہیں،

۲. جو بھی کوئی نئی نصیحت ان کے پاس ان کے رب کی جانب سے آتی ہے یہ اسے گرانی ہی سے سنتے ہیں، اور وہ بھی کھیلتے ہوئے ان کی حالت یہ ہوتی ہے

۲. کہ ان کے دل کہیں اور ہی لگے ہوتے ہیں، اور وہ لوگ جنہوں نے ظلم کی روش کو ہی اپنایا، چپکے چپکے آپس میں سرگوشی کرتے ہیں، کہ یہ شخص تو ہم ہی جیسا ایک بشر (اور انسان) ہے، تو کیا تم لوگ پھر بھی دیدہ دانستہ اس جادو (کے پھندے میں پھنسنے) کو آ رہے ہو؟

۴.　پیغمبر نے فرمایا کہ (تم لوگ خواہ چپکے چپکے باتیں کرو یا زور سے کہو) میرا رب بہر حال جانتا ہے ہر بات کو خواہ وہ آسمان کی بلندیوں میں ہو یا زمین کی پستیوں میں اور وہی ہے سب کچھ سننے جاننے والا،

۵.　اور ان ظالموں نے صرف جادو کہنے پر ہی اکتفا نہیں کیا بلکہ انہوں نے یہ بھی کہا کہ یہ قرآن تو بس مجموعہ ہے پراگندہ خیالات کا بلکہ اس کو یہ شخص خود ہی گھڑ کے لے آیا ہے بلکہ یہ تو ایک شاعر ہے۔ جس کا کام ہی فرضی اور خیالی باتیں بنانا ہوتا ہے پس اسے چاہیے کہ لے آئے ہمارے پاس ویسی ہی کوئی نشانی جیسی نشانیوں کے ساتھ پہلے کے پیغمبر بھیجے گئے۔

۶.　حالانکہ ان سے پہلے کوئی بھی ایسی بستی جسے ہم نے ہلاک کیا ہو ایمان نہ لائی تھی تو کیا اب یہ لوگ ایمان لے آئیں گے؟

۷.　اور ان کا یہ شبہ کہ رسول انسان نہ ہونا چاہیے اس لئے بھی باطل ہے کہ ہم نے آپ سے پہلے انسانوں ہی کو رسول بنا کر بھیجا جن کی طرف ہم اسی طرح وحی بھیجتے رہے سو تم لوگ پوچھ لو اہل علم سے اگر تم خود نہیں جانتے

۸.　(اور ان کا دوسرا شبہ کہ رسول کوئی ایسی نوری مخلوق ہونا چاہیے جو نہ کچھ کھائے نہ پیئے بھی باطل ہے کیونکہ) ہم نے ان رسولوں کے کوئی ایسے مافوق الفطرت اور نوری بدن نہیں بنائے تھے کہ وہ کھانا ہی نہ کھاتے ہوں اور نہ ہی وہ ہمیشہ رہنے والے تھے

۹.	پھر یہ بھی دیکھ لو کہ ہم نے ان سے کیے ہوئے اپنے وعدے پورے کر دکھائے سو ہم نے بچا دیا ان کو بھی اور ان سب کو بھی جنہیں ہم نے بچانا چاہا اور ہلاک کر دیا ہم نے حد سے بڑھنے والوں کو

۱۰.	بلاشبہ ہم ہی نے اتاری تمہاری طرف اے لوگو! ایک ایسی عظیم الشان کتاب جس میں خود تمہاری نصیحت اور ہدایت کا سامان ہے تو کیا تم لوگ پھر بھی عقل سے کام نہیں لیتے؟

۱۱.	اور کتنی ہی ظالم بستیاں ایسی تھیں جن کو ہم نے پیس کر رکھ دیا ان کے ظلم و عدوان کی بناء پر اور اٹھا کھڑا کیا ہم نے ان کے بعد کسی اور قوم کو

۱۲.	پھر جب ان لوگوں نے آتا محسوس کیا ہمارے عذاب کو تو وہ فوراً وہاں سے بھاگنے لگے

۱۲.	تب ان سے کہا گیا کہ بھاگو مت اور لوٹ جاؤ تم اپنے اس سامان عیش و عشرت کی طرف، جس میں تم لوگ مست و مگن تھے اور اپنے انہی گھروں کی طرف جن کی پختگی و عمدگی پر تم کو بڑا غرور اور ناز تھا شاید تم سے کوئی پوچھ پاچھ ہو

۱۴.	تب وہ کہنے لگے ہائے ہماری کم بختی بیشک ہم لوگ ظالم تھے

۱۵.	پھر ان کی یہی چیخ پکار رہی یہاں تک کہ ہم نے ان کو ایسا نیست و نابود کر کے رکھ دیا جیسے کوئی کٹی ہوئی کھیتی ہو یا بجھے ہوئے انگاروں کا ڈھیر

۱۶.	اور ہم نے اس بلند و بالا (عبر توں بھرے) آسمان کو اور اس خزانوں اور درسوں بھری زمین کو اور ان دونوں کے درمیان کی اس پوری کائنات کو کچھ کھیل تماشا کے طور پر تو نہیں بنایا

۱۷.	اگر ہم کوئی کھیل تماشا بنانا چاہتے بھی تو اپنے یہاں کی کسی اور چیز سے بنا لیتے اگر ہمیں ایسا کرنا ہوتا

۱۸.	بلکہ ہم تو حق کی ضرب سے باطل پر ایسی چوٹ لگاتے ہیں کہ وہ اس کا سر کچل کر رکھ دیتی ہے جس سے وہ دفعتاً نابود ہو جاتا ہے اور تمہارے لئے بڑی خرابی ہے ان باتوں کی وجہ سے جو تم لوگ حق اور اہل حق کے خلاف از خود بناتے ہو

۱۹.	اور اسی کی ہے وہ سب مخلوق جو آسمانوں اور زمین میں ہے اور وہ سب بھی جو اس کے پاس ہیں یعنی فرشتے ان کا حال یہ ہے کہ وہ نہ تو کبھی اپنی بڑائی کا گھمنڈ کر کے اس کی عبادت سے سر تابی کرتے ہیں اور نہ ہی وہ تھکتے ہیں،

۲۰.	بلکہ وہ شب و روز اس طرح تسبیح کرتے رہتے ہیں کہ دم بھی نہیں لیتے

۲۱.	کیا ان لوگوں نے زمین کی مخلوقات میں سے کچھ ایسے معبود بنا رکھے ہیں جو زندہ کر کے اٹھا سکتے ہوں؟

۲۲.	تو سنو! کہ اگر آسماں و زمین میں اللہ جل جلالہ کے سوا کچھ اور خدا بھی ہوتے جس طرح کہ ان مشرکوں کا کہنا ہے تو ان دونوں یعنی زمین و آسمان کا نظام کبھی کا درہم برہم ہو گیا ہوتا پس اللہ جو کہ مالک ہے عرش کا وہ پاک ہے ان تمام باتوں سے جو یہ لوگ بنا رہے ہیں

۲۲. وہ ایسی بے مثال عظمت والا ہے کہ وہ جو بھی کچھ کرے اس سے کوئی پوچھ نہیں سکتا اور باقی سب کی بازپرس کی جا سکتی ہے

۲۴. کیا (با ین ہمہ) انہوں نے اس کے سوا اور کوئی معبود بنا رکھے ہیں؟ اچھا تو ان سے کہو کہ لاؤ تم لوگ اپنی دلیل یہ رہی وہ کتاب جس میں میرے دور کے لوگوں کی نصیحت ہے اور وہ کتابیں بھی جن میں مجھ سے پہلے لوگوں کے لئے نصیحت تھی۔ مگر حق کے خلاف کوئی دلیل ملے تو کہاں سے اور کیونکر اس لئے بات یہ نہیں بلکہ اصل بات یہ ہے کہ لوگوں کی اکثریت چونکہ حق اور حقیقت کو جانتی نہیں اس لئے وہ اس سے منہ موڑے ہوئے ہیں۔

۲۵. اور ہم نے آپ سے پہلے اے پیغمبر! جو بھی کوئی رسول بھیجا اس کو یہی وحی کی کہ کوئی معبود نہیں سوائے میرے پس تم سب لوگ میری ہی بندگی کرو

۲۶. اور ان کا کہنا ہے کہ خدائے رحمان نے اولاد بنا رکھی ہے وہ پاک ہے اور جن کو یہ خدا کی اولاد کہتے ہیں وہ اولاد نہیں بلکہ وہ تو اس کے ایسے بندے ہیں جن کو عزت بخشی گئی

۲۷. وہ تو اس کے حضور آگے بڑھ کر بات بھی نہیں کر سکتے اور وہ کام بھی اسی کے حکم پر کرتے ہیں

۲۸. اللہ ایک برابر جانتا ہے وہ سب کچھ جو کہ ان کے سامنے ہے اور وہ سب کچھ بھی جو کہ ان کے پیچھے ہے اور وہ سفارش بھی نہیں کرتے مگر اسی کے لئے جس کے لئے اللہ پسند فرمائے اور وہ ہمیشہ اس کے خوف سے ڈرتے رہتے ہیں

۲۹۔   اور جو کوئی ان میں سے بالفرض یہ کہہ دے کہ میں بھی معبود ہوں اس وحدۂ لا شریک کے سوا تو اس کو ہم جہنم کی سزا دیں گے اسی طرح ہم بدلہ دیتے ہیں ظالموں کو

۳۰۔   کیا ان لوگوں نے جو اڑے ہوئے ہیں اپنے کفر و باطل پر کبھی اس پر غور نہیں کیا کہ آسمان اور زمین بند تھے پھر ہم نے ان دونوں کو کھول دیا اور ہم نے پانی سے ہر چیز کو زندہ کیا تو کیا یہ لوگ پھر بھی ایمان نہیں لاتے

۳۱۔   اور ہم نے گاڑ دئیے زمین میں طرح طرح کے پہاڑوں کے عظیم الشان لنگر کہ کہیں یہ ڈولنے نہ لگے اپنے اوپر رہنے والے ان لوگوں کو لیکر اور رکھ دئیے ہم نے اس کے اندر طرح طرح کے کشادہ راستے تاکہ یہ لوگ راہ پا سکیں

۳۲۔   اور ہم نے زمین کے اس عظیم الشان فرش کے لئے آسمان کو ایک عظیم الشان محفوظ چھت بنا دیا مگر یہ لوگ ہیں کہ اس کی ان تمام عظیم الشان نشانیوں سے منہ موڑے ہوئے ہیں

۳۳۔   اور وہ اللہ وہی تو ہے جس نے پیدا فرمایا رات و دن اور سورج و چاند کے اس عظیم الشان نظام کو اور اس قدر عمدہ تقدیر اور بہترین انداز کے ساتھ کہ سب اپنے اپنے فلک میں تیرتے جا رہے ہیں

۳۴۔   اور ہم نے آپ سے پہلے اے پیغمبر! کسی بھی انسان کے لئے ہمیشگی نہیں رکھی تو کیا آپ اگر اپنے وقت پر مر گئے تو یہ ہمیشہ رہیں گے

۲۵.   موت کا مزہ تو ہر جاندار کو بہر حال چکھنا ہے اور ہم نے دنیا کی یہ چند روزہ زندگی بھی تمہیں اے لوگو! اس لئے دی کہ ہم تمہاری آزمائش کرتے رہیں جانچنے کے لئے برے حالات سے بھی اور اچھے حالات سے بھی اور آخر کار تم نے لوٹ کر بہر حال ہمارے ہی پاس آنا ہے

۲۶.   اور جب دیکھتے ہیں آپ کو وہ لوگ جو اڑے ہوئے ہیں اپنے کفر و باطل پر تو مذاق اڑانے کے سوا ان کا کوئی کام ہی نہیں رہ جاتا کہتے ہیں کہ کیا یہی ہیں وہ صاحب جو تمہارے معبودوں کا نام لینے کی جسارت کرتے ہیں؟ اور خود ان کا اپنا حال یہ ہے کہ یہ خدائے رحمان کے ذکر کے منکر ہیں

۲۷.   انسان کی جلد بازی کا یہ عالم ہے کہ گویا اس کا خمیر ہی جلد بازی سے بنایا گیا ہے تو اے جلد باز منکرو! میں عنقریب ہی وقت آنے پر تم کو دکھا دوں گا اپنی نشانیاں، پس تم مجھ سے جلدی مت مچاؤ۔

۲۸.   اور کہتے ہیں کہ آخر کب پوری ہوگی تمہاری یہ دھمکی اگر تم سچے ہو!

۲۹.   اگر کسی طرح جان لیتے کافر لوگ اس ہولناک وقت کو کہ جب یہ دوزخ کی لپکیں مارتی ہوئی اس آگ کو نہ روک سکیں گے نہ اپنے چہروں سے اور نہ اپنی پیٹھوں سے اور نہ ہی ان کی کہیں سے کوئی مدد کی جائے گی تو ان کا حال کچھ اور ہی ہوتا

۴۰. اور معاملہ کچھ ان کی فرمائش اور جلد بازی پر موقوف نہیں بلکہ وہ گھڑی تو ان پر اس طرح اچانک آپہنچے گی کہ ان کے ہوش اڑا کر رکھ دے گی پھر ان کو نہ تو اس کے لوٹا دینے کا یارا ہوگا اور نہ ہی ان کو کوئی مہلت ہی مل سکے گی

۴۱. اور اے پیغمبر! آپ ان کی ٹھٹھا بازی سے دلگیر نہ ہوں کیونکہ یقینی طور پر آپ سے پہلے رسولوں کا بھی مذاق اڑایا گیا مگر انجام کار ان میں سے ان لوگوں کا جو مذاق اڑایا کرتے تھے گھیر لیا اسی چیز نے جس کا وہ مذاق اڑایا کرتے تھے

۴۲. اور ان بے انصافوں سے یہ تو پوچھو کہ بھلا کون ہے وہ جو رات اور دن تمہاری حفاظت کرتا ہے خدائے رحمان سے سوائے اسی کی رحمت و عنایت کے؟ مگر یہ ہیں کہ اس کی احسان مندی و شکر گزاری کے بجائے اپنے رب کی یاد سے منہ موڑے ہوئے ہیں

۴۲. کیا ان لوگوں کے اور کچھ ایسے معبود ہیں ہمارے سوا جو ان کو بچائیں گے ہماری گرفت پکڑ سے؟ اور بے چارے ان کو کیا بچائیں گے وہ تو خود اپنی مدد بھی نہیں کر سکتے اور نہ ہی ان کو ہماری طرف سے کوئی تائید مل سکتی ہے

۴۴. ان میں سے کوئی وجہ بھی نہیں بلکہ اصل بات یہ ہے کہ ہم زندگی کا ساز و سامان دیتے رہے ان لوگوں کو بھی اور ان کے باپ دادا کو بھی اپنی رحمت و عنایت سے یہاں تک کہ ان پر ایک زمانہ گزر گیا اور یہ مست ہو گئے مگر کیا انھیں یہ نظر نہیں آرہا کہ ہم کم کرتے چلے رہے زمین کو اس کی مختلف سمتوں سے تو کیا یہ لوگ پھر بھی غالب آجائیں گے حق کے مقابلے میں؟

۴۵. ان سے صاف کہہ دو کہ میرا کام تو بس یہ ہے کہ میں تم کو خبردار کر دوں تمہارے انجام سے وحی کی روشنی کے ساتھ مگر بہرے پکار کو نہیں سنا کرتے جب کہ ان کو خبردار کیا جائے مخاف وخطرات سے

۴۶. ان کی بڑکیں تو یہ ہیں مگر ان کی بلند ہمتی کا حال یہ ہے کہ اگر ان کو تیرے رب کے عذاب کا ایک جھونکا بھی چھو جائے تو یہ چیخ اٹھیں کہ ہائے ہماری کم بختی بیشک ہم لوگ ظالم تھے

۴۷. اور ہم قیامت کے روز انصاف کے ایسے ترازو رکھیں گے کہ کسی بھی جان پر ذرہ برابر کوئی ظلم نہیں ہونے پائے گا اور اگر رائی کے دانے کے برابر بھی کسی کا کوئی عمل ہو گا تو ہم اس کو بھی لا حاضر کریں گے اور ہم کافی ہیں حساب لگانے والے۔

۴۸. اور بلاشبہ ہم اس سے پہلے موسیٰ اور ہارون کو بھی حق اور باطل کے درمیان فیصلے کا وہ سامان دے چکے ہیں اور ایک عظیم الشان روشنی اور نصیحت بھی ان پرہیزگار لوگوں کے لئے

۴۹. جو ڈرتے ہیں اپنے رب سے بن دیکھے اور ان کو کھٹکا لگا رہتا ہے قیامت کی اس ہولناک گھڑی کا

۵۰. اور یہ قرآن برکتوں بھرا ایک عظیم الشان ذکر ہے جسے ہم نے ہی اتارا ہے کیا پھر بھی تم لوگ اس کا انکار ہی کرتے ہو؟

۵۱.　　اور اس زمانہ موسوی سے پہلے ابراہیم کو بھی اس کی شان کے مطابق ہوش مندری عطا کر چکے تھے اور ہم اس کو خوب جانتے تھے

۵۲.　　ان کا وہ وقت یاد کرنے کے لائق ہے کہ جب انھوں نے کفر و شرک کے ان گھٹا ٹوپ اندھیروں میں کلمہ حق بلند کرتے ہوئے اپنے مشرک باپ اور اس کی مشرک قوم سے کہا کہ کیا ہیں یہ بے جان مورتیاں جن کی پوجا و پرستش پر تم جمے بیٹھے ہو؟

۵۲.　　تو انھوں نے کہا کہ ہم نے اپنے باپ دادا کو ان کی پوجا کرتے پایا تو ہم بھی اس میں لگ گئے

۵۴.　　فرمایا کہ یقیناً تم لوگ ایک کھلی گمراہی میں ڈوبے ہوئے ہو تم بھی اور تمہارے یہ باپ دادا بھی

۵۵.　　(اس اعلان حق پر وہ لوگ تعجب میں ڈوب کر بولے) ابراہیم کیا تم سچ مچ یہ بات کہہ رہے ہو یا یوں ہی دل لگی کرنا مقصود ہے؟

۵۶.　　فرمایا دل لگی نہیں بلکہ حقیقت یہ ہے کہ تم سب کا رب وہی ہے جو کہ رب ہے آسمانوں اور زمین کی اس پوری کائنات کا جس نے پیدا فرمایا ہے ان سب کو اور میں ڈنکے کی چوٹ پر تمہارے سامنے اس بات کی گواہی دیتا ہوں

۵۷.　　اور اللہ کی قسم میں ضرور بالضرور خبر لے کر رہوں گا تمہارے ان بتوں کی اس کے بعد تم لوگ ان سے جا چکے ہو گے پیٹھ پھیر کر

۵۸. چنانچہ موقع ملتے ہی ابراہیم نے ٹکڑے ٹکڑے کر کے رکھ دیا ان سب کو سوائے ان کے ایک بڑے کے کہ اسے چھوڑ دیا تاکہ وہ اس کی طرف رجوع کریں

۵۹. میلے سے واپسی پر جب انہوں نے اپنے ان ٹھاکروں کی یہ درگت دیکھی تو انہوں نے کہا ہائے ہمارے ان خداؤں کا یہ حشر کس نے کیا ہے؟ واقعی وہ بڑا ہی کوئی ظالم شخص ہے

۶۰. ان میں سے بعض نے کہا کہ ہم نے ایک نوجوان کے بارے میں جس کو ابراہیم کہا جاتا ہے، یہ سنا ہے کہ وہ ان کی برائی کرتا رہتا ہے

۶۱. کہنے لگے فوراً پکڑ لاؤ اسے ان سب لوگوں کے سامنے تاکہ یہ سب دیکھ لیں اس کے اس حشر اور انجام کو

۶۲. لانے کے بعد انہوں نے پوچھا ابراہیم کیا تم نے ہی ہمارے خداؤں کے ساتھ یہ حرکت کی؟

۶۲. فرمایا تم یہ کیوں نہیں فرض کرتے کہ میں نے نہیں بلکہ یہ حرکت ان کے اس بڑے گرو نے کی ہو تم خود ان سے پوچھ لو اگر یہ بولتے ہیں؟

۶۴. اس پر وہ پلٹے اپنے ضمیروں کی طرف اور اپنے دلوں میں کہا کہ حقیقت یہ ہے کہ تم لوگ خود ہی ظالم ہو

۶۵. پھر مارے ندامت کے وہ اوندھے ہو گئے اپنے سروں کو جھکا کر اور کھسیانے ہو کر ابراہیم سے کہنے لگے کہ تم خود اچھی طرح جانتے ہو کہ یہ بول نہیں سکتے

۶۶.	ابراہیمؑ نے کہا تو کیا تم لوگ اللہ کے سوا ان چیزوں کی پوجا کرتے ہو جو نہ تو تمہیں کچھ نفع دے سکیں اور نہ کوئی نقصان پہنچا سکیں ؟

۶۷.	تف ہے تم پر بھی اور تمہارے ان معبودوں پر بھی جن کی پوجا تم لوگ کرتے ہو اللہ وحدہٗ لاشریک کے سوا کیا تم لوگ کام نہیں لیتے اپنی عقلوں سے ؟

۶۸.	انہوں نے کہا جلا ڈالو اس شخص کو اور مدد کرو اپنے معبودوں کی اگر تمہیں کچھ کرنا ہے

۶۹.	تب ہم نے حکم کر دیا (چیخا میں جلتی اس آگ کو) کہ اے آگ تو ٹھنڈی ہو جا اور سلامتی والی بن جا ابراہیم پر۔

۷۰.	ان لوگوں نے تو ابراہیمؑ کے ساتھ ایک بڑی برائی کرنا چاہی تھی مگر ہم نے خود انہی کو سب سے بڑا ناکام بنا دیا

۷۱.	اور بچا کر نکال لائے ہم اس کو بھی اور لوط کو بھی اس سرزمین کی طرف جس میں ہم نے طرح طرح کی برکتیں رکھی ہیں دنیا والوں کے لئے

۷۲.	اور ہم نے اسے اسحاقؑ جیسا بیٹا بھی بخشا اور یعقوب جیسا پوتا بھی انعام مزید کے طور پر اور ان سب کو ہم نے اعلیٰ درجے کا نیک بخت بنایا تھا

۷۳.	اور ہم نے ان کو ایسا امام بنایا تھا جو لوگوں کی راہنمائی کرتے تھے ہمارے حکم سے اور ہم نے ان کو وحی کے ذریعے ہدایت کی تھی نیک کام کرنے کی اور خاص کر نماز قائم رکھنے اور زکوٰۃ ادا کرنے کی اور وہ سب ہماری ہی عبادت کیا کرتے تھے

۷۴. اور لوط کو بھی ہم نے نوازا تھا حکم اور علم کی دولت سے اور ہم نے ان کو بچا نکالا تھا اس بستی سے جو گندے کام کرتی تھی بلاشبہ وہ بڑے برے اور بدکردار لوگ تھے

۷۵. اور ان کو بھی داخل کر دیا تھا ہم نے اپنی خاص رحمت و عنایت کے دائرہ میں کہ وہ بھی یقینی طور پر اعلیٰ درجے کے نیکوکار لوگوں میں سے تھے

۷۶. اور نوح کو بھی ہم نے اسی نعمت سے نوازا اور ان کے سلسلہ میں وہ وقت یاد کرنے کے لائق ہے کہ جب انہوں نے بھی اس سے پہلے ہم ہی کو پکارا اپنی حاجت روائی و مشکل کشائی کے لئے تو ہم نے سن لیا ان کی پکار کو اور نجات دے دی ہم نے ان کو بھی اور ان کو ماننے والوں کو بھی اس بری گھبراہٹ سے

۷۷. اور ہم نے ان کی مدد کی اس ناہنجار قوم کے مقابلے میں جو جھٹلاتی تھی ہماری آیتوں کو بیشک وہ بڑے ہی برے لوگ تھے سو ہم نے غرق کر دیا ان سب کو اکٹھا اور یکجا طور پر

۷۸. اور داؤد و سلیمان (علیہما السلام) کو بھی ہم نے اسی نعمت سے سرفراز فرما دیا تھا ان کے بارے میں بھی وہ وقت یاد کرنے کے لائق ہے کہ جب وہ دونوں فیصلہ کر رہے تھے ایک کھیت کے بارے میں جب کہ رات کے وقت اس میں جا پڑی تھیں کچھ لوگوں کی بکریاں اور ہم ان کے فیصلے کو خود دیکھ رہے تھے

۷۹. پھر ہم نے اس سے متعلق بہتر فیصلہ سجھا دیا سلیمان کو اور یوں حکمت اور علم کی دولت بے مثال سے ہم نے ان دونوں ہی کو نواز رکھا تھا اور داؤدؑ کے ساتھ ہم نے پہاڑوں

کو مسخر کر دیا تھا جو تسبیح کرتے تھے اور پرندوں کو بھی اور اس میں تعجب کی کوئی بات نہیں کہ یہ سب کچھ ہم ہی کرنے والے تھے

۸۰. اور ہم نے ان کو تمہارے لئے ایک خاص لباس زرہ کی صنعت بھی سکھا دی تھی تاکہ وہ تمہیں لڑائی میں ایک دوسرے کی زد سے بچا سکے تو کیا تم لوگ شکر گزار بنتے ہو؟

۸۱. اور سلیمان کے لئے ہم نے زور کی ہوا کو بھی مسخر کر دیا تھا جو ان کے حکم کے مطابق چلتی تھی اس سرزمین کی طرف جس میں ہم نے طرح طرح کی برکتیں رکھی تھیں اور ہم ہر چیز کو پوری طرح جاننے والے ہیں اس لئے ہم نے جس کو جو دیا ٹھیک ہی دیا

۸۲. اور شیطانوں یعنی جنوں میں سے بھی ہم نے بہت سے ایسوں کو ان کے تابع کر دیا تھا جو ان کے لئے غوطے لگاتے اور وہ اس کے علاوہ اور بھی کئی کام کرتے تھے اور ان کے سنبھالنے والے بھی ہم ہی تھے

۸۲. اور ایوب کو بھی یاد کرو کہ جب انہوں نے اپنے رب کو پکارا کہ مجھے روگ لگ گیا ہے اور تو ہی اے میرے مالک! سب مہربانوں سے بڑا مہربان ہے،

۸۴. ہم نے سن لیا اس کی پکار کو اور دور کر دیا ان سے اس تکلیف کو جو ان کو لاحق تھی اور مزید کرم یہ کیا کہ ہم نے ان کو ان کے گھر والے بھی دے دئیے اور ان کے ساتھ اتنے ہی اور بھی محض اپنی رحمت سے اور عبادت گزاروں کے لئے ایک عظیم الشان نصیحت کے طور پر

۸۵. اور اسماعیل، ادریس اور ذوالکفل کو بھی یاد کرو کہ یہ سب بھی صبر و استقامت والے لوگ تھے

۸۶. اور ہم نے ان کو بھی داخل فرمایا تھا اپنی خاص رحمت و عنایت میں یہ سب بھی یقینی طور پر کمال صلاحیت والوں میں سے تھے

۸۷. اور مچھلی والے یعنی حضرت یونس کو بھی جب کہ وہ اپنی قوم سے خفا ہو کر چلے گئے تھے اور انہوں نے یہ سمجھا کہ ہم ان پر کوئی داروگیر نہ کریں گے پھر انہوں نے تہ در تہ اندھیروں میں پکارا کہ اے میرے رب تیرے سوا کوئی معبود نہیں، تو پاک ہے ہر نقص و عیب اور ہر شائبہ شرک سے بیشک میں ہی ہوں قصورواروں میں سے

۸۸. تب ہم نے قبول کرلیا ان کی دعا کو اور نجات دے دی ہم نے ان کو اس غم سے اور ہم اسی طرح نجات دیتے ہیں ایمان والوں کو

۸۹. اور زکریا کو بھی یاد کرو کہ جب انہوں نے پکارا اپنے رب کو کہ اے میرے پروردگار مجھے لاوارث نہ رکھیو اور یوں سب سے اچھے اور حقیقی وارث تو آپ ہی ہیں

۹۰. سو ہم نے ان کی دعاء بھی قبول کرلی اور ان کو یحییٰ جیسا بیٹا بھی عطا کیا اور ان کی خاطر ان کی بیوی کو بھی ہم نے اولاد کے قابل بنا دیا بلاشبہ یہ مذکورہ بالا سب حضرات لپک لپک کر نیک کام کرتے تھے اور یہ سب ہم ہی کو پکارا کرتے تھے رغبت اور خوف کے ساتھ اور یہ سب ہمارے حضور ہی جھکے رہتے تھے صدق و اخلاص کے ساتھ۔

۹۱. اور انفرادی شان رکھنے والی اس پاک دامن خاتون کو بھی یاد کرو جس نے محفوظ رکھا تھا اپنی عصمت و ناموس کو پھر ہم نے اس کے اندر بواسطہ جبرائیل پھونک ماردی اپنی روح سے اور ہم نے بنا دیا اس کو اور اس کے بیٹے کو ایک عظیم الشان نشانی سب دنیا والوں کے لئے

۹۲. بیشک یہ امت ہے تم سب کی ایک ہی امت اور میں رب ہوں تم سب کا پس تم سب لوگ میری ہی بندگی کرو

۹۲. مگر اس ٹھوس حقیقت کے برعکس لوگوں نے ٹکڑے ٹکڑے کر دیا آپس میں اپنے دین کو اور وہ اپنے کئے کا بدلہ پا کر رہیں گے کیونکہ سب نے بہر حال لوٹ کر ہمارے ہی پاس آنا ہے

۹۴. پس جو کوئی نیک کام کرتا رہے گا جب کہ وہ مومن بھی ہوگا تو اس کی محنت کی کوئی ناقدری نہ ہوگی اور ہم یقینی طور پر اس کے لئے لکھتے جا رہے ہیں

۹۵. اور جس کسی بستی والوں کو بھی ہم فنا کے گھاٹ اتار دیں ان کے لئے یہ ناممکن ہے کہ وہ پھر لوٹ کر آئیں

۹۶. یہاں تک کہ جب وہ وقت موعود آپہنچے جس کا ابتدائی سامان یہ ہوگا کہ یاجوج ماجوج کھول دیئے جائیں گے اور وہ اپنی خوفناک کثرت کے سبب ہر بلندی سے امڈے چلے آرہے ہوں گے

۹۷۔ اور اپنے رب کی طرف لوٹنے کا وہ سچا وعدہ نزدیک آن پہنچے گا جس کا ذکر ہمیشہ سے ہوتا چلا آیا ہے پھر یکایک یہ حالت ہو جائے گی کہ ان لوگوں کی نگاہیں پھٹی کی پھٹی رہ جائیں گی جو اڑے ہوئے تھے اپنے کفر و باطل پر اور وہ یوں پکار رہے ہوں گے کہ ہائے ہماری کم بختی ہم تو اس ہولناک دن سے بالکل غفلت میں رہے بلکہ ہم تو خود ہی اپنی جانوں پر ستم ڈھانے والے تھے

۹۸۔ بلاشبہ تم بھی اور تمہارے وہ سب معبود بھی جن کی پوجا تم لوگ کرتے ہو اللہ کے سوا سب کے سب ایندھن ہوں گے جہنم کی دہکتی بھڑکتی آگ کے تم سب کو بہر حال اس میں داخل ہونا ہوگا۔

۹۹۔ اگر یہ واقعی خدا ہوتے تو وہاں کبھی نہ جاتے اور بات صرف داخل ہونے ہی کی نہیں بلکہ ان سب کو اس میں ہمیشہ کے لئے رہنا ہوگا

۱۰۰۔ ان کی وہاں چیخیں ہی چیخیں ہوں گی اور وہاں یہ لوگ کچھ سننے بھی نہ پائیں گے

۱۰۱۔ رہے وہ لوگ جن کے لئے ہماری طرف سے بھلائی کا فیصلہ پہلے ہی ہو چکا ہوگا تو وہ یقینی طور پر اس سے دور رکھے جائیں گے

۱۰۲۔ اور اتنے دور کہ وہ اس کی سرسراہٹ تک کو بھی نہ سنیں گے اور وہ لوگ ہمیشہ اپنی من بھائی نعمتوں میں سدا خوش و خرم رہیں گے

۱۰۳.   ان کو قیام کی اس بری گھبراہٹ سے بھی کوئی پریشانی لاحق نہ ہوگی فرشتے جنت کے دروازوں پر آگے بڑھ بڑھ کر ان کا استقبال کر رہے ہوں گے اور ان سے کہہ رہے ہوں گے کہ یہ ہے تمہارا وہ دن جس کا تم سے وعدہ کیا جاتا رہا تھا

۱۰۴.   اور وہ دن بھی یاد کرنے کے لائق ہے کہ جس دن ہم آسمان کو اس طرح لپیٹ کر رکھ دیں گے جس طرح لکھے ہوئے مضامین کا کاغذ لپیٹ دیا جاتا ہے جس طرح ہم نے پہلی مرتبہ پیدا کرنے کی ابتداء کی تھی اس طرح بغیر کسی دقت و دشواری کے ہم اس کو دوبارہ بھی پیدا کر دیں گے یہ ہمارے ذمے ایک وعدہ ہے جسے ہم نے بہر حال پورا کرنا ہے

۱۰۵.   اور یقیناً ہم نے لکھ دیا زبور میں ذکر کے بعد کہ بلاشبہ اس زمین کے وارث ہمارے نیک بندے ہی ہوں گے

۱۰۶.   بلاشبہ اس میں ایک بڑا پیغام ہے عبادت گزاروں کے لئے

۱۰۷.   اور ہم نے نہیں بھیجا آپ کو اے پیغمبر مگر ایک عظیم الشان رحمت کے طور پر سب جہانوں کے لئے

۱۰۸.   کہو کہ سوائے اس کے نہیں کہ میری طرف یہ وحی کی جاتی ہے کہ تم سب کا معبود ایک ہی معبود ہے اے لوگو! تو کیا تم لوگ اس کے حضور سر تسلیم خم کرتے ہو؟

۱۰۹.   پھر بھی اگر یہ لوگ اے پیغمبر! راہ حق و صداقت سے منہ موڑے ہی رہے تو ان سے کہہ دو کہ میں نے تو تم کو علی الاعلان اور ایک برابر خبردار کر دیا ہے اب میں یہ نہیں کہہ سکتا کہ وہ چیز دور ہے یا قریب جس کا تم لوگوں سے وعدہ کیا جا رہا ہے

۱۱۰۔ وہ خوب جانتا ہے اس بات کو بھی جو تم پکار کر کہتے ہو اور اسے وہ بھی پوری طرح معلوم ہے جس کو تم لوگ چھپا کر رکھتے ہو

۱۱۱۔ اور میں نہیں جانتا کہ یہ تاخیر عذاب تمہارے لئے ایک آزمائش ہے یا چند روزہ زندگی کا سامان ہے ایک وقت مقرر تک

۱۱۲۔ آخرکار! پیغمبر نے کہا اے میرے رب فیصلہ فرما دے حق کے ساتھ ہمارا رب جو بڑا ہی مہربان ہے اسی سے مدد مانگی جاتی ہے ان باتوں کے مقابلے میں جو تم لوگ بناتے ہو۔

***

۲۲۔ الحج

بِسْمِ اللّٰهِ الرَّحْمٰنِ الرَّحِيْمِ

اللہ کے نام سے جو رحمان ورحیم ہے

۱. اے لوگوں بچو تم اپنے رب کے عذاب اور اس کی خوف و پکڑ سے بیشک قیامت کی اس گھڑی کا زلزلہ ایک بری ہی ہولناک چیز ہے

۲. جس روز تم لوگ اس کو دیکھو گے تو حال یہ ہو گا کہ مارے دہشت و خوف کے بھول جائے گی ہر دودھ پلانے والی اپنے دودھ پیتے بچے کو اور گرا دے گی ہر حمل والی اپنے حمل کو اور لوگ تمہیں نشے کی حالت میں نظر آئیں گے حالانکہ وہ نشے میں نہیں ہوں گے مگر اللہ کا عذاب بڑا ہی سخت ہو گا

۳. اور کچھ لوگ ایسے ہیں جو جھگڑا کرتے ہیں اللہ پاک کی ذات و صفات کے بارے میں اور وہ پیچھے ہو لیتے ہیں ہر ایسے سرکش شیطان کے (جو پکارے ان کو اپنے باطل کی طرف اور)

۴.　جس کے بارے میں یہ لکھ اور طے کر دیا گیا ہے کہ جس نے اس کو دوست بنایا تو وہ تباہ ہو گیا کہ یقیناً وہ اس کو گمراہ کر کے چھوڑے گا اور وہ اس کو ڈال دے گا دوزخ کی دہکتی بھڑکتی آگ کے عذاب کی راہ پر

۵.　اے لوگوں اگر تمہیں کسی طرح کا کوئی شک ہو اپنے دوبارہ جی اٹھنے کے بارے میں تو تم خود اپنی پیدائش و پرورش سے متعلق ہی ہماری قدرت کاملہ کے مظاہر میں غور کر لو کہ ہم نے تمہیں کس عجیب و غریب اور پُر حکمت طریقے سے پیدا کیا مٹی کے اس بے حس اور بے جان مادے سے پھر نطفے سے پھر ایک جمے ہوئے خون سے پھر گوشت کی بوٹی سے جو شکل والی بھی ہوتی ہے اور بیشکل بھی اور ہم نے تمہاری پیدائش سے متعلق یہ اہم تغیرات تمہیں بتا بھی دئیے تاکہ ہم کھول کر بیان کر دیں تمہارے لئے تمہاری حقیقت اور اس سے متعلق اپنی قدرت کے مظاہر کو اور ہم جس کو چاہتے ہیں ٹھہرا دیتے ہیں رحموں کے اندر ایک خاص مدت تک پھر ہم نکال لاتے ہیں تم کو تمہاری ماؤں کے پیٹوں سے ایک بچے کی شکل میں پھر نہایت مناسب و عمدہ طریقے سے ہم تمہاری پرورش کرتے ہیں تاکہ تم پہنچ جاؤ اپنی جوانی کی بھرپور قوتوں کو اور تم میں سے کسی کو پہلے ہی واپس اٹھا لیا جاتا ہے اور کسی کو لوٹا دیا جاتا ہے اس کی گھٹیا اور بدترین عمر کی طرف جس کا اثر و نتیجہ یہ ہوتا ہے کہ وہ سب کچھ جاننے کے بعد کچھ بھی نہیں جان رہا ہوتا اور تم اپنے پیش یا افتادہ اس زمین ہی میں غور کر لو کہ ایک وقت تم اس کو بالکل ویران اور خشک پڑی ہوئی دیکھتے ہو پھر جب ہم اس پر مینہ برسا

دیتے ہیں تو یکایک اس میں زندگی کی حرکت پیدا ہوتی ہے اور یہ ایک خاص انداز سے ابھرتی ہے اور یہ اگانا شروع کر دیتی ہے ہر قسم کی خوش منظر نباتات

۶. یہ سب کچھ اس بناء پر ہے کہ اللہ ہی حق ہے اور وہی زندہ کرتا ہے مردوں کو اور بیشک وہی ہے جو ہر چیز پر پوری قدرت رکھتا ہے۔

۷. اور بیشک قیامت کی اس ہولناک گھڑی نے بہر حال آکر رہنا ہے اس میں کسی قسم کے شک کی کوئی گنجائش نہیں اور بیشک اللہ تعالیٰ ان سب لوگوں کو ضرور دوبارہ اٹھائے گا جو قبروں میں جا چکے ہیں

۸. اور کچھ لوگ ایسے ہیں جو جھگڑا کرتے ہیں اللہ کی ذات و صفات کے بارے میں بغیر کسی علم کے اور بدون کسی دلیل اور روشن کتاب کے

۹. تکبر سے گردن اکڑائے ہوئے تاکہ اس طرح یہ دوسروں کو بھی بہکا سکیں اللہ کی راہ سے ایسے لوگوں کے لئے دنیا میں رسوائی ہے اور قیامت کے دن ہم ان کو مزہ چکھائیں گے دوزخ کی دہکتی بھڑکتی آگ کے عذاب کا

۱۰. اور ان کی مزید تذلیل کے لئے ان سے کہا جائے گا کہ یہ نتیجہ و بدلہ ہے تمہارے ان کاموں کا جو تم لوگوں نے خود اپنے ہاتھوں آگے بھیجے تھے اپنی آخرت کے لئے ورنہ اللہ کبھی ظلم نہیں کرتا اپنے بندوں پر

۱۱. اور کچھ لوگ ایسے ہیں جو اللہ کی بندگی کرتے ہیں ایک کنارے پر رہ کر پھر اگر ان کو کوئی دنیاوی فائدہ مل گیا تو مطمئن ہو گئے اور اگر کوئی آزمائش آ گئی تو یہ منہ اٹھا کر چل دیئے

اس طرح وہ اپنی دنیا بھی کھو بیٹھتے ہیں اور آخرت بھی اور دنیا و آخرت دونوں کا یہ خسارہ ہی کھلا ہوا خسارہ ہے

۱۲. ایسا شخص اللہ کے سوا ایسی فرضی وہمی اور بے حقیقت چیزوں کو پکارتا ہے جو اس کو نہ کوئی نقصان دے سکیں اور نہ نفع پہنچا سکیں یہی ہے انتہا درجے کی گمراہی

۱۲. یہ پکارتا ہے ان خود ساختہ و فرضی ہستیوں اور بناوٹی و وہمی سرکاروں کو جن کا نقصان یقینی طور پر ان کے نفع سے زیادہ قریب ہے یقیناً بڑا ہی برا ہے ایسا کارساز بھی اور برا ہی برا ہے ایسا ساتھی بھی

۱۴. اس کے برعکس جو لوگ صدق دل سے ایمان لائے اور انہوں نے کام بھی نیک کیئے ان کو اللہ تعالیٰ یقینی طور پر اپنے کرم سے داخل فرمائے گا ایسی عظیم الشان جنتوں میں جن کے نیچے سے بہہ رہی ہوں گی طرح طرح کی عظیم الشان و بے مثل نہریں بیشک اللہ کرتا ہے جو چاہتا ہے

۱۵. جو کوئی یہ گمان رکھتا ہو کہ اللہ اس کی کوئی مدد نہیں فرمائے گا دنیا و آخرت میں تو اس کو چاہیے کہ وہ ایک رسی تان لے آسمان کی طرف پھر وہ کاٹ ڈالے سلسلہ وحی کو پھر دیکھ لے کہ کیا اس کی تدبیر رد کر سکتی ہے اس چیز کو جو اس کو غصہ دلاتی ہے؟

۱۶. اور اسی طرح اتارا ہے ہم نے اس قرآن کو کھلے اور روشن دلائل کی صورت میں اور بیشک اللہ ہی نوازتا ہے ہدایت کی دولت سے جس کو چاہتا ہے

۱۷۔ بیشک جو لوگ ایمان لائے اور جو یہودی بن گئے اور ستارہ پرست اور نصرانی اور مجوسی اور وہ لوگ جنہوں نے شرک کیا بیشک اللہ تعالیٰ ان سب کے درمیان فیصلہ فرما دے گا قیامت کے دن عملاً اور آخری طور پر بیشک اللہ ہر چیز پر پوری طرح مطلع ہے کیا

۱۸۔ تم دیکھتے نہیں ہو کہ اللہ ہی کے حضور سجدہ ریز ہیں وہ سب جو کہ آسمانوں میں ہیں اور وہ سب بھی جو کہ زمین میں ہیں اور سورج و چاند اور ستارے و پہاڑ اور درخت اور جانور اور بہت سے انسان بھی اور بہت سے ایسے ہیں جن پر پکا ہو چکا ہے اللہ کا عذاب اور حقیقت یہ ہے کہ جسے اللہ ذلیل کر دے اسے کوئی عزت نہیں دے سکتا بلا شبہ اللہ جو چاہتا ہے کرتا ہے۔

۱۹۔ ایمان و کفر والے یہ دو فریق ہیں جن کے درمیان جھگڑا ہے ان کے رب کے بارے میں سو ان میں جو اڑے ہوئے ہیں اپنے کفر و باطل پر ان کے لئے کپڑے کاٹے جا چکے ہیں آگ کے ان کے مجرمانہ قد کاٹھ کے مطابق اور مزید برآں ان کی خبر گیری کے لئے ان کے سروں کے اوپر سے ان پر ڈالا جائے گا ایسا کھولتا ہوا پانی

۲۰۔ جس سے پگھل پگھل جائے گا وہ سب کچھ جو ان کے پیٹوں کے اندر ہو گا

۲۱۔ اور ان کی کھالیں بھی اور مزید خبر لینے کو ان کے لئے گرز ہوں گے لوہے کے

۲۲۔ شدت غم کی بنا پر جب وہ وہاں سے نکلنا چاہیں گے تو انھیں واپس اسی میں دھکیل دیا جائے گا اور مزید تذلیل و توبیخ کے طور پر ان سے کہا جائے گا کہ اب مزہ چکھتے رہو تم لوگ اس بھڑکتی آگ کے عذاب کا

۲۳. بیشک اللہ تعالیٰ داخل فرما دے گا اپنے کرم سے ان لوگوں کو جو صدق دل سے ایمان لائے ہوں گے اور انہوں نے کام بھی نیک کیئے ہوں گے ایسے عظیم الشان جنتوں میں جن کے نیچے سے بہہ رہی ہوں گی طرح طرح کی عظیم الشان اور بے مثل نہریں وہاں ان کو آراستہ کیا جائے گا سونے کے کنگنوں اور موتیوں سے اور ان کے لباس وہاں پر ریشم کے ہوں گے

۲۴. اور ان کو یہ سب کچھ اس لئے ملے گا کہ دنیا میں انھیں ہدایت و توفیق مل گئی تھی پاکیزہ قول کو قبول کرنے کی اور انھیں ہدایت و توفیق مل گئی تھی خدائے ستودہ صفات کے راستے کو اپنانے کی

۲۵. اس کے بر عکس جو لوگ اڑے رہے تھے اپنے کفر و باطل پر، اور جو روکتے ہیں اللہ کے راستے سے اور اس مسجد حرام سے جس کو ہم نے اس شان کا بنایا کہ اس میں ایک برابر ہیں وہاں کا رہنے والا اور باہر سے آنے والا دونوں تو ایسے لوگ یقیناً اپنے کیئے کا بدلہ پا کر رہیں گے اور مسجد حرام تو ایسی بے مثال عظمت کی جگہ ہے کہ جو کوئی اس میں کسی بے دینی کے کام کا ارادہ بھی کرے گا ظلم و زیادتی کے ساتھ تو ہم اس کو مزہ چکھائیں گے دردناک عذاب کا۔

۲۶. اور وہ بھی یاد کرنے کے لائق ہے کہ جب ہم نے ابراہیمؑ کو اس گھر یعنی خانہ کعبہ کی نشاندہی کر دی تھی اس کے حکم کے ساتھ کہ میرے ساتھ کسی بھی چیز کو شریک نہیں

ٹھہرانا اور پاک رکھنا میرے گھر کو اس کے گرد طواف کرنے والوں قیام کرنے والوں اور رکوع و سجود کی عبادات بجالانے والوں کے لئے

۲۷. اور اعلان کر دو لوگوں کے درمیان حج کا، کہ اس کے نتیجے میں وہ تمہارے پاس چلے آئیں گے پیدل بھی اور طرح طرح کی ان پتلی دبلی اونٹنیوں اور دوسری قسما قسم کی سواریوں پر بھی جو چلی آئیں گی ہر دور دراز مقام سے

۲۸. اور یہ لوگ وہاں اس لئے آئیں گے تاکہ یہ آموجود ہوں طرح طرح کے اپنے ان فائدوں کے لئے جو ان کے لئے وہاں رکھے گئے ہیں اور تاکہ یہ اللہ کا نام لیں چند مقررہ دنوں ان چوپایوں پر جو کہ اس نے اپنے فضل و کرم سے ان کو عطاء فرمائے ہیں پس کھاؤ تم لوگ ان کے گوشت میں سے خود بھی اور کھلاؤ ان میں سے تنگ حال محتاجوں کو بھی

۲۹. پھر قربانی کے بعد لوگوں کو چاہیے کہ وہ دور کریں اپنا میل کچیل، اور طواف کریں رحمتوں اور برکتوں بھرے اس قدیم گھر کا یہ بات جو کہ حج کے بعض احکام سے متعلق ہو چکی

۲۰. اور اب مزید سنو کہ جو کوئی تعظیم و تکریم کرے گا اللہ کی قائم کردہ حدوں کی تو وہ خود اسی کے لئے بہتر ہو گا اس کے رب کے یہاں اور حلال قرار دے دیئے گئے تمہارے لئے سب چوپائے جو اس نے اپنے کرم سے تمہیں بخشے ہیں سوائے ان چند ایک کے جو تمہیں پڑھ کر سنائے جاتے ہیں پس تم لوگ بچو اور دور رہو بتوں کی گندگی سے اور بچو جھوٹی بات سے

۲۱. اس طور پر کہ تم خاص اللہ کے ہو کر رہو اس کے ساتھ کسی کو شریک نہ ٹھہراؤ کہ شرک بغاوت اور ناقابل معافی جرم ہے اور جس نے شرک کیا اللہ کے ساتھ تو وہ گویا گر گیا

آسمان کی بلندیوں سے اوراس کو بوٹی بوٹی کر کے اچک لیا پرندوں نے یا اس کو پھینک دیا ہوا نے کسی ایسی دور دراز جگہ میں جہاں اس کے چیتھڑے اڑ جائیں

۲۲. یہ بات بھی بطور ایک قاعدہ کلیہ کے ہو چکی اور مزید سنو کہ جس نے تعظیم و تکریم کی اللہ کے مقررہ کردہ شعائر اور اس کی قائم فرمودہ یادگاروں کی تو یقیناً یہ بات دلوں کے تقویٰ میں سے ہے۔

۲۲. تمہارے لئے قربانی کے ان جانوروں میں طرح طرح کے فائدے ہیں ایک مقرر وقت تک پھر ان کے قربان کرنے کی جگہ اس قدیم گھر کے پاس ہے

۲۴. اور ہم نے ہر امت کے لئے قربانی کا ایک خاص طریقہ مقرر کیا ہے تاکہ وہ لوگ چوپایوں کی قسم کے ان مخصوص جانوروں کی قربانی کے موقع پر اللہ کا نام لیں جو اس نے ان کو بخشے ہیں پس معبود تم سب کا اے لوگوں ایک ہی معبود ہے یعنی اللہ تعالیٰ پس تم سب دل و جان سے جھک جاؤ اسی وحدہٗ لاشریک کے حضور اور خوشخبری سنا دو اے پیغمبر! ان عاجزی کرنے والوں کو

۲۵. جن کا حال یہ ہے کہ جب ان کے سامنے اللہ کا ذکر کیا جائے تو کانپ اٹھیں ان کے دل اور جو صبر و تسلیم سے کام لیتے ہیں ہر اس مصیبت پر جو ان پر پہنچتی ہے اور جو قائم رکھنے والے ہیں نماز کو اور جو کچھ ہم نے ان کو دیا ہوتا ہے اس میں سے وہ خرچ کرتے ہیں

۲۶. اور قربانی کے اونٹوں کو ہم نے تمہارے لئے اللہ کی نشانیوں میں سے بنایا ہے تمہارے لئے ان میں بہت بڑی بھلائی ہے پس تم انھیں ذبح یعنی نحر کرتے وقت ان پر اللہ

کا نام لو ان کو کھڑا کر کے پھر ذبح یعنی نحر کے بعد جب وہ گر جائیں اور ٹھنڈے ہو جائیں تو تم ان میں سے خود بھی کھاؤ اور ان کو بھی کھلاؤ جو قناعت کرنے والے ہوتے ہیں اور ان کو بھی جو سوال کے ذریعے اپنی حاجت پیش کرتے ہیں اسی طرح ہم نے ان جانوروں کو تمہارے قابو میں کر دیا تاکہ تم شکر ادا کرو اپنے خالق و مالک کا

۲۷. اور یاد رکھو کہ اللہ کو نہ تو ان جانوروں کے گوشت پہنچتے ہیں اور نہ ہی ان کے خون بلکہ اس کے یہاں تو صرف تمہاری پرہیزگاری اور اخلاص نیت کی پونجی ہی پہنچتی ہے اسی طرح اس نے اپنے فضل و کرم سے ان کو تمہارے لئے مسخر کر دیا تاکہ تم لوگ اللہ کی بڑائی کرو اپنے قول و فعل سے کہ اس نے نوازا ہے تم کو حق و ہدایت کی عظیم الشان دولت سے اور خوشخبری سنا دو اے پیغمبر! نیکو کاروں کو

۲۸. بیشک اللہ تعالیٰ مدافعت کرتا ہے ان لوگوں سے جو ایمان لائے بیشک اللہ تعالیٰ پسند نہیں فرماتا کسی بھی دغا باز ناشکرے کو

۲۹. جہاد کی اجازت دے دی گئی ان ستم رسیدہ لوگوں کو جن کے خلاف جنگ کی جا رہی ہے اس وجہ سے کہ ان پر ظلم کیا گیا اور بیشک اللہ ان کی مدد پر بہر حال پوری قدرت رکھتا ہے

۴۰. جن کو نکال باہر کیا گیا ان کے گھروں سے بغیر کسی حق کے ان کا کوئی جرم و قصور نہیں سوائے اس کے کہ وہ کہتے ہیں کہ ہمارا رب اللہ ہے اور اگر اللہ تعالیٰ اپنی قدرت و عنایت سے لوگوں کو ایک دوسرے سے ہٹاتا اور اس طرح ان کا زور توڑتا نہ رہتا تو مسمار کر دی جاتیں تمام خانقاہیں گرجے، کین سے، اور وہ مسجدیں جن میں بکثرت نام لیا جاتا ہے

اللہ وحدہٗ لاشریک کا اور یقیناً اللہ مدد فرماتا ہے اس کی جو مدد کرتا ہے اس کے دین کی بلاشبہ اللہ تعالیٰ بڑا ہی قوت والا نہایت ہی زبردست ہے

۴۱. یہ وہ لوگ ہیں کہ اگر ہم ان کو زمین میں اقتدار بخشیں تو یہ قائم کریں گے نماز کو اور ادا کریں گے زکوٰۃ کو اور حکم دیں گے نیکی کا اور روکیں گے برائی سے اور اللہ ہی کے اختیار میں ہے سب کاموں کا انجام

۴۲. اور اگر یہ لوگ آپ کو جھٹلاتے ہیں اے پیغمبر! تو یہ کوئی نئی بات نہیں بلکہ یقیناً ان سے پہلے قوم نوح اور عاد و ثمود بھی جھٹلا چکے ہیں اپنے اپنے پیغمبروں کو

۴۳. اور قوم ابراہیم اور قوم لوط بھی

۴۴. اور دین والے بھی اور موسیٰ کو بھی جھٹلایا جا چکا ہے جس پر میں نے پہلے تو ان کافروں کو مہلت دی مگر آخر جب ان کو پکڑا تو دیکھو کیسا رہا میرا عذاب؟

۴۵. سو کتنی ہی بستیاں ایسی تھی جن کو ہم نے تباہ کر ڈالا جب کہ وہ اڑی رہیں اپنے ظلم پر، سو دیکھو کہ اب وہ گری پڑی ہیں اپنی چھتوں پر اور کتنے ہی کنوئیں ہیں بے کار پڑے ہوئے اور کتنے ہی بلند و بالا اور مضبوط محل ہیں جو کھنڈر بنے ہوئے ہیں

۴۶. تو کیا غفلت میں ڈوبے یہ لوگ چلتے پھرتے نہیں عبرتوں بھری اس زمین میں؟ کہ ان کے ایسے عبرت پذیر دل ہوتے جن سے یہ سوچتے سمجھتے حق اور حقیقت کو یا ان کے ایسے کان ہوتے جن سے یہ سنتے پیغام حق و صداقت کو بات یہ ہے کہ سر کی یہ آنکھیں اندھی نہیں ہوتیں بلکہ وہ دل اندھے ہو جاتے ہیں جو سینوں کے اندر ہیں

۴۷.	اور نصیحت قبول کرنے کے بجائے یہ لوگ تو آپ سے عذاب ہی کی جلدی مچائے جا رہے ہیں حالانکہ اللہ کبھی خلاف ورزی نہیں فرماتا اپنے وعدے کی اور حقیقت یہ ہے کہ تمہارے رب کے یہاں کا ایک دن اے لوگو! تمہارے شمار کے ایک ہزار برس کے برابر ہوا کرتا ہے۔

۴۸.	اور پھر سن لو کہ کتنی ہی بستیاں ایسی ہوئی ہیں جو کہ کمر بستہ تھیں اپنے ظلم پر ہمارا معاملہ ان سے یہ رہا کہ پہلے تو میں نے ان کو ڈھیل دے رکھی مگر آخر کار ان کو پکڑا اور سب کو بہر حال میرے ہی پاس لوٹ کر آنا ہے

۴۹.	ان سے صاف کہہ دو کہ اے لوگوں سوائے اس کے نہیں کہ میں تو صرف خبر دار کر دینے والا ہوں تم سب کے لئے کھول کر حق اور حقیقت کو

۵۰.	سو جو لوگ ایمان لے آئیں گے اور وہ کام بھی نیک کریں گے تو ان کے لئے تو بخشش بھی ہے اور عزت کی روزی بھی

۵۱.	اور جو ہماری آیتوں کو نیچا دکھانے کی کوشش کریں گے وہ ساتھی اور یار ہیں دوزخ کے

۵۲.	اور ہم نے آپ سے پہلے اے پیغمبر! جو بھی کوئی رسول یا نبی بھیجا، اس کا حال یہی رہا کہ جب اس نے تمنا کی تو شیطان نے خلل اندازی کی اس کی تمنا و آرزو میں پھر اللہ مٹا دیتا ہے اس خلل اندازی کو جو شیطان کرتا ہے اور پکا اور پختہ کر دیتا ہے وہ اپنی آیتوں کو اور اللہ تو سب کچھ جاننے والا بڑا ہی حکمت والا ہے

۵۲. اور اللہ ایسا اس لئے ہونے دیتا ہے تاکہ وہ شیطان کے ڈالے ہوئے وسوسوں کو فتنے اور آزمائش کا سامان بنا دے ان لوگوں کے لئے جن کے دلوں میں روگ ہوتا ہے شک اور نفاق کا نیز ان لوگوں کے لئے جن کے دل سخت ہو گئے ہوتے ہیں کفر و باطل کی سیاہی سے اور بیشک ظالم لوگ پڑے ہیں بہت دور کی مخالفت اور ہٹ دھرمی میں

۵۴. نیز یہ اس لئے کہ تاکہ جان لیں وہ لوگ جن کو علم کا نور بخشا گیا ہے کہ یہی بات قطعی طور پر حق ہے تمہارے رب کی جانب سے پھر وہ اس پر مزید پختگی سے ایمان لے آئیں اور اس کے نتیجے میں جھک جائیں ان کے دل اس حق و صدق کے آگے اور بیشک اللہ ہدایت سے سرفراز فرمانے والا ہے ان لوگوں کو جو ایمان لائے ہوں سیدھی راہ کی طرف

۵۵. رہ گئے وہ لوگ جو اڑے رہے اپنے کفر و باطل پر تو وہ اس حق کی طرف سے ہمیشہ شک کی دلدل ہی میں پڑے رہیں گے یہاں تک کہ اچانک آپہنچے ان پر قیامت کی وہ گھڑی یا آ پہنچے ان پر عذاب ایک بڑے ہی منحوس دن کا

۵۶. اس روز بادشاہی اللہ ہی کی ہو گی وہی فیصلہ فرمائے گا ان کے درمیان پورے عدل انصاف کے ساتھ سو جو لوگ صدق دل سے ایمان لائے ہوں گے اور انہوں نے کام بھی نیک کئے ہوں گے وہ تو نعمتوں بھری جنتوں میں ہوں گے

۵۷. مگر جنہوں نے کفر کیا ہو گا اور جھٹلایا ہو گا ہماری آیتوں کو تو ان کے لئے ایک بڑا ہی رسوا کن عذاب ہو گا

۵۸۔ اور جن لوگوں نے ہجرت کی اللہ کی راہ میں پھر وہ قتل کر دئے گئے یا خود مر گئے تو اللہ ان کو ضرور نوازے گا ایک بڑے ہی عمدہ رزق سے اور بیشک اللہ تعالیٰ ہی ہے جو سب سے بہتر روزی رساں ہے

۵۹۔ وہ ان کو اپنے کرم سے ضرور داخل فرمائے گا ایک ایسی عظیم الشان جگہ میں جس کو یہ لوگ دل و جان سے پسند کریں گے بیشک اللہ تعالیٰ پوری طرح جاننے والا بڑا ہی بردبار ہے

۶۰۔ یہ مضمون تو ہو چکا اور اب مزید سنو کہ جو کوئی اتنا ہی بدلہ لے جتنی کہ اسے تکلیف پہنچائی گئی پھر اس پر زیادتی کی جائے تو اللہ تعالیٰ ضرور بالضرور اس کی مدد فرمائے گا بیشک اللہ بڑا ہی درگزر کرنے والا نہایت ہی معاف کرنے والا ہے۔

۶۱۔ یہ اس لئے کہ اللہ ہی ہے جو رات کو داخل کرتا ہے دن میں اور دن کو داخل کرتا ہے رات میں اور بیشک اللہ ہی ہے ہر کسی کی سنتا سب کچھ دیکھتا

۶۲۔ یہ اس لئے کہ اللہ ہی حق ہے اور جن کو یہ لوگ پوجتے پکارتے ہیں اس کے سوا وہ سب باطل ہیں اور یقینی طور پر اللہ ہی بلند مرتبہ بڑی ہی شان والا

۶۲۔ کیا تم دیکھتے نہیں کہ اللہ تعالیٰ نے اپنی قدرت کاملہ اور رحمت شاملہ کی بناء پر کیسے حکمت بھرے نظام کے مطابق آسمان سے پانی اتارا ہے پھر اس سے ہری بھری اور سرسبز و شاداب ہو جاتی ہے خشک اور مردہ پڑی ہوئی یہ زمین بلاشبہ اللہ بڑا ہی مہربان نہایت ہی باخبر ہے

۶۴.   اسی کا ہے وہ سب کچھ جو کہ آسمانوں میں ہے اور وہ سب کچھ بھی جو کہ زمین میں ہے بلاشبہ اللہ ہی ہے جو ہر طرح سے بے نیاز اور ہر تعریف کے لائق ہے

۶۵.   پھر کیا تم نے کبھی اپنے گردو پیش پھیلی ہوئی اس حقیقت پر غور نہیں کیا کہ اللہ نے کس قدر حکمتوں بھرے نظام کے تحت تمہارے کام میں لگا رکھا ہے ان سب چیزوں کو جو کہ زمین میں ہیں اور ان دیو ہیکل جہازوں اور طرح طرح کی کشتیوں کو بھی جو کہ رواں دواں ہیں سمندر میں اس کے حکم سے اور اسی نے روک رکھا ہے آسمان کو اپنی قدرت کاملہ اور حکمت بالغہ سے اس سے کہ وہ گر پڑے زمین پر مگر اسی کے اذن سے بلاشبہ اللہ پاک لوگوں پر بڑا ہی مہربان نہایت ہی رحم فرمانے والا ہے

۶۶.   اور وہ اللہ وہی ہے جس نے تم سب کو زندگی بخشی پھر وہی تمہیں موت دیتا ہے اور دے گا پھر وہی تمہیں قیامت میں زندہ کرے گا پھر بھی یہ انسان اس کا ناشکرا اور نافرمان ہے؟ واقعی یہ انسان بڑا ہی ناشکرا ہے

۶۷.   ہر امت کے لیئے ہم نے عبادت کا اک طریقہ مقرر کیا ہے جس پر ان کو چلنا ہوتا ہے پس ان لوگوں کو آپ کے ساتھ اس معاملے میں کسی بھی طرح جھگڑے کا حق نہیں اور آپ بلاتے رہیں اپنے رب کی عبادت و بندگی کی طرف بلاشبہ آپ قطعی طور پر سیدھے راستے پر ہیں

۶۸.   اور اگر وہ آپ سے جھگڑا کریں تو ان سے کہہ دو کہ اللہ کو خوب معلوم ہے وہ سب کچھ جو تم لوگ کر رہے ہو

۶۹.　اللہ فیصلہ فرما دے گا تم سب کے درمیان عملی اور آخری طور پر ان تمام باتوں کا جن کے بارے میں تم لوگ اختلاف کرتے رہے ہو

۷۰.　کیا تمہیں معلوم نہیں کہ اللہ تعالیٰ قطعی طور پر جانتا ہے وہ سب کچھ جو کہ آسمان و زمین اس کائنات میں ہے بیشک یہ سب کچھ ثبت و مندرج ہے ایک عظیم الشان کتاب میں بلاشبہ یہ سب کچھ اللہ کے لئے کچھ بھی مشکل نہیں

۷۱.　مگر اس سب کے باوجود یہ لوگ ہیں کہ پوجے اور پکارے جا رہے ہیں ایسی بے حقیقت چیزوں کو جن کے بارے میں نہ اللہ نے کوئی سند اتاری اور نہ ہی ان لوگوں کے پاس ان کے بارے میں کسی طرح کا کوئی علم ہے اور ایسے ظالموں کے لئے کوئی مددگار نہیں

۷۲.　اور حق و اہل سے ان کے بغض و عناد کا عالم یہ ہے کہ جب ان کو پڑھ کر سنائی جاتی ہیں ہماری کھلی اور واضح آیتیں اور تم ان لوگوں کے چہروں میں ناگواری و ناپسندیدگی کے آثار ابھرتے دیکھو گے جو اڑے ہوئے اپنے کفر پر ایسا لگتا ہے کہ یہ ابھی ٹوٹ پڑیں گے ان علمبرداران حق پر جو ان کو پڑھ کو سناتے ہیں ہماری آیتیں ان سے کہو کہ کیا میں تم کو اس سے بھی بڑھ کر ایک ناگوار چیز نہ بتا دوں؟ وہ جہنم کی وہ آگ ہے۔ جس کا اللہ نے وعدہ فرما رکھا ہے ان بدبختوں سے جو اڑے ہوئے ہیں اپنے کفر و باطل پر اور بڑا ہی برا ٹھکانا ہے

۷۳.　وہ اے لوگو ایک مثال بیان کی جاتی ہے پس تم اسے کان لگا کر سنو بیشک جن ہستیوں کو تم لوگ پوجتے پکارتے ہو اللہ کے سوا وہ ایک مکھی بھی نہیں بنا سکتے اگرچہ اس کی کوشش کے لئے وہ سب اکٹھے بھی ہو جائیں اور مکھی بنانا تو دور کی بات ہے ان کا حال تو یہ

ہے کہ اگروہ مکھی ان سے کچھ چھین لے تو یہ اس کو بھی اس سے چھڑا نہیں سکتے کتنا کمزور ہے
چاہنے والا اور کتنا کمزور ہے وہ جس سے مدد چاہی جاتی ہے

۷۴. ان لوگوں نے اللہ کی قدر نہ کی جیسا کہ اس کی قدر کرنے کا حق تھا بیشک اللہ تعالیٰ بڑا ہی قوت والا نہایت ہی زبردست ہے

۷۵. وہ اپنی پیغام رسانی کے لئے اپنی مرضی و اختیار سے چنتا ہے پیغمبر فرشتوں سے بھی اور انسانوں سے بھی بلاشبہ اللہ تعالیٰ ہر کسی کی سنتا سب کچھ دیکھتا ہے وہ پوری طرح جانتا ہے

۷۶. وہ سب کچھ جو کہ ان لوگوں کے سامنے ہے اور وہ سب کچھ بھی جو کہ ان کے پیچھے ہے اور اللہ ہی کی طرف لوٹائے جاتے ہیں سب کام

۷۷. اے وہ لوگوں جو ایمان لائے ہو تم رکوع اور سجدہ کرو اپنے رب کی رضا کے لئے اور اپنے رب ہی کی بندگی کرو اور نیک کام کرتے رہا کرو تا کہ تمہیں فلاح نصیب ہو سکے

۷۸. اور اللہ کی راہ میں جہاد کرو جیسا کہ جہاد کرنے کا حق ہے اسی وحدہٗ لاشریک نے تم کو چنا ہے اپنی بندگی اور اپنے دین کی خدمت کے لئے اور دین کے بارے میں اس نے تم پر کوئی تنگی نہیں رکھی قائم ہو جاؤ تم لوگ اپنے باپ ابراہیم کی ملت پر اسی اللہ نے تمہارا نام مسلمان رکھا پہلے والی آسمانی کتابوں میں بھی اور اس قرآن میں بھی تا کہ تمہارے پیغمبر تم پر گواہ ہوں اور تم دوسرے لوگوں پر گواہ بنو پس تم لوگ نماز کی پابندی کرو اور زکوٰۃ دیتے رہو

اور وابستہ ہو جاؤ اللہ کے دین سے وہی کارساز ہے تم سب کا سو کیا ہی اچھا کارساز ہے اور کیا ہی اچھا مددگار ہے۔

***